U0919270

中华战略文化的传承与发展

——首届中华战略文化论坛文集

主　编：徐根初

副主编：俞　源　彭光谦

时事出版社

图书在版编目（CIP）数据

中华战略文化的传承与发展——首届中华战略文化论坛文集/徐根初主编. —北京：时事出版社，2008.6

ISBN 978-7-80232-159-5

Ⅰ. 中…　Ⅱ. 徐…　Ⅲ. 文化—中国—文集　Ⅳ. G12-53

中国版本图书馆 CIP 数据核字（2008）第 060366 号

出 版 发 行：时事出版社
地　　　址：北京市海淀区万寿寺甲 2 号
邮　　　编：100081
发 行 热 线：（010）88547590　88547591
读者服务部：（010）88547595
传　　　真：（010）68418647
电 子 邮 箱：shishichubanshe@sina. com
网　　　址：www. shishishe. com
印　　　刷：北京百善印刷厂

开本：787 × 1092　1/16　印张：18.75　字数：235 千字
2008 年 6 月第 1 版　2008 年 6 月第 1 次印刷
定价：38.00 元

目 录

前言 …………………………………………………………………… (1)

季羡林先生的贺信 …………………………………………………… (1)

任继愈先生的贺信 …………………………………………………… (3)

首届中华战略文化论坛开幕词
  中华战略文化论坛主席　徐根初 ………………………………… (4)

中华战略文化及其机遇与挑战
  中国社会科学院副院长、研究员
    李慎明 ……………………………………………………………… (7)

中国传统文化的基本特征和核心价值
  中国人民大学校长、教授　纪宝成 ……………………………… (23)

中华文明的历史启示
  北京大学国学研究院院长、教授　袁行霈 …………………… (30)

国学之魂：中华人文精神
  中国人民大学佛教研究基地主任、教授
    方立天 …………………………………………………………… (38)

中华人文精神与核心价值观
  全国政协委员　李汉秋 …………………………………………… (51)

"和"：中国传统战略文化之魂
三略研究院院长 王金岭 ……………………………… (56)

战略文化要素、基本特征及对现实行为的影响
北京大学教授 宫玉振 ……………………………… (63)

中国共产党的战略文化
中央党史研究室副主任、研究员 李忠杰 ………… (78)

中华战略文化与科学发展观
中宣部哲学社会科学规划办主任 张国祚 ………… (86)

中华民族优秀文化传统中的统一观
中华战略文化论坛 彭光谦 ………………………… (92)

中华战略文化在当代的发展
南京国际关系学院教授 周桂银
南京海军指挥学院副教授 段廷志 ………………… (102)

夯实中华民族文化基石 强化营造大文化的氛围
中央电视台高级编辑 吴济榕 ……………………… (108)

弘扬和谐文化 构建和谐社会
中华战略文化论坛 胡晓利 ………………………… (115)

毛泽东军事谋略艺术与中国传统文化
通信指挥学院教授 牛 力
通信指挥学院讲师 邵建东 ………………………… (122)

中国火药的发明与西传对世界文明进步的影响
军事科学院研究员 王兆春 ………………………… (142)

浅析中美战略文化的差异
中国现代国际关系研究院战略研究中心主任、研究员
林利民 ……………………………………………… (151)

"文化全球化"与文化帝国主义
中国社会科学院世界历史研究所所长、研究员
于　沛 …………………………………………………………… (159)

苏联模式·人类文明·中国特色社会主义
中国当代世界研究中心教授、国际自然和社会
科学院院士　俞　邃 …………………………………………… (176)

戈尔巴乔夫政治改革和叶利钦经济改革失败的战略文化因素
新华社世界问题研究中心研究员、前莫斯科分社
社长　万成才 ………………………………………………… (182)

印度战略形成与发展的几个问题
军事科学院战略学博士生　张啸天 …………………………… (191)

世界部分国家维护文化安全的经验与教训
中华民族文化促进会副主席　曹泽林 ………………………… (197)

东西方文化视野中的中国国家战略能力塑造
北京航空航天大学战略问题研究中心教授　张文木 ………… (211)

国际背景下的文化生态安全
新华社高级研究员　钱文荣 …………………………………… (220)

核时代的意识形态
北京大学国际关系学院教授　潘　维 ………………………… (224)

坚持和平发展理念　全面履行我军新使命
军事科学院研究员　任向群 …………………………………… (234)

海洋文化建设的政治文化问题
国家海洋局战略研究所研究员　杨金森 ……………………… (244)

战略文化与企业发展
中国石化集团总公司总地质师　曾兴球 ……………………… (255)

珍爱中华语言资源
教育部语言文字信息管理司司长　李宇明 ……………………（263）

汉语汉字兴衰关乎国家统一
大连舰艇学院博士　王达三 ……………………………………（269）

电视媒体在国家软实力建设中的作用
中央电视台军事节目中心记者　漆　谦 ………………………（276）

首届中华战略文化论坛闭幕词
中华战略文化论坛副主席　叶取源 ……………………………（284）

前 言

2007年11月18日，由上海交通大学国家战略研究中心、中国国际文化书院、北京大学国学研究院、中国人民大学国学院共同举办的首届中华战略文化论坛在北京人民大会堂隆重举行。来自中国社会科学院、中共中央党史研究室、北京大学、清华大学、中国人民大学等单位的百余名知名专家、学者和《人民日报》、新华社、《光明日报》、中央电视台等单位的媒体工作者出席了会议。学界泰斗，耄耋之年的季羡林先生和任继愈先生写来贺信，热烈祝贺论坛的顺利召开，并对论坛取得积极成果寄予了殷切的期望。

这次论坛是在党的十七大关于"推动社会主义文化大发展大繁荣"的重要精神指引下召开的。论坛以"中华战略文化的传承与发展"为主题，围绕中华战略文化的基本内涵与特征、东西方战略文化比较、中华战略文化与当代社会等三个专题进行了深入研讨。

中国社会科学院副院长李慎明、中国人民大学校长纪宝成、北京大学国学研究院院长袁行霈、中央党史研究室副主任李忠杰、中国国际文化书院院长于沛等分别就社会主义文化建设与国家安全、中华民族的核心价值观、中华文明的历史启示、中国共产党的中华战略文化、"文化全球化"与文化帝国主义等作了专题发言，受到与会者的高度评价。

与会者一致认为，党的十七大关于弘扬中华文化，建设中华民族共有精神家园的论述，具有重大的现实意义和深远的历史意义。中华文化是中华民族生生不息、团结奋进的不竭动力。中华民族文化复兴是中华民族全面复兴的重要标志与前提。不少学者指出，中华民族是当今世界唯一以国家形态、绵延数千年而未衰的民族。中华文明博大精深，开放兼容，其基本精神蕴含着卓越的智慧。中华文化中人与自然和谐的“天人合一”观、人与人和谐的“天下一体”观、人自身和谐的“身心合一”观，都是中华文明对人类的重要思想贡献。同时，在长期艰苦卓绝的中国革命和建设中，也形成了极为深厚的战略文化，这是中华战略文化不可分割的组成部分。中华文化不仅是中华民族的行为圭臬，而且对世界未来的发展具有重要指导价值。中华文明精神是超越工业文明，济西方文化之穷，消解后工业化和经济全球化时代种种矛盾与危机的重要思想基础。

与会者指出，弘扬中华战略文化，并不排斥学习与借鉴世界上一切优秀的战略文化，并不拒绝吸收人类文明的一切积极成果。但这决不意味着良莠不分、美丑不辨，听任假的、恶的、丑的东西四处泛滥。大家注意到，与我国物质文明建设长足进步相比，当前我国社会主义精神文明建设相对滞后。以西方价值观为核心的西方文化对我加紧渗透，在哲学、社会科学、文学艺术、思想教育，以致社会生活各个领域均有不同程度表现，形势不容乐观，值得高度警惕与重视。回顾人类历史，大家深切感到：一个民族如果失去了灵魂，是不可能自立于世，更不可能实现民族复兴的。党的十七大在中国经济社会发展的关键时刻，强调大力弘扬中华文化，加强社会主义核心价值体系建设，强调用中国特色社会主义共同理想凝聚力量，用以爱国主义为核心的民族精神和以改革创新为核心的时代精神鼓舞斗志，是十分及时和极为重要的。这对于确保有中国特色社会主义建设事业的成功和中华民族的伟大复兴，具有不可估量的战略意义。贯彻落实这一精神，不仅是各级领导者、全体文化工作者、哲学社会科学工作者、教育家、艺术家的天职，也应当成为全民族、全国人民的自觉行动。与会代表一致表示，要身体力行，为此进行不懈的努力。

会议共收到来自各方面的论文30余篇。各篇论文各具特色、各有风格，反映的是作者个人对战略文化问题的学术思考，不代表任何单位与部门的观点。编者在收入本书时，本着“百花齐放、百家争鸣”，求同存异，追求真理的方针，除个别技术性处理外，未对论文做实质性改动。对编辑工作中的疏漏，欢迎读者批评指正。希望本书的出版能引起各方面对战略文化问题更多的关注与思考。

季羡林先生的贺信

中华战略文化论坛组委会：

欣悉你们为了贯彻中共十七大精神，弘扬中华战略文化优秀传统，为建设中国特色社会主义事业服务，将举办“首届中华战略文化论坛”。这是一件具有学术价值和现实意义的好事情。

我曾经在《21 世纪：东方文化的时代》一文中讲到：“从整个世纪来看，中国文化在世界上占领导地位，这是东方三十年河东。到明朝末年，西方文化从天主教传入起，至今几百年了，西方资本主义的物质文明给人类带来很大的福利，但另一方面也带来灾难，癌症、艾滋病、淡水资源短缺、环境污染、生态平衡的破坏等等。……怎么办？人类到了今天，三十年河西要过，我们就像接力赛一样，在西方文化的基础上，接过这一棒，用东方文化的综合思维方式解决这些问题，去除掉这些弊端。”我还说：“我认为西方形而上学的分析已快走到尽头，而东方的寻求整体的综合必将取而代之。以分析为基础的西方文化也将随之衰微，代之而起的必然是以综合为基础的东方文化。‘取代’不是‘消灭’，而是在过去几百年来西方文化所达到的水平的基础上，用东方的整体着眼和普遍联系的综合思维方式，以东方文化为主导，吸收西方文化中的精华，把人类文化的发展推向一个更高的阶段。这种取代，在 21 世纪中就可见分晓。21 世纪，东方文化的时代，这是不以人们的主观愿望为转移的客观规律。”

我愿以上面的这些话，作为对“首届中华战略文化论坛”的贺词。预祝论坛圆满成功，并祝与会学者身体健康，阖家幸福。

季羡林

二〇〇七年十一月八日于北京

任继愈先生的贺信

中华战略文化论坛组委会：

中华文化有着五千年历史的深厚底蕴，是中华民族生生不息、团结奋进的不竭动力。从战略层面研究传承中华传统优秀文化与探索创新社会主义先进文化，将为国家经济社会发展和全面建设小康社会发挥积极作用。

在首届中华战略文化论坛开幕之际，谨致诚挚的祝贺。祝首届论坛圆满成功！

任继愈

2007.11.15日

首届中华战略文化论坛开幕词

中华战略文化论坛主席 徐根初

各位领导、各位专家、新闻界的朋友们：

上午好！

由上海交通大学国家战略研究中心、中国国际文化书院、北京大学国学研究院、中国人民大学国学院联合主办，上海黄埔文化咨询有限公司承办的首届中华战略文化论坛现在开幕了。谢谢各位的光临！

这次论坛的主题是：中华战略文化的传承与发展。重点研讨三个问题：1. 中华战略文化的特征；2. 东西方战略文化比较；3. 战略文化与当今社会。这次论坛是在党的十七大之后不久召开的。十七大是我国建设中国特色社会主义事业进程中具有重大意义的盛会。这次论坛的主旨是贯彻十七大精神，弘扬中华战略文化优秀传统，强化中华民族主体意识与社会主义核心价值观，借鉴外国优秀文化，促进传统文化与当代社会相结合，与现代文明相协调。

这次论坛，得到了中国社会科学院、上海交通大学、北京大学和中国人民大学等单位的领导和中宣部、中央党史研究室、教育部等机关领导的关心和大力支持，得到了众多专家、学者的关心厚爱。今天，大师云集，巨匠荟萃，其中有8位专家将作主题报告和专题演讲，众多专家发言交流。大家所崇敬的季羡林、任继愈两位老先生为我们论坛写来了贺信，这是十分珍贵而丰厚的贺礼。在此，我代表论坛组委会，向季老、任老，向各位领导、专家表示衷心的感谢！

这次论坛，是中华战略文化论坛的首届论坛。这里我要向大家报告，中华战略文化论坛旨在探索建立一个具有中国特色的、较高水平的、高层次的民间学术咨询交流平台，为国家安全和经济社会发展提供政策建议，为社会团体提供咨询服务。

新时期新阶段，国内外形势发生着深刻的变化。中华民族面临的发展机遇与挑战前所未有。中国比以往任何时候都更加需要适应新时代、新任务、新情况的国家战略，都更加需要走向世界的正确的战略思考。在建设中国特色社会主义伟大事业中，国内经济社会发展中出现的深层次矛盾，也迫切需要我们以科学发展观为指导，进行战略思考，提出相应的对策。不久前，我看到一篇文章，题目是“要严防中国思维的美国化”。文章说，中国正在崛起，需要向其他国家学习内政和外交的经验。但是在这个过程中，需要建设中国思维的主体性。失去了主体性，思维被美国化或者欧洲化，中国很难成为一个真正的大国，尤其是一个可持续发展的国家。这是一个值得深思的问题。

中华民族有着悠久的历史，在艰苦卓绝的革命和建设进程中，中华民族积聚了极为深厚的战略文化，而且延续最久、辐射甚广。战略文化作为一个在确定和实现战略目标任务时所表现出来的价值取向与思维、行为方式，作为制定现实战略的指导思想，会在很大程度上影响人们决策的方向和成败。为此，中华战略文化论坛将以每年一次的主题论坛、小规模的专题研讨、多形式的学术讲座等形式开展各种活动，就建设中国特色社会主义伟大进程中关系国家安全、人民福祉的重要理论和实践问题进行研讨，为职能部门拾遗补缺，建言献策，并探索建立民间智库、发挥民族智库广泛社会作用的路径和方法。

中华战略文化论坛将建立20人的专家委员会。论坛将与国内著名高等院校、科研机构和政府有关部门建立广泛而又密切的联系，并逐步扩大国际学术交流，集思广益，为继续解放思想、坚持改革开放、推动科学发展、建设和谐社会服务。

中华战略文化论坛，今年是首次举办，如何办好论坛，还希望各位嘉宾提出改进意见。在各位专家、学者的指导和支持下，我相信首届论坛定能圆满成功，祝大家健康快乐！

谢谢大家！

中华战略文化及其机遇与挑战

中国社会科学院副院长、研究员 李慎明

胡锦涛同志在党的十七大报告中明确指出："当今时代，文化越来越成为民族凝聚力和创造力的重要源泉、越来越成为综合国力竞争的重要因素"，并强调："要坚持社会主义先进文化前进方向，兴起社会主义文化建设新高潮，激发全民族文化创造活力，提高国家文化软实力"，"加强对外文化交流，吸收各国优秀文明成果，增强中华文化国际影响力"。

十七大报告从战略层面上揭示了文化的深刻内涵及其对国家民族事业发展的重大意义。战略问题是关乎国家和民族发展与繁荣的根本性问题；作为直接反映国家和民族战略的战略文化，对于一个国家民族核心价值观的形成和维持，对于一个国家民族的凝聚与团结，对于一个国家民族的存在与发展都起到十分重要的作用。加强对战略文化的研究是一项十分紧迫的战略任务。

能不能这么说，作为国家民族文化分支的战略文化，早已是一种客观存在，但对国家战略文化的大规模研究，从一定意义上讲，则是刚刚起步。正因如此，对于具有重大意义的战略文化，我们很有深入探讨之必要。今天召开的这次研讨会，就是落实党的十七大精神的重要举措。因为战略文化研究起步不久，更主要的是因为自己学识粗浅，所以，我今天的发言，可能会有许多不妥之处，敬请各位大家批评指正。下面结合十七大精神的学习，着重就中华战略文化的内涵、实质与发展和当前我国战略文化所面临的机遇与挑战谈几点体会。

一、中华战略文化的内涵、实质与发展

随着近些年来中国的快速发展，中国未来的战略走向日益受到世界和国人的关注，战略文化也日益成了人们探讨的重大热点。近几年，对战略文化定义的研究也不断深入，应该说取得了很多成果，但在学术界还没有形成完全一致的看法。其定义是否可以这样表述：作为观念形态的战略文化是一个国家和民族文化的重要组成，是其经济、政治等根本利益在战略领域的反映，是关于制定国家安全与发展战略其中包括经济、政治以及军事、科技、外交等战略的观念形态。一个国家和民族的生产方式、意识形态、历史传统、社会心理等因素，对战略文化形成与制定都具有直接的决定性制约和间接的影响。

中国的战略文化思想起源较早，随着奴隶制国家的出现，战略问题随之逐步提出，作为战略之反映的战略文化也随之产生。从夏商周，特别是到了诸子百家争鸣的春秋战国时代，我国古代战略文化有了很大的发展。在那个时期，华夏文明培育了孙武、吴起、孙膑等优秀的战略家和军事家，同时在《周易》、《老子》、《尚书》、《论语》、《孟子》等论著中也包含有一些重要的战略的观念。它们都成为先秦文化的重要组成部分。中国有着十分丰厚的传统文化底蕴，其中包括对中华战略文化本质内涵的最早追寻

与赋予。我认为，主要有以下几个观念和原则：一是“天下大一统”的思想。中国古代战略文化基于“天人合一”的哲学思想，追求人与自然、人与人的整体和谐，其内容极为丰富。如果用最简洁的语言来概括，可以说是和平、统一、防御、知兵非好战的思想。二是“以和为贵”、“亲仁善邻”、“协和万邦”。可以说，这也是中华民族为“大一统”的战略目标铺就的对外关系的基石。三是实行“开户牖”、互学习、兼收并蓄，“携手共进”。有人误认为中华民族历来闭关锁国，这是不对的。四是反对侵略战争，维护祖国统一。中华民族在充分认识战争是人类深重灾难的同时，又把战争分为“不义”和“义”两种战争。“不义”之战即侵略战争，为中华优秀文化传统所不齿。应当指出，中华战略文化传统也有一定的局限性，甚至有糟粕，我们要吸收其精华，剔除其糟粕。

1919年“五四运动”以后，随着马克思主义的传入，我国传统战略文化的精华，在新的历史条件下，被赋予崭新的意义。我们党的三代领导集体和以胡锦涛同志为总书记的党中央都十分重视中国优秀战略文化的继承与发展。

中国现代战略文化划时代的里程碑是毛泽东思想的创立。毛泽东战略思想提出了实事求是的思想路线；提出了兵民是胜利之本，动员群众、依靠群众的思想；提出了在战略上藐视敌人和在战术上重视敌人的重要思想；提出了“积极防御”、游击战争、持久取胜战略；把尊重规律与发挥主观能动性相结合的战略思想；关于和平共处五项原则，建立中国和平外交政策；关于热爱和平、不怕战争；关于帝国主义的两重性；关于弱国、小国能够打败强国、大国；关于“三个世界”划分，第三世界团结起来等重要战略思想等。

邓小平倡导的战略文化，反映了和平与发展的世界主题与中国特色社会主义建设的内容。主要有：明确和平发展是当代带有全球性的战略问题，得出新的世界大战可以避免的重要结论；以经济建设为中心，坚持四项基本原则，坚持改革开放，把国家稳定放在压倒一切的地位；制定了“韬光养晦、有所作为”的新战略思想；提出了“一国两制”战略构想；提出了打现代条件下的人民战争和坚决维护我国不信邪、不怕鬼的形象等。

江泽民同志为核心的第三代领导集体，继往开来，与时俱进，提出了“三个代表”重要思想，进一步回答了什么是社会主义、怎样建设社会主义，创造性地回答了建设什么样的党、怎样建设党的问题；提出了我国经济体制改革的目标是建立社会主义市场经济体制，以市场经济推进中国经济现代化；提出了全面建设小康社会思想，提出了中国特色军事变革理论，提出了准备打赢高技术条件下的局部战争等。

以胡锦涛同志为总书记的党中央，继承和发展了中央三代领导集体的战略思想，强调以人为本，树立科学发展观，自主创新，构建社会主义和谐社会；高举和平发展合作的旗帜，坚持独立自主的外交政策，维护国家主权、安全、发展利益，积极争取和平稳定的社会环境，主张以和平统一方针解决台湾问题，并坚决反对“台独”，加强军队现代化建设等。

党的三代领导集体和以胡锦涛同志为总书记的党中央的这些战略思想，集中地体现了当代中国战略文化的特色，并逐步形成了中国特色社会主义战略文化。可以说，中国特色社会主义战略文化是以马克思主义战略文化为指导并与当代世情和中国国情相结合的产物，是继承中国革命战略文化传统并汲取中华古代战略文化优秀传统以及世界各国战略文化优秀传统的结果。

二、中华战略文化面临的难得发展机遇

从国际国内方面看，我国战略文化有哪些难得的发展机遇呢?

(一) 世界上有众多优秀文明和优秀战略文化供我们可资借鉴

在近六千年里，人类社会出现过 26 个文明形态。现在，全世界约有 63 种宗教，192 个国家，292 个民族，6700 多种语言。世界上各种不同的文明和优秀的文化，其中包括优秀的战略文化思想，是世界各国和各国人民以及不同民族世世代代、辛辛苦苦建立并传承下来的。这是全人类所共有的不可多得的财富，我们一定要十分珍惜，并敢于和善于大胆借鉴。

(二) 经济全球化趋势的深入发展与我国加入 WTO

经济全球化实质上包括三个层面：一是生产力层次的，即商品、技术、资本、人员等生产要素的全球流动；二是生产关系层次的，如西方国家领导或主导下制定的不平等的国际经济秩序，以及反映并服务于这种经济秩序的国际政治秩序；三是意识形态层次的，西方国家推行的文化价值观念是为西方国家全球化服务的，是为建立有利于他们利益的世界经济政治秩序服务的。因此，我们必须清楚地看到，经济全球化与我国加入 WTO 对我们

的发展来说是柄双刃剑，我们既要注意抵御经济全球化的弊端，又要利用好两种资源、两个市场，向世界传播中国优秀文化其中包括中华优秀战略文化，并积极汲取国外优秀文化成果其中包括优秀战略文化成果。

（三）维护文明多样性、反对文化霸权已成为大多数国家的共识

2005年9月15日，国家主席胡锦涛在联合国成立60周年首脑会议上发表的重要讲话中指出："文明多样性是人类社会的基本特征，也是人类文明进步的重要动力"；"应该以平等开放的精神，维护文明的多样性"。这些重要论述，指明了世界文化、文明发展的历史趋势。以个别强国为主导的国际垄断资本主义的生产关系在全球范围内的扩张，已经在全球范围内产生和加剧这样一个基本的经济现象：富国、富人愈来愈富，穷国、穷人愈来愈穷。正因如此，世界社会主义和左翼思潮在全球范围内开始有所复兴。就连欧洲的不少有见识的政治家和学者，对个别超级大国强行推行其文化和价值观念的行为也极为不满。比如，法国、德国、加拿大等国兴起抵制个别超级大国"文化入侵"的浪潮。又如，2005年10月20日，联合国教科文组织第二十二届大会154个参与投票的国家和地区，以148票赞成，4票弃权，2票反对，通过了由法国和加拿大倡议的《文化多样性公约》。德国、日本、澳大利亚等发达国家都投了赞成票。应该说，这是反对文化单边主义的一个很好的例证。这也说明，毛主席提出，邓小平、江泽民和胡锦涛同志坚持的三个世界划分的理论依然正确。

三、中华战略文化面临的国际挑战

在20世纪90年代冷战结束后，在我们人类历史上出现了少有的“一国独大”的格局。从经济上说，美国经济占世界经济总量的近1/2。从军事上说，2004年美国军费高达4550亿美元，占全球军费总开支的47%。但据美国乔治亚州奥古斯塔大学经济学教授布劳尔研究，由于美国的核武预算编在能源部，2004年，美国实际军费达7600亿美元，占全球军费总开支的70%以上。美国的投资历来是讲究收益的。从文化上说，在当今世界上的全球信息流动中，90%以上的新闻是以美国为首的西方控制的；美国的电影、电视生产仅占世界总量的6.7%左右，但电影却占了世界市场的50%以上，电视占了70%以上。在全世界的互联网服务器的内存中，美国提供的一般信息占80%，服务信息占95%，而中文信息只有4%，这4%还包括了新加坡等和中国的台湾地区。按照牛顿力学定律和爱因斯坦广义相对论的观点，物体的质量越大，则引力越大；质量足够大的物体，甚至可以引得连光都可以发生弯曲。物理学由此得出这样一个结论：质量就是方向。人类社会是广义自然界的有机组成。因此，人类社会中，也处处看见自然界质量就是方向的引力现象。美国无疑是当今人类社会中经济、政治、文化以及科技、军事等领域最大的实体。在经济全球化进程急速加快的今天，从整体上说，美国这种内诱力和外张力，不仅在主导着我们这个星球的经济政治的固有秩序，其思想文化同样从整体上左右着他们眼中的小小“地球村”。

马克思、恩格斯在《德意志意识形态》一文中提出了一个十分重要的观点，这就是“统治阶级的思想在每一个时代都是占统治地位的思想”。这又如恩格斯所说，“资产阶级的力量全部取决于金钱”，“资产者真像是真正的民主主义者”，但“只是为了用金钱的特权代替已往的一切个人特权和世袭特权”。[①] 马克思说：“刺刀尖碰上了尖锐的‘经济’问题会变得像软绵绵的灯芯一样。”意识形态载体的背后是大量的金钱在支撑。谁有钱，谁就能办电视、广播、报刊、因特网等大量新闻媒体。从这种意义上讲，谁有钱，谁就有“嘴巴”，即“话语霸权”，谁就能在一定范围和一段时日里统治全球舆论。

以个别大国为首的西方世界，在思想和战略文化上对我国主要进行以下五个方面的重点渗透：

（一）在社会意识形态上，他们首先攻击的对象是马克思主义。也可以说，他们的最低纲领是打倒马克思主义

在我国，无疑仍然存在着一切从本本出发，把马克思主义理论当作一成不变的教条，忽视对马克思主义基本原理的创造性应用的情况。我们必须继续下大力气努力克服。但我们也要清醒地看到，由于受国内外敌对势力攻击的影响，马克思主义“过时论”、“空想论”、“失败论”和马克思主义就是“违反人性”的“左祸论”；社会主义与资本主义日益趋同，已经不存在“社会主义取代资本主义”的“趋同论”，马克思主义“只是一个学派”，“没有谁指导谁的问题”，必须废除马克思主义这一“国家意识形态”的“废除论”等，仍有很大市场。

他们的最高纲领是摧毁爱国主义思想，也就是用所谓“全人类价值观”取代爱国主义。当前，我国正经历从社会主义计划经

---

① 《马克思恩格斯全集》第2卷，第647页。

济意识到社会主义市场经济意识的历史性转变。市场经济意识中的人际关系的平等自由原则，所谓个人的全面发展和个性解放的观念，普世人权观念等等，都逐渐浸漫社会。这既是历史的进步，又使一些涉世不深的人思想混乱。这种思想观念和意识形态上的变化，已经引起西方国家及其对外宣传机构的关注和利用。他们用拜金主义、享乐主义、极端个人主义消解人们特别是青年的爱国主义和集体主义。甚至对一些热血爱国青年进行打压。毫无疑问，我们坚决反对极端民族主义；但是，谁要是对他们霸权主义行径表示点不满，即被斥之为民族主义甚至是极端民族主义。他们彻底摧毁我们的爱国主义思想的根本目的，说到底，是为了把我国变成附庸国或事实上的殖民地。

（二）在经济上宣扬自由市场经济和私有化

经济利益，已经日益成为当今国际关系和国外政策的主导。美国哥伦比亚大学教授琼·斯佩罗在《国际经济关系的政治学》中提出“国际经济关系就是政治关系”，这一论断得到了西方个别大国对外宣传主管部门的赞同与高度关注。西方主要传媒长期将经济宣传列为对外宣传的主要内容。20 世纪 90 年代以来，这种情况表现得更为突出。

一是宣传本国的经济利益高于其他国家利益。将本国经济利益宣传为国际经济发展的根本动力，宣传在其他国家利益之上。

二是维护以资本主义主要国家利益为基础的国际经济秩序。在历史否定了宗主国与殖民地势力范围结合而成的地域性经济秩序后，世界市场现在基本按照美、英、法、德、日等西方七国的意志重建“自由贸易”的国际贸易机制。维护这种有利于西方主要大国，尤其是有利于美国的国际经济运行机制和市场分配，是西方传媒新闻报道、述评的主要内容之一。

三是宣扬资本主义经济制度。科学技术的进步，使美国等西方主要国家的比较成本优势获得了巨大的发展机遇。因此，它们一改从社会福利制度入手宣传私有制的做法，转为其经济制度的所谓优越，结果掩盖了其通过国家间不平等竞争赢得暴利的真相，这对发展中国家的受众具有相当大的欺骗性。

四是宣扬资本主义国家对发展中国家的经济援助。当今世界，西方发达国家对发展中国家的"援助"，仍然主要表现在资本输出和技术输出上。所不同的是，国家已取代垄断财团成为最大的资本输出者。国家巨额资本投放到具有重大开发潜力而对私人投资不安全或无大利的国家和地区，从而形成对其有利的政治或经济局面，进而帮助本国的私人资本占领市场。这样的援助，看似"无偿"和"无私"，实则往往一本万利。他们还利用经济援助和技术转让，诱迫社会主义国家在政治上实行多元化，经济上实行私有化。

（三）在政治上否定社会主义国家政体与政党制度

政治上鼓吹"总统制"、"两院制"、"三权分立"和西方的多党制。社会主义国家政党制度是社会主义政治制度的重要组成部分，决定着国家政权的性质和方向。现代国际传媒舆论斗争中，社会主义国家是西方国家的官方传媒的重点宣传对象，而集中攻击、诋毁和歪曲的，主要是社会主义国家的国家政体和政党制度。他们否定社会主义国家政体和政党制度，否定执政的无产阶级政党按照阶级统治的需要设立国家权力机构、规定权力关系和公务员产生方法的合法性；否定国家最基本的政治制度——如我国的人民代表大会制度的民主性；否定国家政权机构的决策独立性；否定工人阶级的领导地位和人民群众的管理权等。

在专政柱石上，一是宣扬军队国家化，取消党对军队的绝对领导；二是宣扬高科技战争无往不胜的“唯武器论”。

在法治领域鼓吹所谓“普世”的法理观念、理论体系和法制制度。

（四）在历史研究上否定我国近现代革命史、我们党的历史和新中国的巨大成就

连岳飞也要否定，李鸿章也要翻案，对汪精卫要美化，否定新中国的一化三改、镇反、三反、五反等。

他们攻击的重点是社会主义国家的领袖。要搞垮一个国家，首先就要攻击这个国家的执政党；要搞垮这个国家的执政党，首先就要丑化这个党的主要领袖。这是国内外敌对势力企图西化、分化我们的最有效、最便捷的伎俩。苏联解体、苏共垮台，其内外敌人就是从诬蔑、攻击斯大林甚至是列宁入手的。以美国中央情报局为背景抛出的李志绥的《毛泽东的私人医生回忆》和高文谦的《晚年周恩来》，同样具有很大的欺骗性和特有的危害性。据我所知，海内外有很多人读过这两本书，不明真相的人也都信以为真，其实书中竭尽造谣、污蔑、攻击、歪曲、诽谤之能事。当然我们并不否认毛主席晚年犯有错误，但毛主席和周总理功劳之巨大、品质之高尚和特有的人格魅力，是常人很难企及的。我建议读过上述两本书的同志能够读一读林克、吴旭君和徐涛所写的《历史的真实》和中央文献研究室编写的《毛泽东传》、《周恩来传》等。现居住在英国的华裔女作家张戎与英籍丈夫发表合著《毛泽东：鲜为人知的故事》，《德国之声》引述《法兰克福汇报》说：“在张戎看来，毛泽东毫无疑问是杀人如麻的最大杀人犯，只不过现在很少有人谈及大饥荒和清洗使七千万人死于非命的史实，更多谈的是纳粹对犹太人的大屠杀和苏联古拉格群岛的受害

者。希特勒和斯大林早已声名狼藉，而毛泽东的肖像却依然挂在天安门城楼上。张戎要移动这张肖像，以正视听。她坚信，她的这本毛泽东传记将使世人大开眼界。”德国《世界报》介绍说：“这本书的轰动之处在于，它从1934—1935年的长征开始，一块一块地拆除了毛的上升和建立红色中国的神话。这本书拆穿了红军与国民党蒋介石英勇斗争后撤退以及毛泽东战略高超的颂歌，称之为谎言和臆造。长征人数从开始时的8.6万下降至结束时不足4000人，除了天气恶劣和地区贫瘠等自然条件外，唯一原因就是毛的拙劣指挥和战略无能……现在世界公众吃惊地获悉，毛泽东长征神话之一的飞夺大渡河铁索桥一事完全子虚乌有。”他们的造谣竟到如此无耻的地步。

这说明，“颜色革命”正在向我们扑来：我们在意识形态领域的工作仍十分繁重。但是毛泽东、周恩来、邓小平同志以及以江泽民同志为核心的党中央，以胡锦涛同志为总书记的党中央是攻不倒的。

（五）在国际关系理论上否认国家主权，鼓吹文明冲突和普世文化价值观念

国家主权是国家的根本属性，是国家独立自主处理内部事务，管理自己国家的权利。它反映了民族国家的基本特征，具有不可分割与不可让与性。反对与坚持国家主权的斗争，是资本主义国家与社会主义国家在国际传媒舆论斗争中的核心问题。

以否定国家主权为基点，在新闻舆论中否定构成国家主权的四个基本要素即：1. 各国有选择其政治、社会经济及文化制度的权利；2. 国家在国内事务中的最高决策权利；3. 国家在处理国际关系中的独立权利；4. 国家防范和抵御侵犯的自卫权利。他们利用所谓的西藏问题、香港问题、台湾问题以及经贸问题、军售

问题，挑起事端，歪曲攻击，或隐或显地否定我国国家主权的意图十分明显。邓小平针对资本主义的企图，曾精辟地论述说："国权比人权重要得多。"他又说："国家主权、国家安全要始终如一放在第一位。"这是中国人民近百年被侵略、被压迫的屈辱历史证明了的真理。

四、抓住发展机遇，正确应对挑战，进一步推进战略文化建设

发展建设中国特色社会主义战略文化，必须认真学习十七大精神，自觉树立科学发展观，确保国家战略文化安全。

第一，要切实增强国家战略文化安全的忧患意识，自觉捍卫战略文化安全。要坚持以马克思列宁主义、毛泽东思想、邓小平理论、"三个代表"重要思想为指导，深入贯彻落实科学发展观，坚持马克思主义在我国意识形态领域的指导地位。针对当前我国文化领域面临的挑战和压力，要审时度势，居安思危，正确应对，真正筑起抵御各种腐朽思想文化侵蚀、确保国家战略文化安全的思想防线。我们应该记住：一个国家被消灭了，只要这个国家的文化依然存在，这个国家迟早要复兴。但一个国家和这个国家的文化被同时消灭了，这个国家也就永远被消灭了。

第二，坚持公有制为主体、多种所有制经济共同发展的基本经济制度，为借鉴世界各类文明、抵御西方腐朽文化和发展我国战略文化提供了牢固的经济基础。唯物史观认为，生产力决定生产关系，经济基础决定上层建筑，同时上层建筑一经产生，便具有相对的独立性，并对经济基础具有一定的反作用。社会主义文

化包括社会主义和谐文化，属于上层建筑范畴，它被社会主义的经济基础所决定，不仅具有相对的独立性，同时又极大地反作用于社会主义的经济基础。我国宪法规定："中华人民共和国的社会主义经济制度的基础是生产资料的社会主义公有制"，"在社会主义初级阶段，坚持公有制为主体、多种所有制经济共同发展的基本经济制度"。我国经济基础的社会主义性质，决定了我国必须大力提倡社会主义文化其中包括我国战略文化，并通过社会主义上层建筑其中包括战略文化的反作用，来维护我国的经济基础不受侵略和保障最广大人民群众的根本利益。因此，我们决不能搞"一大二公"的单一公有制，同时也决不能搞全盘私有。只有坚持公有制为主体、多种所有制经济共同发展的基本经济制度，才能从根本上保证我国战略文化建设的正确方向，才能在与世界文化的交流与对话中，牢牢掌握主动权。

第三，高度重视党的理论和意识形态工作，为借鉴世界各类文明、抵御西方腐朽文化提供理论支撑。党的理论是总店，而我们的战略文化是总店的分店和分支。理论正确，党就坚强，政策就正确，思想就统一，经济就发展，社会就稳定。苏联解体、苏共垮台的根本原因是在党内，而且发端于思想理论，是其逐渐脱离、背离马克思主义所导致的。马克思主义是中国先进文化的核心、灵魂和旗帜。坚持和发展马克思主义，是繁荣发展中国先进文化的关键，也是建设战略文化的根本。只有加强和巩固马克思主义在我国意识形态领域的指导地位，才能真正做到在国内外各种思想、理论、思潮的相互激荡中不迷失方向，在与世界不同文化的交融与碰撞中学习、借鉴、扬弃、升华，丰富和发展我国的社会主义战略文化。

第四，紧紧依靠最广大人民群众。全国各族人民是建设中国特色社会主义事业的主体，人们群众积极性、创造性的充分发挥是我们事业成功的保证。汲取世界各类文明，抵御西方腐朽文化，建设中国特色社会主义战略文化，必须紧紧依靠广大人民群众。我们要始终不渝地坚持全心全意为人民服务和立党为公、执政为民的价值观，始终不渝地坚持人民群众才是创造历史真正动力的主体观，并把这一思想统一和落实到提高党的执政能力、为人民执好政的全过程，统一于中国特色社会主义战略文化建设的全过程。

第五，正确处理继承我国优秀文化传统与积极借鉴世界各类文明其中包括西方文明的关系。在人类社会发展过程中，不同国家和不同民族特性文明的存在，使世界文化丰富多彩。每一个国家和民族的文明都有其长处，这是其存在和发展的基础。不同国家和民族的文明都是世界文明不可缺少的组成部分。我们应以宽广的眼界和博大的胸怀，在尊重差异中扩大认同，在包容多样中形成共识，积极借鉴世界各国的文明成果，博采众长，使其熔铸于中国特色社会主义战略文化建设中。但所有国家和民族，尤其是处于经济弱势的国家和人民，必须首先对本国的文明做到自尊、自爱、自信、自立，维护和弘扬本民族的优秀文化和文明。因为，文化和文明有着十分丰富而深刻的内涵，决不能仅仅把科技和物质发展水平作为衡量文化“先进”与“落后”、文明高下与优劣的尺度。否则，就会把西方个别超级大国所特意构建的意识形态作为所谓的普世文化和文明去顶礼膜拜；把西方个别超级大国向全世界进行的文化扩张当作向“未开化”国家和民族传播的“文明”去推行。其实，当今世界那些所谓的普世文明，说到底是西方霸权主义对全世界实施文化侵蚀和统治的工具。这种观念的侵蚀，使发展中国家一些人产生了一种“文化自卑感”，有意无意地对西方中心文化如痴如醉，而对本土文化苛求甚至鄙视。实际上，愈是民族的，便愈是世界的。我们应该倍加珍惜我国科学的、民族的、大众的文化，并使之发扬光大、生生不息。我们中华民族历来十分注意学习借鉴其他国家和民族的文化与文明。但是，对于我们国家和民族的文化与文明采取敌意甚至妄图诋毁的行为，我们的一贯态度是："威武不能屈。"

中国传统文化的基本特征和核心价值

中国人民大学校长、教授 纪宝成

各位领导、各位专家、各位来宾：

大家好！

能出席这次“中华战略文化论坛”，我殊为高兴，而被推举在论坛上作主题发言，更让我倍感荣幸。对“战略文化”本身，我所知不多，但我认为，任何一个民族、一个国家的战略文化，必然深深植根于它的传统文化土壤，是民族文化精神与价值的具体体现。因此，研究战略文化，当以了解和认识传统文化为起点。基于这样的考虑，我今天想着重就中国传统文化的基本特征与核心价值问题谈谈个人的看法，希望藉此为研究战略文化提供一个重要的视角。

在今天，弘扬光大中华文化，必须对中华文化核心的内涵与价值有清晰的认识和全面的揭示。众所周知，中华文化博大精深，对其核心价值的界定以及基本特征的归纳，学术界众说纷纭，莫衷一是，可谓仁智互见，各有其理。我个人认为，中华文化的基本特征可以概括为以下几个方面：

第一，博大性，也就是博大精深。博大精深、异彩纷呈是中华文化的显著特点之一，这在物质、制度、观念等不同层面上，都有辉煌璀璨的表现。四大发明的造福人类，文学艺术的风靡天下，制度建设的系统精密，思想学说的深邃卓越，均是中华文化绚丽多彩的具体象征，均是中华文化对世界文明进程的杰出贡献，也是中国人永远引以为自豪的精神之源。

第二，入世性，也就是入世爱人。与其他古代文化具有浓厚宗教色彩有所不同的是，中华文化呈示出强烈的入世精神，体现了以人为本的深厚现实人文关怀意识，所谓“六合之外，圣人存而不论”。正是因为具有这种入世性，它充满了自强不息的奋斗理念，厚德载物的博大襟怀，仁义爱人的人文关怀，经世致用的理想追求，和谐有序的崇高目标，爱国恋土的价值取向，慎终追远的皈依心理。这种文化主体意识，是超越时空的，并业已为全球华人和国际社会所普遍认同。

第三，开放性，也就是开放兼容。“海纳百川，有容乃大”。中华文化之所以历经数千年而生生不息，光彩夺目，一个重要的原因，是其为一个开放的体系而非封闭的系统，能够不断吸收新的活力因子丰富和充实自身。从战国晚期诸子之间的整合融汇，到秦汉思潮的综合贯通；从隋末王通的三教归一，到宋明理学的援释入儒；从胡汉文化的交汇渗透，到中西思潮的激荡沟通；中华文化始终在保持主体性的前提下，不断汲取新的因素，注入新的活力，而拒绝抱残守缺、故步自封的战略短视。

第四，互补性，也就是互补和谐。“和而不同”，优势互补，也是中华文化重大特色与基本精神的具体表现。古人对此早有深刻的认识，所谓“天下百虑而一致，殊途而同归”；“百家皆有所可，时有所用”；“百川异源，皆归于海；百家殊业，皆务于治”等等，皆是中华文化传统中倡导以尊重赢得和谐，以互补造就成功的精神理念。这在政治上，就是以“霸王道杂用”互补的方式构筑起统治指导原则；在文化上，就是以儒、释、道“三教圆融”互补的方式构筑起民众精神港湾；在方法论上，就是以“经”与“权”、“常”与“变”刚柔相济、双管齐下互补的方式构筑起思维行为准则。换言之，在中华文化传统中，“中也者，天下之达道也”；“和合”互补的精神渗透弥漫于各个方面、各个层次。

第五，进取性，也就是进取自强。中华文化始终具有强烈的进取性。这主要表现为：1. 树立与贯彻反省意识。每当前进过程中遇到挫折、出现坎坷时，都能“反求诸己”，审视自己的不足与局限，及时发现问题，重新选择方向，百折不挠，克服困难，创造条件，走向成功。2. 树立与贯彻忧患意识。在顺境时不骄傲自满、不忘乎所以，强调“生于忧患而死于安乐”；指出“无敌国外患者国恒亡”，从而保持清醒的头脑，“极高明而道中庸”，一步步实现理想的目标。3. 树立与贯彻与时俱进意识。所谓“苟日新，日日新，又日新”；“与时迁移，应物变化”，均表明中华文化不断处于发展更新之中，能够顺应时代的潮流，随时调整和充实自己的内涵，满足社会的需要。毫无疑义，在今天分析总结中华文化传统中的进取性是十分必要的，尤其是当我们国家和平崛起之时，如何在前进过程中强化忧患意识，保持清醒的头脑，避免因眼前的成功而忘乎所以、骄傲自大？如何反省不足，找出差距，为更上层楼创造条件？如何顺应世界潮流，使我们的历史回顾和文化建设有的放矢、与时俱进等等，都是无可回避的重大命题。

与中国传统文化基本特征相紧密联系的，是它蕴涵着丰厚的价值体系。我认为：它既存在于中华民族学术层面的思想文化之中，也存在于中华民族生活层面的日常生活之中，而在这个体系中反映本质属性、起主导统率作用的，就是文化的核心价值。它们是一个伟大民族自己的精神、理想、道德情操和追求的集中体现。这种核心价值观，反映为多个方面，择其要者：

1. 国家民族立场上的统一意识。在中国漫长的历史发展过程中，国内诸民族经历了战和更替、聚散分合、迁徙与融汇，却始终不曾割断共同的文化传统，文明认同始终如一。而能够达到这一境界，其根本的因素就是国家统一的理念已渗透于中华民族的血液之中，成为人们一致的价值取向与理想追求。所谓"礼乐征伐自天子出"、天下"定于一"等等，正是这种民族文化心理的形象表述。数千年的中华文明史，在某种意义上，可以说是国家统一观念深入人心的历史，是实现和维护统一的历史。统一作为中国历史发展的主流，浩浩荡荡，不可逆转！

2. 为政治国理念上的民本色彩。民本论的核心观点是：国家为君主之本，庶民为国家之本，所以安定民生为政治之本。这一理论萌生于西周初年，当时的统治者在政治思想领域提出了"敬德保民"的命题。春秋时期，"重民轻神"、"恤民为德"成为社会上的普遍思潮。而儒家继承这些宝贵的思想资源，系统形成了"以民为本"的政治主张。孔子建立"仁学"，核心宗旨便是"爱人"，主张"亲亲而仁民"。在此基础上，提出了比较系统的爱民恤民措施，要求做到，"其养民也惠，其使民也义"。孟子和荀子大大丰富了"民本思想"的内涵，提升了"民本思想"的价值。孟子"民本论"的典型表述，是"得乎丘民而为天子"，"民为贵，社稷次之，君为轻"。结论是："天时不如地利，地利不如人和。"荀子认为君民关系是水与舟的关系，君主离开民众的拥戴和支持，便意味着政治前途的葬送，"君者，舟也；庶人者，水也，水则载舟，水则覆舟。此之谓也"。秦汉以降，"重民爱民"始终是历代王朝名义上或实际上的基本政治原则之一。这对缓和社会矛盾，维系社会相对稳定产生了深远的影响。

3. 社会秩序建设上的和谐理想。和谐是中国传统文化的重要命题与核心精神，儒、墨、道、法、兵等主要思想学派对和谐思想都有深刻的阐发。儒家提倡“中和”，强调“礼之用，和为贵”，注重人与人之间的和睦相处，人与社会的和谐发展。道家追求人与自然的和谐统一，提倡遵道以行，率理而动，因势利导，合乎自然，虚静处下，海涵宽容，从而建立起自然和谐的治国秩序。墨家倡导“兼相爱，交相利”，主张实现个体与社会的有序一体，道德与功利的和谐一致。法家主张对个人、社会、国家三者关系做出正确定位，在大一统的格局内，实现国家主导下的社会和谐。兵家讲求“令民与上同意”，强调“先和而造大事”，视“和谐”为克敌制胜、战胜强立的保证。所有这一切，都表明和谐是中国传统文化的本质属性，中华文化能够生生不息，自立于世界民族之林，与它充沛着和谐的精神有着密不可分的关系。

4. 伦理关系处理上的仁义原则。两千五百多年，孔夫子建立的“仁”的思想，是根植于人类命运的道德的主体，开辟了中华民族价值的根源。它是中国古代处理人际关系、治理国家的根本思想，并以此为核心形成了一整套的伦理、价值观念。这些观念可以用“仁、义、礼、智、信”五个字来概括。因此而确立了一系列解决和处理各种复杂社会关系，满足社会伦理基本需求，完成个人人格健全的道德规范，如“己欲立而立人，己欲达而达人”、“己所不欲，勿施于人”的“忠恕仁爱”精神；“重义轻利”的“义利之辨”原则；“正人先正己”的“率先垂范”准绳；“无弃物、无弃人”的包容宽厚立场；“言必信，行必果”的“恪守诚信”态度；“爱有等差、尊卑有序”的“克己复礼”追求；“举一反三，见微知著”的“心智完善”能力等等。

5. 事业追求态度上的自强精神。早在《周易》中，就提出“天行健，君子以自强不息”这种事业追求上的奋斗精神。主张自强不息、勤劳刻苦、舍生取义，充分发挥人的主观能动性，奋斗拚搏、积极向上。孔子主张“三军可以夺帅，匹夫不可以夺志也”。孟子提倡舍生取义，推崇大丈夫精神。“富贵不能淫，贫贱不能移，威武不能屈”。这已经成为民族的普遍心理认同：即对自己所认定的追求锲而不舍、百折不挠、义无反顾、虽死不悔，“亦余心之所善兮，虽九死其犹未悔”！正是这种根深蒂固的文化传统，塑造了无数志士仁人的高尚人格，磨砺了我们民族生生不息的自强精神，指引了后人的理想追求，注入了社会进步的勃勃生机。

6. 解决问题做法上的中庸选择。“中庸”便是合宜的分寸，合宜的“度”，所谓“无过无不及”，恰到好处，收放恰宜。孔子最早提出“中庸”的概念。在孔子看来，凡事都必须坚守大经大法，做到不偏不倚，无过无不及，具体做法便是“执其两端而叩之”，从中找到和掌握合适的度，辩证地看待问题，凡事不走极端。总之，一切要“允执其中”。孔子把这种“中庸”之德，定位为最高的道德境界与政治智慧。应该说，这一原则已具有人们在处理一切问题时所普遍遵循的方法论意义。如：既树立远大理想，又注重脚踏实地；既崇尚和平，又敢于以战止战；既尊重客观规律性，又发挥主观能动性等等，从而成为了人们处世接物的高明艺术。

文化是民族的灵魂，今天是历史的延续。述往事，思来者，源远流长、博大精深的中国优秀传统文化今天依然是我们从事中华民族伟大复兴事业的取之不竭、用之不尽的宝贵资源。在实现民族复兴的道路上，我们要继承中华民族的优秀文化遗产，弘扬中华文化的核心价值，为落实党的“十七大”所提出的国家文化建设与发展战略目标而贡献力量。毫无疑问，这是中华文化在新的历史条件下服务于民族复兴大业的必有之义和生命之源，也是每一个中国人“克绍箕裘”、再创辉煌的义不容辞的光荣职责和神圣使命。近几年来，中国人民大学在新的历史时期为弘扬中华民族优秀文化进行了多方面艰苦的不懈的努力，今后我们将自强不息，与大家一起为弘扬中华文化、为建设我们共同的精神家园而努力奋斗。

中华文明的历史启示

北京大学国学研究院院长、教授　袁行霈

各位女士、各位先生：

我讲这个题目是出于以下考虑：北京大学国学研究院组织校内36位教授，用六年多的时间，撰写了一部《中华文明史》。我作为这个项目的负责人和此书的主编之一，在撰写过程中不断思考这样一个问题：中华文明的历史究竟能给21世纪的人类什么启示？我想趁此机会报告我的一些粗浅想法。

中华文明的历史启示之一：就是选择和平、和谐。

"和"的观念在经典中多次出现，《老子》说："万物负阴而抱阳，冲气以为和。"（第十二章）这是从哲学的高度解释"和"，用"和"来概括万物之间相互依存的关系。《论语》："子曰：'君子和而不同，小人同而不和。'"（《子路》）这虽然是从做人的角度解释"和"，但"和而不同"也可以视为一种维系社会的准则。《论语》："有子曰：'礼之用，和为贵。先王之道，斯为美。'"（《学而》）这是从礼的角度解释"和"。"和"不仅是礼之所用，也是为政之道，而且是一种美。

和谐与和平都基于一个"和"字。和谐是和平之上的一种更高、更美的境地，包括人与自然的和谐、人与人的和谐，以及个体的人自身的和谐。关于人与自然的和谐，重点在于：既改造自然以适应人的需要，也调整人的生活方式，以适应自然的规律，这就是所谓“天人合一”的要义。关于人与人的和谐，重点在于：既尊重自己也尊重别人，既考虑局部的利益更顾全整体的利益，以达到整体的协调发展。关于个体的人自身的和谐，包括身心两方面的协调，重点在于通过实践和自省以提升自己的人格和道德。

中华文明的历史告诉我们：文明的发展离不开和平、和谐，唯和平才能使文明的成果得以保存，唯和谐才能使文明稳步发展。

中华文明的历史启示之二：就是选择包容。

包容，是中华文明固有的思想，早在《尚书》中就有这样的话：“有容，德乃大。”（《周书·君陈》）意思是：有所包容，所成就的功德才能巨大。《老子》也说：“容乃公，公乃王，王乃天，天乃道，道乃久。”（第十六章）意思是：有所包容，就能臻于“公”，进而臻于“王”、臻于“天”、臻于“道”、臻于“久”。中华文明是一种包容性很强的文明，中国人常用“海纳百川”来形容一个人的气度胸襟，这四个字也可以用来形容中华文明的品格。

越来越多的考古资料证明，中华文明的发祥地，不只是黄河流域，还包括长江流域。越来越多的考古资料又证明，除了黄河流域和长江流域，还有许多上古的文化遗存散布于全国各地。中华文明的演进过程，是多种文明因素的整合。整合的模式是以华夏文明为核心，核心向周围扩散，周围向核心趋同，核心与周围互相补充、互相吸收、互相融合。汉族和汉族以外的55个少数民族，都为中华文明做出了重要的贡献。我们引为骄傲的山西应县木塔那样精美的建筑，便是契丹族所建立的辽代的杰作。蒙古族所建立的元朝，首次开辟了南北海运航线。满族所建立的清朝，出现了康乾盛世，为中华文明增添了精彩的一页。

我还想举战国和唐代为例进一步加以说明。战国时代儒家、墨家、道家、法家、名家、阴阳家等不同的学说和流派多元共存，自由争辩，这已是人所共知的事实。我想强调的是，这种包容不只是统治者的包容，也是整个社会的包容，孔子有弟子三千，“杨朱、墨翟之言盈天下”（《孟子·滕文公章句下》），其他各家也各有自己的信徒或同道，这说明社会的包容度很大。包容，也是唐代文明鼎盛的一个重要标志。这表现在许多方面，例如，儒、释、道三家并用；政府机构中各民族的人才都有施展的机会；以科举考试选拔人才的制度，使大量出身庶族的士人进入仕途；文学艺术的题材和风格多种多样等等。仅以政府的将军为例，如哥舒翰、高仙芝、李光弼等都是少数民族。而日本的阿倍仲麻吕（晁衡）、新罗的崔致远都曾在唐朝任职。

中华文明的历史告诉我们：文明的发展需要包容，“山不厌高，海不厌深”，唯包容才能百川汇海，唯包容才能不断壮大。

中华文明的历史启示之三：就是选择开明。

开明的核心有四点：一是民为贵。孟子说：“民为贵，社稷次之，君为轻。”（《孟子·尽心章句下》）这已成为经典性的话语。二是广开言路，从谏如流。班彪说：“从谏如顺流”（《文选·王命论》），这是明君的必要条件。三是举贤授能。《礼记》说：“尚有德，尊有道，任有能，举贤而置之。”（《礼器》）这是治理国家的重要举措。四是以法为准。唐太宗说：“法者，非朕一人之法，乃天下之法。”（《贞观政要·公平》）其中包含了一定程度的法治思想。

中国人往往将“盛世”与“开明”联系起来，称之为“开明盛世”。汉代的文景之治、唐代的贞观之治和开元之治，这些盛世都是比较开明的。即以唐代为例，太宗对太子说：“舟所以比人君，水所以比黎庶，水能载舟，亦能覆舟。”（《贞观政要·教戒太子诸王》）太宗问魏征：明君和暗君的分别，魏征回答说：

"君之所以明者，兼听也；其所以暗者，偏信也。"（《贞观政要·君道》）太宗深以为然。

宋代的政治设计也有一定的开明性。宋代健全了一整套文官制度，皇帝和大臣、中央和地方、行政和监察，既相配合也相制约。就以皇帝与大臣的关系而言，陈亮引仁宗的话："措置天下事，正不欲专从朕出。……不若付之公议，令宰相行之。行之而天下不以为便，则台谏公言其失，改之为易。"（《龙川集·论执要之道》）仁宗表示，处理天下事不专由自己一个人决定，便是一种相当开明的态度。

中华文明的历史告诉我们：文明的发展需要开明，唯开明才能广得人心，唯开明才能云蒸霞蔚。

中华文明的历史启示之四：就是选择革新。

中华文明在世界四大古老文明中，虽不是最早的，却是唯一没有中断过的。其中的原因很多，现在只想强调一点，就是中华文明中包含着变易的思想，具有自我更新的能力。《诗经》赞美周文王说："周虽旧邦，其命维新。"（《大雅·文王》）便是对"维新"的赞美。《周易》说："日新之谓盛德，生生之谓易。"（《系辞上》）指出不断的变易是事物发展的普遍规律。《周易》又说："穷则变，变则通，通则久。"（《系辞下》）变，是从穷到通的关键。其实，《周易》的这个"易"字，就是变易的意思。张岱年先生说："中国哲学有一个根本的一致的倾向，即承认变是宇宙中之一根本事实。变易是根本的，一切事物莫不在变易之中，而宇宙是一个变易不息的大流。"（《中国哲学大纲》）这种变易的思想，常常被用来作为变法的依据。

验之以中华文明的历史，几千年来不知经过多少次大大小小的变革。就带有全局性的制度而言，从分封制到郡县制，从察举制到科举制，从城市的里坊制到街巷制，每一次变革都带来文明的长足发展。从分封制到郡县制，巩固了大一统的政治局面；从察举制到科举制，促成了新型士人的成长；从里坊制到街巷制，推动了城市经济的发展。如果就文学体裁这一个局部而言，从古体诗到近体诗，再到词和曲；从文言小说到白话小说；从杂剧到传奇，每一次变革都带来文学的突飞猛进。

中华文明中也包含着因循守旧的因素。回顾历史，凡是革新的力量占据主导地位的时候，文明就得以健康发展；凡是因循守旧的势力占据上风的时候，文明的发展便受到阻碍。

中华文明的历史告诉我们：革新是文明发展的必由之路，只有不断革新才能不断前进，只有不断革新才能保持旺盛的生命力。

中华文明的历史启示之五：就是选择开放。

中国的汉唐盛世，都是开放的朝代，中外文化的交流十分活跃。汉代通西域，带来了中亚和西亚的文明。公元前2年，佛教传入中国，在思想观念、生活习俗和文学艺术等许多方面，对中国固有文化产生了深远的影响。例如：佛教传入之前中国只有今生此世的观念，是佛教带来了三世（前世、今世、来世）之说，把思维的时间和空间都扩大了。反切的产生和四声的发现与佛经的翻译有关。随着佛经的翻译，汉语的词汇扩大了，文学观念也多样化了。诸如“空”的观念、“境界”的观念，都与佛教有关。更值得注意的是，佛教与中国传统文化相融合而形成的禅宗，已经成为中国本土文化的一个重要部分。至于唐代，对外文化交流更加频繁。丝绸之路开通，形成双向交融的文化格局，唐代文化既得以向外广泛传播，同时也从外面得到很大的补充。当时的长安、洛阳、扬州、广州等大都市，都是中外文化交汇的地方。长安是当时最大的国际都会，在8世纪前半叶，人口已经达到百万之多，居住着许多外国的王侯、供职于唐朝的外国人，以及留学生、学问僧、求法僧、外国的音乐家、舞蹈家、美术家，以及大量外来的商贾。大食、天竺、真腊、狮子国、新罗、日本等许多国家的使臣络绎不绝。在宗教方面，除了道教和佛教，伊斯兰教、祆教、景教和摩尼教也都得以传播。唐太宗设立的十部乐，其中四部来自唐朝境内少数民族，四部来自国外。到了明代，一个具有标志性的对外交流活动，就是郑和下西洋。其足迹远达东南亚、南亚、西亚、东非，密切了中国与一些国家的外交关系，成为中华文明对外开放的壮举。

中外文化的交流有利于双方的文明发展。中国的造纸术和印刷术传入欧洲，对西方文明的伟大贡献已是公认的事实。明末以利玛窦为代表的西方传教士用科学作为传教工具，激起中国一部分士大夫对西方哲学和科学的兴趣，这包括古希腊哲学、伦理学、语言学、逻辑学、地理学、医学、生物学、数学、历算，以及美术、音乐、火器、水利、建筑等等。而在哥伦布发现新大陆以后，16 世纪至 19 世纪的三百年间，玉米、甘薯和马铃薯等美洲作物的传入和推广，对中国开发地广人稀的山区，满足对粮食的需求，从而发展生产力，起到了关键的作用。

很可惜，当欧洲科学技术突飞猛进，工业革命带动西方社会迅速发展之际，中国的统治者却安于现状，闭关自守，以致中国在不长的时间内就明显地落后了。这是一个惨痛教训！

中华文明的历史告诉我们：开放是文明发展的重要条件，唯开放才能吸取其他文明的长处，唯开放才能自立于世界民族之林。

各位女士、各位先生：

以上所讲的：和平、和谐、包容、开明、革新、开放，就是回顾中华文明史所得到的主要启示。凡是大体上处于这种状况的时候，文明就繁荣发展，而当与之背离的时候，文明就会减慢发展的速度甚至停滞不前。

最后请允许我从中华文明的历史启示出发，就 21 世纪全人类的文明生态重申我的观点。

经济全球化在不平静中向前推进，已是大势所趋，而文化能不能或者要不要全球化呢？这关乎人类生存方式的选择，对此我们必须做出清醒的判断。

经济全球化促进了各国的经济往来，必定会在一定程度上减少各民族文化的差异，在一定程度上使人类生存方式趋同，各种文化将在更广的范围内和更深的层次上互相接触、互相影响、互相交融。一个民族的文化，如果不借鉴和吸收其他民族的文化，就会被抛在世界进程之外，很难得到发展，甚至还会逐渐萎缩。但是，文化的交融，应建立在民族平等的基础之上，建立在文化自主的前提之下；文化的借鉴和吸收是一个相互的过程，决不是某种文化凭借其现在看来强势的经济，去侵蚀和消融其他文化，从而建立全球性的单一文化。要将世界上各个民族长期形成的、千差万别的文化变成一种同质的文化，要将他们对自己身份的认同感、文化的归属感，以及伴随这种认同感和归属感而来的文化尊严统统抹掉，将他们的精神家园踏平，是不可能的事情。那种失去了多姿多彩的单调的文化，也是我们不愿意看到的。假如世界上真的只剩下一种文化，无论走到哪里，看到的、听到的、感受到的，都是同样的东西，像有些人所形容的“好莱坞化”、“麦当劳化”，千人一面，万人一腔，那是很可悲的。

文化，是一个民族的灵魂和尊严，是一个民族区别于其他民族的标记。一个民族所建立的国家即使灭亡了，只要它的文化还延续着，就有重建的希望；如果连文化也灭亡了，这个国家就将万劫不复。

因此，我主张不要笼统地提“全球化”，或者笼统地提“全球化时代”，应当对全球化加以分析。在经济的层面，全球化是大趋势。在科学技术的层面，那些给人类的生活带来方便的先进科技，更容易在全球推广。但是在精神的层面，因为涉及核心价值观、宗教信仰、民族心理、生活习俗、思维方式、语言习惯等等，是不能全球化的。不同文化只能以开明开放的态度互相包容，只能和平、和谐地相处，以期达到共同发展、共同繁荣的目标。

中国正在和平发展的道路上突飞猛进，经济总量已经跃居于世界前列。在这种情况下，如何更加自觉地发展与我国地位相称的、与时代发展相适应的先进文化，是一个带有战略意义的重大问题。如果没有文化自主的意识，如果没有文化创新的精神，我们就很难在这个竞争剧烈的世界中立足和生存。

总之：经济全球化与文化多元化，这就是我们对 21 世纪人类生存方式的正确选择。

谢谢大家！

国学之魂：中华人文精神

中国人民大学佛教研究基地主任、教授 方立天

引　言

国学是指一国的学术，学术是系统而专门的学问。国学即一国的系统而专门的学问。

中国国学是指中国从古至今的学术，其意义有两层：一是中国的，中华民族的学术，是汉、满、蒙、回、藏等民族所探索、研究、论述的学问，可简称为“中学”，“汉学”是其中一部分，最重要的部分；二是从古到今，自殷商西周的史官之学、春秋战国的百家之学、汉代儒学（经学）、魏晋玄学、南北朝隋唐佛学、宋明理学、清代汉学，到近现代的中国化的马克思主义、新儒学、人间佛教等学说。国学是不断发展的，如胡锦涛提出的“八荣八耻”说就是当代中国国学的重要内容。把国学限于古代是不完整的。国学作为一国的学术，也指一国传统文化中的精英文化，即学术部分。国学不直接、不完全等同于传统文化。

国学之魂是指什么呢？“魂”即灵魂，灵魂指精神、思想。国学之魂即国学的根本精神、主导思想。中国的国学之魂，即中国

学术的根本精神、主导思想。

那么，中国国学之魂的内涵，即中国学术的根本精神是什么呢？我们以为中国国学之魂、中国学术的根本精神就是人文精神，就是中华人文精神。其理由、根据有三：

第一，从中国国学的内容结构来说，按现代学科分类的人文科学、社会科学和自然科学来说，其中自然科学有中医药学、天文学、农学等很发达，但总的说来，一是偏重于技术，自然科学基础理论研究较少；二是逻辑思维、论证、推论不发达，由此体系性的理论成果也少。社会科学中军事学、政治学较发达，但法律、经济等则较少系统的理论成果。人文科学方面，文学、史学、哲学、伦理道德学说都十分兴盛，成果丰硕，突出地表现了中华人文精神在国学中的显著地位。

第二，从中国国学的历史发展来说，可以归结为儒、道、佛三教的演变史、关系史，而三教的根本学说是教化人、成就人的理想人格。虽三家有不同学说，但后来三教合一，此“一”即心性思想，也就是三家都认同心性的性质、意义和修养的共似性。中国国学重视心性修养，典型地体现了人文情怀、人文关怀，即对人文素质的高度关注和重视。

第三，从中国国学的核心观念来说，国学所包含的对人生、社会和世界的看法、观点，即人生观、社会观、世界观，归根到底是实现人的价值——满足人主体的需要和精神追求。中国的价值观可以说是中国国学的根本思想，也是中华人文精神的基本内涵。

从上述说明来看，中国国学之魂，是中华人文精神。下面拟就人文精神的界定和中华人文精神的内涵作一简要论述。

一、人文精神的界说

“人文”是中国固有的名词。《周易·贲卦·彖》：“观乎天文，以察时变；观乎人文，以化成天下。”天文指自然现象，也就是日月星辰等天体在宇宙间分布、运行等现象。人文指人类的各种文化现象，也就是人类精神生活的各种形式。意思是：通过观测天文，以察明时节变化；通过观察人文，以教化而成就人间社会。我们所讲的人文精神或人文关怀，就是关于人的精神生活的方式、态度、思想、观点。自东汉以来，中华民族传统的人文精神，主要是儒、道、佛三家关于人的精神生活的方式、态度、思想、观点，其中尤为重要的是儒家的思想学说。

在界说人文精神时，要搞清与有关概念、思想的联系与区别。

人文主义。这是公元 14 至 16 世纪欧洲文艺复兴时期的主要思潮。它反对宗教神学，反对中古时期的经院哲学，肯定人是世界的中心，提倡思想自由与个性解放。中国古代的人文精神与西方“人文主义”思想并不相同，中国古代如儒家就有以人为本位的学说，主张对鬼神持存疑的态度，不求助于鬼神，而是以人为出发点并以人文终极关怀。这也可以说是一种“以人为中心”的思想，与西方人文主义又有某些相通之处。

人道主义。这也是起源于欧洲文艺复兴时期的思想，提倡关怀人、尊重人、以人为中心的世界观，后来又具体化为“自由”、“平等”、“博爱”的口号。中国古代的人文精神与西方人道主义的自由、平等精神并不相同，但在关怀人、尊重人、以人为中心方面又是相通的。

人本主义。这是以费尔巴哈为主要代表所提倡的哲学思想。

主张以人作为一切社会活动的出发点，把人放在第一位，反对宗教神学。儒家以人为本位的学说与西方人本主义哲学思想是相近、相通的。

关于人文与科学（自然科学）。作为不同的学科，前者对象是人的内在精神世界——意义世界和价值世界，回答“应当是什么”的问题，人生应当怎样才有意义的问题，目的是提供价值理性，塑造理想的人、健全的人；后者对象是自然世界、物质世界，回答“是什么”的问题。目的是提供工具理性，认识自然规律，发展生产，提高物质生活。我们要提倡人文与科学的交渗，人文教育与科学教育的融合，人文思维与科学思维的互补，人文精神与科学精神的结合，这既有助于人文素质的提升，也有利于科学事业的发展。

关于人文科学与意识形态的关系。意识形态也称“观念形态”、“社会意识形态”，是根据一定的经济基础形成的，是人对于世界和社会的系统见解。一定的社会意识形态是一定社会存在的反映，并随着社会存在的变化而发生变化。在人文科学与意识形态的相互关系问题上，以为两者完全等同，或者把两者截然对立，都是片面的观点。应当看到人文科学有意识形态的一面，因为它也包含了对世界和社会的看法；同时也应当看到人文科学有超越意识形态的一面，因为它的取向是精神层面的怡情追求，道德追求，陶冶情操，愉悦身心，以提升精神境界。它并不都是随着社会的经济、政治的变化而变化，不一定适应一时的政治需要，不同于政治意识形态，是不能完全政治化的。

中华人文精神与西方人文主义思潮有所不同。由于宗教背景和思辨形而上学，西方学人一般视主体与客体为对立的存在，如灵与肉、心与物、人与神等的区别是绝对的，彼此是互相对立的。中国学人则认为上述两者不是截然区隔而是和谐统一的，“夫大人者，与天地合其德，与日月合其明，与四时合其序，与鬼神合其吉凶”（《周易大传·文言》）。认为人性是天或道予以的内在价值，能与外界存在相和谐。

中华人文精神具有内在性特征。在中华民族的历史上，人文精神的重要内涵包括人的价值、人性的内涵与道德的修养、人格尊严与社会责任心、人的生死，以及人的理想等方面，其核心是关于人的价值观念。人生活在世界上，面临的基本矛盾有三个：人与自我的矛盾、人与社会的矛盾和人与自然的矛盾，由此导致的价值也有不同的类型和层次。人的价值可分为人类价值和个人价值，[①] 个人价值又分为人的自我价值、人的社会价值和人的自然价值。以下我们将着重以古代哲学关于人的价值学说为核心，来论述中华人文精神。

二、人类价值

人在世界有无价值，价值何在，这是中国古代哲学家十分关注的问题。他们着重通过三个方面，即与一般动物的比较，与天地的关系以及与鬼神的关系来彰显人有无固有的普遍价值，即人类价值的问题。

与一般动物比较。儒家孟子认为“人之所以异于禽兽者”，是人有“恻隐之心”、“恭敬之心”、“羞恶之心”、“是非之心”（《孟子·告子上》）。荀子说：“人之所以为人者，”“力不若牛，走不若马，而牛马为用者何也？曰人能群，彼不能群也。”（《荀子·王制》）又说：“水火有气而无生，草木有生而无知，禽兽有知而

① 参见张岱年：《中国哲学关于人生价值的思想》、《中国古典哲学的价值观》、《论价值与价值观》，《张岱年全集》第6、7卷，河北人民出版社，1996年版。

无义；人有气、有生、有知亦且有义，故最为天下贵也。”（同上）这是以人有道德规范和组合为群体生活来强调人类的价值。

与天地的关系。中国古代哲学充分肯定人在自然界中的重要地位。《老子·二十五章》云：“道大，天大，地大，人亦大。域中有四大，而人居其一焉。”《周易大传·系辞下》称天道、地道、人道为“三才之道”，“人”是天地人“三才”（“三材”）之一。《礼记·礼运》篇云：“人者，天地之心”。意思是说，天地无心，无思维智慧，而人是天地之间能思维有智慧的生物。《孝经》引述孔子曰：“天地之性人为贵”。此处“性”字同于“生”字，话的意思是天地之所生唯人最贵。南北朝时何承天反对佛教的众生平等说，强调“人非天地不生，天地非人不灵”（《达性论》）。认为人为天地万物之灵，在天地间具有最高贵的价值。

与鬼神的关系。儒家孔子提出“敬鬼神而远之”（《论语·雍也》）的命题，又说：“未能事人，焉能事鬼?”（《论语·先进》）对鬼神持存疑、疏远的态度，轻视鬼神之事，强调重视人事。老子说：“以道莅天下，其鬼不神。非其鬼不神，其神不伤人；非其神不伤人，圣人亦不伤人。夫两不相伤，故德交归焉。”（《老子·六十章》）这是以“道”取代了“神”，认为以“道”治天下，鬼神就不会侵害人，也就是说人的吉凶祸福与鬼神无关。道教、佛教都有一套庞大的鬼神系统，佛教认为鬼的地位比人要低。佛教的鬼通常指“饿鬼”而言，非指人死为鬼的鬼。

由上可见，中国古代哲学家都认为人异于动物，优于动物，具有高于动物的贵于己者的固有价值。至于人与天地、人与鬼神的关系，则观点不很一致。这些思想，都曾在中国历史上产生了重大的影响。

三、人的自我价值——人格价值

人格，古代称为人品。品，即品德、品格。什么是崇高的人格，如何达到和保持崇高的人格，是从先秦直至宋明哲学讨论的一个中心问题。中国古典哲学重视人的尊严与价值，并强调一个人的自我价值不在于满足自己的物质需要，而在于具有追求真理的高尚品格、崇高的道德意识和道德实践，以及坚定的独立意志。

孔子重视追求真理，强调追求真理高于物质享受。他提出谋道与谋食的问题，说："君子谋道不谋食"（《论语·卫灵公》），提倡君子用心力于求真，不用心力于衣食。又说："士志于道，而耻于恶衣恶食者，未足与议也。"（《论语·里仁》）对于以穿破衣吃粗粮为耻辱的人，不值得与他谈论探寻真理。孔子还说："朝闻道，夕死可矣。"（同上）爱真理甚于爱生命。热爱真理，明辨是非，是人格价值的重要内容。

儒家宣扬道德至上，强调道德价值远在一般人所追求的物质生活的价值之上。这种理念在仁与生、义与利、德与力、理与欲等关系问题上，[①] 得到了充分的体现。

仁与生。孔子说："志士仁人，无求生以害仁，有杀身以成仁。"（《论语·卫灵公》）《孟子·告子上》云："生亦我所欲也，义亦我所欲也，二者不可得兼，舍生而取义者也。""生"，生命。"仁"，仁爱。"义"，正义。孔子、孟子肯定生命和道德的价值，但两者如发生矛盾，不可得兼，应杀身成仁，舍生取义，舍弃生

① 参见张岱年：《论价值与价值观》，《张岱年全集》第7卷，第261—265页。

命，坚持道德原则。这是强调对个人来说，人格尊严比保全生命更为重要。

义与利。儒家重义轻利。孔子认为富贵有义与不义问题，他说："不义而富且贵，于我如浮云。"（《论语·述而》）孔子并不笼统地排斥富贵，而承认合乎道义的富贵，但强调义才体现了最高的价值。孟子区分了人的"耳目之官"与"心之官"，前者是感觉功能，后者是思维器官，而思维高于感觉（参见《孟子·告子上》），由此肯定精神生活高于感官享受，高于物质生活，内在价值高于功利价值。《礼记·儒行》云："苟利国家，不求富贵。"强调儒者以对国家有利为目的，不求个人的富贵。汉代董仲舒更有两句名言："正其谊不谋其利，明其道不计其功。"（《汉书·董仲舒传》）认为做事要合乎原则，不要考虑物质性功利。义利问题很复杂，利有个人私利与群众公利之分。应当说，公共利益是很重要的，是要维护的，私利要服从公利，脱离国家民族的利益，个人利益最终也将成为泡影。同时也应当看到，物质生活是精神生活的基础，脱离物质生活专谈精神生活、道德、理想，只能流于空谈。但是，只注意物质生活，不提高精神生活，不讲道德理想，势必使物质生活失去正确的方向和真正的意义。

德与力。"德"指道德。"力"指生命力，表现为意志力、体力，引申为武力、军力等。孟子区分"以德服人"与"以力服人"，说："以力服人者，非心服也，力不赡也；以德服人者，中心悦而诚服也。"（《孟子·公孙丑上》）提倡施行仁政，以道德赢得民心，取得人民的拥护。与孟子尚德不重力不同，法家韩非重力不贵德，说："上古竞于道德，中世逐于智谋，当今争于气力。"（《韩非子·五蠹》）强调力的作用。汉代王充提出了"德力具足"的观点，兼重德力。（参见《论衡·非韩》）应当说，王充的德力并重是人类生活的一个重要原则，也是治国之道的一个重要理念。①

理与欲。“理”，道德原则。“欲”，物质生活欲望，指追求高于基本生活需求的欲望。宋明理学家宣扬“存天理，灭人欲”，把道德原则与物质需要对立起来。清代思想家戴震认为理存乎欲，斥责理学家的“理欲之辨”为“以理杀人”。应当承认，精神需要高于物质需要，但离开物质需要也就没有精神需要，两者是统一的。

独立意志是人格价值的一个极为重要的内容。儒家强调人要具有独立的意志。孔子有一句名言：“三军可夺帅也，匹夫不可夺志也。”（《论语·子罕》）“匹夫”指平民，“不可夺志”即独立意志。孔子肯定平民百姓也有独立的意志。孔子又说：“仁者不忧，知者不惑，勇者不惧。”（《论语·宪问》）认为具有仁、知、勇就能充分表现独立意志。《孟子·公孙丑上》云：“志，气之帅也。”孟子认为意志、志向是精神状态的统帅。孟子提出“尚志”说（参见《孟子·尽心上》），提倡发扬仁义——人的善良意志。他还提出独立人格的标准“大丈夫”，“富贵不能淫，贫贱不能移，威武不能屈，此之谓大丈夫。”（《孟子·滕文公下》）强调大丈夫的崇高人格是坚持道德原则，不屈从于别人的意志，不随环境的变化而转移。古代道家、墨家也赞扬坚持独立人格，如《庄子·逍遥游》赞扬战国时独立思想家宋钘（宋荣子）“举世誉之而不加劝，举世非之而不加沮”。整个社会都赞美他时，他淡然处之，整个社会都诽谤他时，他也不为所动。庄子提倡不顾别人的毁誉，坚持自己的见解、主张、原则，坚持自己的独立性和独立风格。

---

① 参见张岱年：《中国古代哲学中关于德力、刚柔的论争》，《张岱年全集》第7卷，第248—254页。

四、人的社会价值

个人的社会价值指个人的社会作用，能满足社会的需要，对社会作出贡献。凡对社会作出贡献就有社会价值。据《论语·雍也》载，孔子认为，能够“博施济众”，即能最大限度地解决人民群众的问题，满足人民群众的需要，就是圣人，也就是最有社会价值的人。

中国古代哲学家强调社会责任心。正如《大学》所规范的“大学之道”八个步骤，由“内”的五步格物、致知、诚意、正心、修身，再到“外”的三步齐家、治国、平天下。社会平安康宁要依赖于每个人的修身，而个人则只有为社会服务，才能实现其人身价值。这是有别于西方学者的人文传统。西方学者多关注自然、探寻宇宙的本源与发展规律，追求超越现实世界的纯粹的客观的知识。中国学者更多地关注人本身，关注生活现实，关注国家政治，形成了独特的精神：一是人生的义务感，人生意义在于报效国家，先国家后自己；二是历史的责任感，为尽人生义务，不计报酬，甚至不惜牺牲性命；三是具有道德教化的使命感，关心社会道德秩序的维系和社会道德理想的追求；四是具有强烈的政治抱负，关心政治，参与政治，把政治与学术结合起来；五是具有深刻的忧患意识，关心民族的安危，国家的兴亡。在历史上，如孟子所说：“夫天未欲平治天下也；如欲平治天下，当今之世，舍我其谁也?”（《孟子·公孙丑下》）孟子十分傲慢自负，但也表现了强烈的社会责任心。又如北宋范仲淹说的两句名言：“先天下之忧而忧，后天下之乐而乐”（《岳阳楼记》）；张载自述学术宗旨说：“为天地立心，为生民立命，为往圣继绝学，为万世开太平”（《近思录拾遗》）；清代林则徐说：“苟利国家生死以，岂因祸福避趋之？”（《赴戍登程口占示家人》）等等，都是重视社会责任心的典型话语，这可以说是历代中国知识分子人文精神的重要内涵。

五、人的自然价值

个人的自然价值是对社会价值而言，是指对自然界的作用而言，即个人的言行能推动人与自然的和谐共生，促进人与自然的协调发展，有益于自然生态的积极平衡，就有自然价值。反之，损害、破坏自然生态，就不仅没有自然价值，而且必将危及人类自身的生存条件与空间。当今人类对自然生态的损害、破坏已达到相当严重的程度，为此，在全社会积极树立人的自然价值观念，以自然为友，为自然生态平衡作贡献，对于我们构建和谐社会具有重大的现实意义。

中国古代哲学家重视“究天人之际”，即人与自然的关系。古代“天”的意义很复杂，一般而言有四种：主宰之天、命运之天、义理之天、自然之天。对于自然之天，即对待自然的态度，主要有三种学说：一是因任自然说。庄子说：“常因自然而不益生”（《庄子·德充符》），主张一切要顺乎自然而不要人为地破坏自然。二是控制自然说。荀子强调“制天命而用之”（《荀子·天论》），也就是主张治理自然，利用万物以提高人类的物质生活。三是相互协调说。《周易大传·泰第十一·象传》提出“裁成天地之道，辅相天地之宜，以左右民”的原则。“裁成”，节制完成。“辅相”，帮助。主张遵循天地之规律，辅助天地之所宜，适当调整自然，使自然更利于万民从事生产，安排生活。这是把人与自然的关系视为相辅相成的关系，以人与自然的协调和谐，也就是利用自然、改造自然、顺应自然、保护自然的统一为最高理想；既不同于“人类中心论”，也有别于“自然中心论”。笔者认为，人与自然相互协调说，最具自然价值，值得我们继承弘扬。

结　　语

中华传统人文精神的主流，即重视人类价值、人格价值、社会价值、自然价值的基本观点，都是比较正确的，有生命力的，不仅在历史上发挥了积极作用，而且对当前构建和谐社会、建设小康社会，都有重要的现实意义。历史是不能割断的，我们要继承这份珍贵的遗产，来提高中华民族的素质，以推进建设事业和改革事业的不断发展。

同时，我们应当清醒地看到，中华传统人文精神的缺陷，诸如比较忽视个性、智慧、逻辑与科学、力量，以及狭隘的宗法观念、森严的等级观念等，都是不可取的，是应当否定的。

汲取中华传统人文精神的优秀成果，批判中华传统人文精神的缺陷，对于形成当代的人文精神有着重要意义。我们要对传统价值观念去粗取精，去伪存真，从理论与实践相结合的高度，着重正确地阐明个人的物质生活与精神生活的关系、个人与社会的关系、人与自然的关系三个基本关系，从而为新时代的人文精神奠定坚实思想基础，确立正确方向。这必将极大地促进中华民族人文素质的提高，推动中华民族的复兴。

中共中央总书记胡锦涛同志提出的社会主义荣辱观，概括了社会主义社会的主导价值体系，发展了中华人文精神的重要理念。如提出了“以崇尚科学为荣、以愚昧无知为耻”，“以遵纪守法为荣、以违法乱纪为耻”，强调科学、法制，弥补了以往人文精神的缺陷。又“以诚实守信为荣、以见利忘义为耻”，以“诚实守信”为“义”即传统道义的根本内涵，这些都具有重要的现实意义。

中华人文精神与核心价值观

全国政协委员 李汉秋

人文精神，在历史上产生，在历史中发展。在不同的文化、文明里，在历史发展的不同阶段，都各有特点；从不同层面、不同视野去阐发，也往往仁智各见。但人文关怀的核心，我以为应当是：对作为社会主体的人的价值、人格尊严的尊重，对人的解放、自由、发展的追求。

中华文化早有重视人文的悠久传统，人文精神的资源很丰富。孔子的仁学倡导“仁者爱人”、“己所不欲，勿施于人”、“己欲立而立人，己欲达而达人”，表现了对人的关爱，希冀社会的每个人都有所“立”（取得社会所承认的位置和成就）、有所“达”（能够有所发展）。以道家思想为根底的魏晋风度，表现了对个体人格的刻意追求。如此等等本文不能尽举。中华的传统人文精神，有自己的特点，有自己的优长，也有自己的缺陷。总的来说是属于农耕社会的文明，必须经过现代改造，才能构建现代人文精神。重要的是，现代人文精神只有与中华民族集体记忆中的传统人文精神相承接，才易于生根成活，易于持久发展；同时才便于将潜藏于中华民族集体记忆中的传统人文精神激活、转化而生成现代的人文精神。

在欧洲，从文艺复兴，经启蒙运动和资产阶级革命，好几百年中发展着人文主义传统，发展得比较成熟充分。他们的传统有他们的特点，同样有他们的优长，也有他们的缺陷。对于人类文明的一切优秀成果，我们都有能力吸收，对西方的现代人文精神也是这样，我们应当汲取其营养，培育现代的中华人文精神。

中国封建社会后期，虽然人文精神薪火相传代不乏人，但从总体上讲，专制统治，如鲁迅假“狂人”之口所概括，是“吃人”，是不把人当人，蔑视人的价值、践踏人的尊严、贬损人格、压杀个性。五四新文化运动就是反封建的启蒙运动，五四初期“文学革命者的要求是人性的解放”（鲁迅语），“人的发现，即发展个性……成为五四时期新文学运动的主要目标”（沈雁冰语），五四革命精神饱含着倡扬人文主义的内涵。可惜由于时局的变化和自身的局限，五四张扬的人文主义精神未能持续不断地健康发展。

“文革”前，在“左”的思想影响下，“以阶级斗争为纲”就被作为整人的大旗，人性论、人道主义被全盘批判。当“文革”来到，原本可爱的红卫兵小将，在“扫四旧”焚烧文化典籍的同时，有的竟抽出皮带丧尽天良地把自己的老师活活鞭死；有的批斗师长、罚跪、剃阴阳头、坐“喷气式”，恶言秽语极尽羞辱人格之能事。不把人当人者，自己先丧失了人性，人文精神荡然无存。重提这场灾难是为了说明人文精神断裂会造成怎样严重的后果。

人文精神灾难性的断裂还没来得及好好弥缝，市场经济和西方思想的负面影响已乘虚作祟：一些领域，只重金钱不重人；对于人，只重“利用价值”，不知人文关怀；人与人的关系变成赤裸裸的利害关系，部分人面临被金钱异化成“经济动物”或被权势异化成势利小人的危险。

20 世纪 90 年代初，我国学术界就展开人文精神的大讨论，近十余年来这一讨论仍络绎不绝。于是我们看到，“人文”话语在社会文化生活中出现的频率越来越高：“以人为本”的口号随处可见；过去只提“哲学社会科学”，现在越来越多地提“人文社会科学”，教育部在全国设了百个人文社会科学基地，连原先的许多工科大学都设置“人文学院”；各类学校纷纷提出“人文素质教育”、“人文德育”、“人文管理”、“人文校园”……凡此种种说明，人文精神的培养和弘扬已逐渐引起社会的广泛关注，已成为社会主义精神文明建设的有机组成部分，已成为社会主义先进文化的重要内容。特别值得重视的是“人文奥运”理念的提出，这反映了中央决策层对人文精神的重视。

人文关怀是马克思哲学的一个基本维度。马克思批判地继承了西方人文主义的传统，在《资本论》中指出：社会主义、共产主义是比资本主义“更高级的、以每个人的全面而自由的发展为基本原则的社会形式”。江泽民同志代表中共中央在庆祝建党80周年大会上说，共产主义社会将是“每个人自由而全面发展的社会”，“我们建设有中国特色社会主义……既要着眼于人民现实的物质文化生活需要，同时又要……努力促进人的全面发展。这是马克思主义关于建设社会主义新社会的本质要求。”这就在科学社会主义理论基础上把人文精神升华到一个崭新的境界，从而也奠定了以人为本的理论基础。江泽民同志进一步说：“推进人的全面发展，同推进经济、文化的发展和改善人民物质文化生活，是互为前提和基础的”“两个历史过程”，应当同时发展。我们今天提出的科学发展观，就是要把坚持以人为本和实现经济社会全面、协调、可持续发展统一起来。不抓好后者，实现人文关怀就会失去物质基础；不注重前者，经济社会的发展就会迷失人文价值取向。我们应当进一步广泛深入地宣传和弘扬以人为本的理念，使它深入人心，家喻户晓。它是精神文明建设的核心，政治文明建设的精神基石，物质文明建设的方向和动力。

中华人文精神还体现在它的基本价值取向上。

中共十六届六中全会提出建设社会主义核心价值体系。从长远看，作为一个核心价值体系，是不是还可以包括有一个简要明确的核心价值观呢？核心体系要有一个最精炼的核，让普通百姓容易懂、容易记。

核心价值一方面是最根本的价值，由它支配和制约其他价值；一方面是相对恒定持久的价值，不轻易随政局变化而变迁。能进入核心价值观的应是一些比具体的存在状态、政治制度、机制体制都更升华一层的一种观念性的理念、一种理想境界。其实在党政领导人的讲话和文件中，近年逐步提出的一些理念就带有核心价值的性质，很可以集中起来上升成为核心价值观。我试着集中八个字，看看能否作为一种意见参加讨论，八个字四个理念是：公平、正义、仁爱、和谐。

公平、正义。十六届六中全会《决定》第二部分把"公平正义"列入构建社会主义和谐社会的总要求和重要目标。第四部分的标题就是"加强制度建设，保障社会公平正义"，紧接着说："社会公平正义是社会和谐的基本条件，制度是社会公平正义的根本保证。必须加紧建设对保障社会公平正义具有重大作用的制度"。制度是为了保障公平正义，可见公平正义是价值目标，是核心价值，是社会价值判断的最后准心。公平和正义都是人们追求的一种价值理念，是社会主义本质的内在要求，是社会主义价值体系的核心内容。公平和正义是相关的两个理念，公平的本义是不偏袒，这是正义的重要内容和基础，而正义的内涵和外延显然比公平更广。人们常说正义战胜邪恶，与邪恶相对立的"正义"的概念就很宽广，可以指公正的、符合真理的道理和一切，因此公平、正义联用含义也很宽广。

仁爱。仁爱主要指爱护人、关心人、尊重人，这是党和政府的文件经常讲的。胡锦涛主席2006年在耶鲁大学演说，讲中华文明首举“尊重人的尊严和价值”，还讲到“亲仁善邻”。温家宝总理在美国波斯顿演说，讲到“中华民族传统文化有许多珍贵品”时，首举的就是“仁爱”。基督教国家讲博爱，中国人讲仁爱。仁爱不仅是重要的核心道德，而且可成为道德信仰和信念。仁爱的关系、仁爱的社会已成为一种价值追求、价值理念，不仅是古代人文精神的核心，而且是现代人文精神的基因，是人与人、人与社会、人与自然和谐的根基元素。社会上已到处讲爱心，我们要广泛开展爱的教育。2007 年 2 月 17 日，温家宝总理与东北大学学生共度除夕时说：爱是一切道德的基础，“对人民要有真挚的大爱。只有这样，才能成为一个真正的人，一个有道德的人。”

和谐。和谐的理念是中华民族历史长河中长期孕育形成的核心价值、基本价值取向，是一种不懈追求的最高目标。中共十六届四中全会正式提出“构建社会主义和谐社会”的目标，六中全会又专门作出《决定》，指出社会和谐是中国特色社会主义的本质属性，反映了社会主义现代化国家的内在要求，体现了全国各族人民的共同愿望。和谐已理所当然地成为社会主义核心价值体系的内核，成为核心价值，必将成为一种根本和长远的价值取向。

这些核心价值观也是中华人文精神的重要内涵，我们可以把建设社会主义核心价值体系同建构中华人文精神统一起来进行。

“和”：中国传统战略文化之魂

三略研究院院长 王金岭

中国传统文化中有着非常丰富的关于融合、和平、和睦、和谐的思想和观念，强调多元的和谐、异质的融合与对立的消解，“和”文化的内容十分丰富。战略文化是中华文化的重要组成部分，虽然它的许多内容与用兵作战、武装征伐等有着密切关系，但其渗透着的“和”的思想与观念却是浓重丰厚并显而易见的。表现为文字创造上的“止戈为武”、道德观念上的“以和为贵”、政治外交上的“兼爱非攻”、军事斗争上的“以战止战”等等，足以说明中华民族是反对战争、热爱和平的。可以说，“和”是中国传统战略文化的本质特征，是中国传统战略文化之灵魂。

一、中国传统战略文化是慎对战争的

无数历史事实证明，战争不仅对黎民百姓的生产、生活和生命造成极大的损失，而且对社会生产力和人类文明的破坏也是十分巨大的。所谓"师之所处，荆刺生也；大军过后，必有凶年"。因此，中国自古就有"兵凶战危"之说，激发了人们制止战争、避免战争的信念，战略家们也从不把战争看作解决问题的最佳选择。正如老子所云："兵者不祥之器，非君子之器，不得已而用之。"兵圣孙武就对战争采取十分慎重的态度。《孙子兵法》开宗明义地指出："兵者，国之大事。死生之地，存亡之道，不可不察也。"意思是说战争是国家的大事，关系着人民的死生、国家的存亡，不可不反复详究，加以审察。他强调，"亡国不可以复存，死者不可以复生。故明君慎之，良将警之"；"非利不动，非得不用，非危不战"；"主不可以怒而兴师，将不可以愠而致战"。《孙膑兵法》也指出："乐兵者亡，利胜者辱。"受这种思想和观念影响，穷兵黩武、杀人盈野，历来为圣明之君和有为之战略家们所不取，"全胜不斗，大兵无创"和"不战而屈人之兵"、"安国全军"成为历朝历代君主和伟大战略家们孜孜以求的最高境界。由此可见，慎干戈、谋全胜，以双方最小的代价或损失达到战略目的，既是中国传统战略文化的一个典型特征，又是中国和文化的一个具体体现。这一文化特质，为过去、现在和将来中国妥善处理国与国之间、民族与民族之间、地区与地区之间的各种矛盾关系，提供了基本的价值尺度。孙中山先生指出："盖吾中华民族和平守法，根于天性，非出于自卫之不得已，决不肯轻启战争。"中国提倡的"和平共处"五项原则，主张"通过协商，和平解决国家间的纠纷和争端，反对诉诸武力或以武力相威胁"，就是和平、慎战战略文化的现实反映。

二、中国传统战略文化是追求和平的

中国古代思想家“亲仁善邻”的思想，反映了中国人民希望天下太平、同各国人民友好相处的社会理想。这种思想表现在军事上，就是主张用非军事手段来解决争端。和平，已经成为历代中国人的本性，从古贤先哲到平民百姓，以“和为贵”。“贵和”思想不仅注重民族和国家内部的和平和睦，而且也把这种和平和睦推及夷狄和异邦。在发生矛盾和冲突时，统治者都尽可能通过和平谈判的方式解决，即使国力强大，也很少诉诸武力。中国历代的战争主要有朝代统一战争、内部平乱战争、消除边患战争、收复失土战争几种类型，很少有为扩大疆土发动的战争（元朝是少有的例外）。因为中国传统文化讲究“王道”，反对“霸道”，不像有些西方国家，只要有力量就无限的向外扩张。近代美国学者布理辛斯基说：“当中华帝国最鼎盛之际，它可以睥睨全球，没有其他强国有能力挑战其帝国地位，倘若中国有心进一步扩张，也没有其他国家有能力抵抗。中华帝国不太把中央权威强加在异族或地理上周边的属国身上。”事实也是如此，中国历代王朝无论强大，还是弱小，都以和平为重要诉求，和平已经深植于传统战略文化之中。明朝永乐皇帝朱棣在位期间，经济繁荣，国力昌盛，军事强大。郑和率领当时规模最大、实力最强的船队，没有像西方一些海洋国家一度奉行侵略扩张、争夺市场的“大国战略”，与所经国家枪炮相向、滥施武力，而是带着远播皇恩、怀柔万方的目的七下西洋，完成大明王朝的“和平之旅”。清朝康熙皇帝面对蒙古首领葛尔丹的叛乱时，不是立刻发动战争，而是将自己的女儿下嫁与他，以和亲的办法安抚，以达和平共处之目的。后来直到葛尔丹日趋嚣张再难以臣服时，康熙才不得已将其剿灭。新中国成立后，我们几次对外自卫还击或自卫反击作战，也都是为了边境和平安宁而进行的。

三、中国传统战略文化是致力统一的

公元前221年，秦始皇统一六国，标志着中国首次实现统一，建立了第一个封建王朝。封建时代大一统后的2000多年中，中国社会虽经历了南北朝、五代十国、宋辽金西夏等分裂分治时期，但是从整个历史过程看，消除分裂、致力统一，是位居主流的。封建时代的任何一个雄略之主，不管是出身于汉族或是少数民族，不管其他方面的政治态度如何，在中国统一问题上是不约而同和从不含糊的。他们在夺取政权之后都要把平定内乱、消除割据、统一中华作为自己的战略目标。统一才有安定，才有和平，才有繁荣和昌盛。分裂一般都与战争与内乱相联系，饱受分裂之苦最多的是人民大众。例如，在宋辽金西夏时代，中华大地南北对峙，东西抗衡，战乱频繁，百姓骨肉相离，苦不堪言。所以，在民众心目中，是孜孜一贯地追求统一、反对分裂的。从战争性质来看，中国历来把统一战争视为正义之战，把分裂战争视为不义之战。为统一而战是神圣的，为分裂而战是耻辱的。反对分裂，谋求统一，促进中华民族的大团结与大融合，这是中国几千年战争史的主流。无论一个时期内国家如何分裂、各民族间如何对立，最终的结局仍是在民族和解中产生出新的更大范围统一的中国。一部中华民族的战争史，就是一部为统一而战的历史。近代以来，无论是民主革命者孙中山，还是毛泽东、邓小平和当代领导人，都把国家的民主、祖国的统一放到十分重要的位置，并为之付出了不懈努力。在台湾问题上，中国实现两岸统一的民族意识不可动摇。对统一的执着追求，已经融入中华战略文化之血脉，生生不已，渐行渐浓。

四、中国传统战略文化是立足防御的

在几千年的历史进程中，爱和平、重防御，始终是中国国防观念的主题。这种贵和尚中的主流意识，决定了中国传统战略文化是“固本安边”、立足防御的。所谓“固本”，就是通过加快发展生产、加强军队建设，以保民生富足、政权稳定和国力昌盛。所谓“安边”，就是确保边境安宁，就算发生对外战争，其目的也主要是为了“保境安民”。所以，中国传统战略构想基本上是守势的，从事边境或境外战争，也是为了保障边民的安全而已。从中国历代史料中可以发现，许多朝臣关于和战的辩论，主战派要求的也不过是消除边境的威胁而已，并不诉求扩大领土。汉武帝开拓西域，主要目的在于牵制正面的匈奴，也就是所谓的“断匈奴右臂”，基本上是为消除边患，并不是为开疆扩土。横贯中国北部、延续了2000多年的万里长城，是中原王朝为保卫农业文明而修筑的规模宏大的军事防御工程。这项工程虽说是民族内部农业文明与游牧文明的分水岭，但它体现的却是中国注重防御的战略文化。建国以来，中国共产党继承和发扬了优良的历史文化传统，在战略上实行防御、自卫和后发制人的原则，坚持“人不犯我，我不犯人，人若犯我，我必犯人”。同时，不要别国一寸土地，也不许别国侵占中国一寸土地。抗美援朝战争和历次边境自卫反击或自卫还击作战，充分体现了“保家卫国”的战略思想。随着中国综合国力日趋强大，中国依然坚持积极防御的立场，公开声明：“中国即使将来强大了，也决不走对外侵略扩张的道路。”侵略扩张与中国传统战略文化精神是背道而驰的。所谓“中国威胁论”是某些西方人士从遏制中国的动机出发，蛊惑世人的一种谬论。古往今来，注重防御是中国历代军事战略的一大特色，也是中国与西方崇尚进攻的军事战略文化的一个根本区别。

五、中国传统战略文化是秉承宽容的

中国和平文化中饱含着的宽容思想，不仅是形成中国传统战略文化不可或缺的营养要素，而且也为中国战略文化被世人所认同，积淀了强大的道德力量。英国哲学家罗素早就指出：“（中国人）统治别人的欲望明显要比白人弱得多，如果世界上有‘骄傲到不肯打仗’的民族，那么这个民族就是中国。中国人天生的态度就是宽容和友好，以礼待人并希望得到回报。”罗素认为，中国人性格不利于战争而有志于和平，他对中国人性格中的宽容和忍耐精神，表现出极大的惊讶。中华民族友善宽仁的性格特征，为中国传统战略文化打上了宽容的深深烙印。这与佛教教义中戒杀生、“慈悲为怀”的信奉；与儒家“仁者爱人”、“爱人者人恒爱之”、“泛爱众，而亲仁”、“以爱己之心爱人”、“四海之内皆兄弟”的仁爱论；与墨家“兼相爱”、“不相攻”的思想熏陶是分不开的。受其教化，君不见，中国历史上为换得国家太平、百姓乐业的局面，一再以博大胸怀宽容对手，和之以婚姻，施之以禄位，有时甚至不惜放弃部分国家利益。但这种宽容有时也与消极防御甚至示人软弱相伴随，如满清政府在帝国主义铁蹄践踏下，割地赔款的令人不齿的屈辱经历。纵览古今，中国战略文化的宽容精神一以贯之。即使在抗日战争中，中国也始终把日本统治阶级与日本人民区别开来。抗战胜利后，中国放弃日本战争赔款，教育改造并释放日本战犯，抚养日本侵略者丢下的遗孤，表现了中国人民的宽大胸怀和以德报怨的文化传统。抗美援朝战争中，中国对敌军战俘实行真正的人道主义政策，得到全世界包括当时敌对国家的普遍承认和赞扬。在对印自卫反击作战中，中国收复了印军非法侵占的中国领土，在完全有能力继续追击的情况下，为了表示和平诚意主动回撤到原先的实际控制线，并且释放全部战俘，主动交还缴获的大批武器、车辆和军用物资，这在世界战争史上是绝无仅有的。这种宽仁，真正体现了中国战略文化“和”的灵魂。

战略文化要素、基本特征及对现实行为的影响

北京大学教授 宫玉振

战略文化是国家在运用战略手段实现国家战略目标过程中所表现出来的持久性的、相对稳定的价值取向与习惯性的行为模式。本文从战略文化的形成、战略文化对战略行为的影响及其战略文化的基本特征等三个方面对战略文化进行了理论探讨。本文认为，战略文化是一个民族与文明的历史经验、民族特性、价值追求以及文化心理在战略领域的集中反映。战略文化从战略环境的认知、战略目标的确定、战略手段及战争样式的选择等方面影响了一个国家的战略行为选择。战略文化表现出连续性与非连续性相统一、多样性与主导性相统一、民族性与时代性相统一等基本特征。

一、影响战略文化形成的基本要素

一个民族、一种文明的战略文化的形成，受到多方面因素的

影响。战略文化的形成，首先与文明的不同特性密切相关。从世界历史的范围来看，游牧文明与航海文明往往表现出扩张、尚武的战略文化倾向，而农耕文明则往往表现出内向、和平的战略文化倾向。游牧文明的基本特点，是它在空间上的流动性。每当冬季来临、草枯水干之际，或者是发生大规模的旱灾、雪灾的时候，游牧民族就要全体迁移，寻求新的牧场和食物来源。温暖、湿润而又繁荣富庶的农耕区，又总是对游牧民族有无穷的吸引力。所以，对农耕地区的周期性入侵与掠夺，便成了游牧民族维持自身生存和满足上层贵族贪欲的需要。这是游牧民族频频发动对外战争的内在动力。同时，游牧民族又是天然的军事民族，对于这个以走马射箭、游牧迁徙为生的“马上民族”来说，游牧、狩猎与征战其实是一回事，整个民族就是一座军营，每个成年男子都是战士。战争作为社会生活的重要内容，在他们眼里，不过是对人的狩猎而已。通过战争掠夺财富，不但不是可耻的，反而是比进行劳动更为容易甚至更为荣誉的事情。对于航海文明来说，扩张与战争同样是必不可少的。航海文明本身就是一种外向性的文明。一般来说，航海民族生活的地区，多为土地贫瘠、农耕文明发展余地不大的半岛。文明的发展与繁荣不可能主要建立在本土的农业发展基础上，于是开阔的海洋便取代陆地成为文明的主要发展方向，海外扩张则成为获取财富的主要途径。不断开拓海外市场与殖民地，也就成了航海民族的天然使命，而战争，则是开拓和维护殖民地、争夺贸易霸权的基本手段。在航海文明那里，商船总是与战舰联在一起的，而商业与征服也总是密不可分的。用一位西方史学家的话来说，对外战争对于航海文明来说，本身就是“创造财富的工业”。对于农耕文明来说，一切正好相反。在农耕文明中，财富的创造主要是通过人与土地的结合来实现的。只要人与土地的结合能够得到基本的保证，土地便会为他们提供基本的温饱。与游牧文明与航海文明相比，这是一种自给自足的、无需依赖外部的文明，因而也难以产生对外扩张的动机。同时，对于终日与土地打交道的农业民族来说，他们的生产工具与战斗武器、生活条件与战斗条件之间，也存在着较大的差距，所以，他们往往缺乏游牧民族与航海民族那样的从事战争的能力。更重要的是，战争，不管是对外战争还是内部战争，对于农业民族来说，只能意味着生产力的破坏，乃至文明的重心失去平衡，从而导致整个社会秩序的崩溃。因而战争对农耕文明来说，不但不是财富，相反却往往是灾难。从本性上来说，扩张在农耕文明的生存与发展中从来就不具有根本的重要性。农耕文明的战略文化，因而也就往往表现出突出的非暴力、非扩张的价值倾向。

地缘环境是战略文化形成的第二个因素。狄奥多尔·罗普（*Theodore Ropp*）有一句名言："地理是战略的核心。"[①] 地缘环境是影响一个国家战略文化形成的最稳定的因素之一，文明的生存与发展模式在很大程度上取决于其地理条件，而一个国家、一种文明所处的地缘环境也必然会对其战略偏好的形成产生深刻的影响，进而形成不同的战略文化传统。与中国文明起源于大河流域不同，西方文明的源头在地中海及其与之相连的爱琴海、亚得里亚海，海洋在西方文明中从一开始就扮演着重要的角色，并由此使西方的战略文化带有鲜明的海洋传统特色。"对希腊的战争史作一整体考察，遂又可以发现有一基本战略观念始终穿插于其中。那就是所谓'海权'（*Sea Power*）。"[②] 希腊城邦地缘战略实践的经验是："谁控制了海洋，谁就控制了一切。"这也是西方战略文化的基本信条，希腊如此，罗马如此，中世纪的拜占庭，近代

① Ken Booth & Russel Trood ed., *Strategic Culture in the Asia-Pacific Region*, N. Y.: St. Martin's Press, INC, 1999, p. 365.

② 钮先钟：《西方战略思想史》，台北，麦田出版有限公司，1995 年版，第 49 页。

的英国、美国也都是如此，19世纪马汉提出的海权论不过是将这一传统理论化了而已。值得注意的是，西方战略文化中的海洋传统不仅表现在岛国身上，就连莫斯科公国这个纯粹的内陆国家也十分重视向海上的发展，用彼得一世的话说，是“只有陆军的君主是只有一只手的人，而同时也有海军才能成为两手俱全的人”，寻找出海口、拥有和控制海洋的海洋传统因而也就成为俄罗斯战略文化的重要组成部分。与西方不同，近代之前的中国战略文化具有鲜明的大陆传统。中国文明主要起源于黄河、长江构成的“两河”流域，从总体上看，这是一片内部有较大回旋余地，而对外又相对封闭的次大陆。回旋余地大，所以有着非常充足的文明发展空间。在黄河流域衰败之后，文明的重心可以迁到长江流域，而不会产生向外扩张的压力；地理跨度大，维护内部的统一也就占去了历代王朝大部分的战略资源，所以将战略的重心放在内部的整合而非对外扩张上，也就成了统治者明智的选择。相对封闭的地理环境，决定了北方游牧民族向外发展会遇到很大困难，而向内发展则容易得多。汉族农耕地区发达富饶的经济则进一步增强了对游牧民族的诱惑力。这是北方民族的周期性入侵以及由此带来的中原王朝长期无法根本解决的边患的原因之一，由此又决定历代王朝的军事重心与政治重心必须放在北方，也决定了近代以前中国战略文化的大陆传统。尽管从唐代中期以后，中国的经济重心已经南移，宋代以后海外贸易日益发达，海洋的地位也日益凸显出来，然而由于北方游牧民族的牵制，中国的战略重心始终无法南移，也就无法发展出独立的海洋传统。郑和的航海，最终不得不让位于北方的防御需要，就是一个典型的例子。在近代乃至在现代，这一战略偏好的影响依然可以看到。

战略文化的形成，还与文明的历史经验以及由此形成的经验性信仰有深刻的联系，而其核心则是所要解决的战略主题。任何战略文化都是围绕着一定的战略主题形成的，战略主题构成了战略文化的基本语境，规定了战略文化的重心、话语与基本走向。战略主题的不同，也决定了不同战略文化发展的相对优先性的不同。因而要真正理解一种战略文化，就必须对其背后的战略主题进行深入的分析。任何文明从总体上来说都是理性的，任何文明也都有自己的生存法则。西方文明是在一个分裂的世界中发展起来的，政治实体之间的冲突、敌对与征服是其基本特征，外部的威胁是政治实体所面临的最大挑战，而在冲突状态中的生存与发展，则是战略上的头等大事。民族或国家之间的关系只有两种可能性：要么控制别人，要么被别人控制。这无疑极大地影响了西方战略文化的基本精神，它使得现实主义传统成为西方战略文化的主流。如果说西方战略文化是围绕着“国家的冲突”而展开的，那么中国的战略文化则是围绕着“王朝的兴衰”而展开的。中国文明很早便表现出大一统的基本走向。中国历史上并非没有外部的冲突，西方历史上也并非没有国内的战争，然而从总体上来说，在一个以分裂与冲突为特征的世界秩序中，西方的挑战主要是来自外部，西方所要解决的战略主题，是竞争中的生存；在一个以大一统为特征的天下秩序中，中国的挑战主要是来自内部，中国战略文化的发展，主要是围绕着以内部秩序的崩溃与重建为内容的“王朝兴衰”而展开的。中国战略文化的主导形态，也就是更为关注内部的稳定与整合的文化。这是把握中国战略文化的一大出发点。

文化的核心是价值观念，作为文化传统的组成部分，战略文化的基本性格必然受到所处文化传统的主导性价值观念的渗透与影响。一个民族的文化传统的主导性价值观念，往往构成其战略文化的价值观念的核心。中国战略文化一个重要的特征就是重视道义的力量，具有强烈的是非观念，表现在战争观念上就是强调“义兵”“义战”，这与儒家思想所确立的以道德为中心的价值体系的影响是分不开的。中国战略文化中的和平追求与天下情怀，则与中国文化中以“天人合一”为主题的整体性的宇宙观念与世界观念有着直接的关系。与此相应的是，西方文化中的功利主义传统，则使得以追求权力与利益为核心的现实主义，从一开始便在西方战略文化中占据主导性的地位，从而使西方战略文化从总体上表现出更为重视利害的判断而不是道德的判断、更为重视强弱的逻辑而不是是非的逻辑的非伦理化的文化发展方向。在近代，这种文化方向更是进一步发展成为为了扩张自己的利益而不惜践踏弱小民族的合法利益、以社会达尔文主义为实质的强权主义的战略文化。这是西方战略文化原本就存在的利己主义与“强者法则”的恶性发展。西方文化中的冲突意识与斗争意识，则使得崇尚战争、歌颂战争的传统从古希腊、古罗马时代便开始绵延不绝。凡此等等，无不体现了价值观念对战略文化的深刻影响。

二、战略文化对现实战略行为的影响

文化不是行为，但文化可以影响行为。一种文化之所以成为一个民族的主流文化，一种价值观念之所以成为一个民族的主导性价值观念，在于它体现了这个民族生存与发展的最深层次的需要。这是文化影响行为的现实基础。H·麦金德有一句名言：“政治的进程是驱动和导航两种力量的产物。这种驱动的力量源于过去，它植根于一个民族的特质和传统的历史之中。”美国的文化史学者认为，“文化范式对个人形成制约，为他们提供了基本的设想以及观察和思考的工具，确定了他们的生活框架。文化决定制度的形式，决定将被发展的个性类型和被认可的行为类型。”“政治领袖必须在符合国家价值观念的前提下才能形成政策，国家价值观只是个人价值观的集合。关于美国国家利益的问题只有研究国家价值观才能找到回音。”① 中国学者也指出：“战略的底蕴和根基是思想文化”，战略文化“是制定现实战略的潜在意识和历史文化情结”。② 人类永远在创造文化，也永远处于文化传统的长河之中。无论是哪个国家、哪个民族的战略行为，都离不开战略文化的孕育。只有揭示出民族、国家与文明的战略文化的特性，才能准确把握住其战略行为的走向。对战略文化的分析，因此也就成为战略研究的重要维度之一。

战略文化对现实战略行为的影响，首先表现在战略环境的认知上。人类总是通过一定的文化模式来认识这个世界的。世界只有一个，然而不同的文化对于同一个世界却有不同的理解。战略文化的意义首先在于：它为决策者对战略环境的认知提供了一种基本的图式。不同的战略文化提供不同的认知图式，从而使人们对战略环境形成不同的判断。从整体性的世界观念出发，中国战略文化倾向于认同世界的一体性与相互依存性，认同于国际行为主体之间的和平共处与良性互动。这是当代中国所奉行的和平共处五项基本原则的深层文化底蕴。在西方近代主流战略文化中，社会达尔文主义式的“生存竞争”、“弱肉强食”是认知世界的基本图式，永无休止的竞争与冲突被认为是人类的天性，世界始终“处于一种潜在的‘战争状态’，国家行为受始终存在的军事冲突危险所支配”③，弱肉强食被认为是国际社会的基本法则，国家不分大小、强弱，平等相处被认为是浪漫的乌托邦。因而，生存的唯一法则就是强者法则，而强权政治则由此具有了文化的合法

① 转引自王晓德：《美国文化与外交》，世界知识出版社，2000 年版，第 5 页。

② 李际均：《论战略文化》，《中国军事科学》1997 年第 1 期，第 9 页。

③ （美）詹姆斯·多尔蒂、小罗伯特·普法尔茨格拉夫：《争论中的国际关系理论》中译本，世界知识出版社，1987 年版，第 3 页。

性。用俾斯麦的话说，是“如果强者压服了弱者，那只是一种无可非议的生存竞争的规律”。从冲突的认知前提始，以强权的行为偏好终，也就成了西方近代主流战略文化的基本逻辑。在当代西方战略文化中，这种冲突性的战略认知依然占据着重要的地位。正是从冲突的认知出发，西方某些人表现出了一种强烈的无限夸大分歧与对抗、以寻找敌人乃至是制造敌人的内在驱动力。这一点，在西方大国的“冷战思维”中，在形形色色的“中国威胁论”中，包括“即将到来的美中冲突”的危言耸听中，以及在“文明的冲突”的理论中，都有明显的体现。西方大国中某些人所鼓吹的“遏制中国”的战略，正是这种战略文化的必然产物。对战略环境作出认知，是所有战略决策的基本出发点。在全球化时代的今天，偏执于世界的冲突性的战略认知，只能使世界引向对抗与互不信任的泥潭中。

战略文化对现实战略行为的影响，还表现在战略目标的确定上。不同的国家有不同的战略目标，这些战略目标无非分为两类：扩张性的战略目标，非扩张性的战略目标。不同民族、不同国家、不同文明的战略文化差异，在战略目标的确定上表现得非常突出。当代西方学者罗伯特·吉尔平曾说过这样一句话：“一个成功地扩张的国家要改变扩张的习惯是困难的，而相信‘扩张或死亡’在国际生存中至关重要却是非常容易的。”[①] 这句话用来分析西方战略文化对西方某些大国的战略行为的影响是很恰当的。从一开始，对外征服与扩张便在西方文明的发展中扮演了重要的角色，“扩张——发展——再扩张”，构成了自古希腊、古罗马时代开始西方文明发展模式的重要特征。近代以来的殖民扩张，更是对西方资本主义的发展起了关键性的作用。要么扩张，

---

① （美）罗伯特·吉尔平：《世界政治中的战争与变革》中译本，中国人民大学出版社，1994年版，第189页。

要么死亡，这就是西方的生存经验，也是西方世界屡试不爽的行为法则。美国总统詹姆斯·布坎南对此说得十分明白："我们国家的生存法则就是扩张，即使我们想要违背它，也不可能。"[①] 所以西方战略理论中的一个基本信念，便是扩张是国家的本性。只要存在资源和机会，国家就必然会扩张他们的力量。尽管对外扩张必然要给被扩张者带来灾难与不幸，然而在西方战略文化中，扩张却被认为是民族活力的表现，是引以为荣的事情。这种战略文化价值观念表现在现实的战略行为上，就是某些西方大国始终将利益的扩张以及霸权的获取，确定为自己的最高战略目标。直到今天，某些西方大国依然信奉着"扩张或死亡"的逻辑，利用全球化的机会，将自己的势力与利益向全球的各个角落进行扩张。与西方一样，中国战略目标的选择，同样受到中国战略文化的影响。然而与西方不同的是，扩张在中国文明的生存与发展中从来就不具有根本的重要性。按照西方学者沃勒斯坦的说法，中国文明走的是一条"内部扩张"的道路，是一条内涵式发展的道路。[②] 与之相适应的是，在中国的战略文化中，"不务德而勤远略"从来也不具有文化上的合法性。正因为如此，在中国的历史上，西方式的实力增长必然导向对外扩张的法则，便失去了其普遍性。尽管在1840年以前中国始终是东亚最强大的国家，甚至在很长时间里是世界最强大的帝国，但中国却从来没有一个王朝将对外扩张作为自己的基本国策。公元15世纪初叶，在西方的地理大发现之前，中国的郑和率领着当时世界上最强大的舰队七次南下，然而他们是去与亚非国家进行经济文化交流的，而不是进行海外扩张的。在当代中国，这种非扩张的传统依然体现的十分明显。当代中国奉行的是积极防御的军事战略，在当代中国领导人

① 转引自王晓德前引书，第179页。

② （美）伊曼纽尔·沃勒斯坦：《现代世界体系》中译本，第1卷，高等教育出版社，1998年版，第43页。

关于“中国不参加军备竞赛，不搞军事集团，不进行军事扩张，永远不称霸”的庄严承诺，最好地反映了中国战略文化中不同于西方扩张传统的文化精神。

战略文化对于现实战略行为的影响，还表现在战略手段与战争样式的选择上。在西方主流战略文化中，实力与暴力的作用得到了充分的强调。克劳塞维茨有句名言：“武力有巨大的作用。只有在国家实力相等的条件下，法律和正义才会扮演角色，否则，强者会随心所欲，弱者将忍气吞声。”[①] 当武力被认为是最有效的战略手段的时候，战争也就被理解成了暴力的无限度使用的过程。用克劳塞维茨的话说，是“战争是一种暴力行为，而暴力的使用是没有限度的”[②]。正是在这种背景下，暴力的物质形态及其暴力的使用方式在近代以来的西方获得了长足的发展，并为西方向全球扩张直到建立全球霸权奠定了基础。直到今天，西方大国所信奉的依然是实力主义，其战略行为中所表现出来的将霸权建立在扩充军备与建立军事联盟之上、将自己的安全建立在别人的不安全之上的思维特征依然十分明显，动辄以使用武力威胁他人，也依然是西方大国的基本战略行为方式之一。与之形成鲜明对比的是，中国战略文化的一个重要特征，是在战略手段的选择上，表现出突出的重战而又慎战的文化心态。中国兵家的代表人物孙子认为，“兵者，国之大事。死生之地，存亡之道，不可不察也”[③]，又认为“百战百胜，非善之善者也；不战而屈人之兵，善之善者也”[④]。另一位兵家的代表人物吴子认为，“天下战国，五胜者祸，四胜者弊，三胜者霸，二胜者王，一胜者帝。是以数胜

---

① 转引自王逸舟：《西方国际政治学：历史与理论》，上海人民出版社，1998年版，第7页。

② （德）克劳塞维茨：《战争论》中译本，解放军出版社，1964年版，第15页。

③ 《孙子·计篇》。

④ 《孙子·谋攻篇》。

得天下者稀，以亡者众”。[1] 道家的代表人物老子也认为，“兵者，不祥之器，非君子之器”。[2] 兵凶战危，是中国战略文化思考战争的本质与暴力的意义时的基本起点。直到明清时期，中国的兵家在谈起战争的时候，首先关注的依然是战争所造成的破坏。这种战略文化心态，与西方的战略文化形成了鲜明的对照。从现实来看，中国历史上所进行的对外战争，大多数都是在被动的情况下进入的，即使在不得不进行战争的情况下，也往往追求将战争保持在一定的限度之内。这一特点在当代中国的对外战争中有充分的体现。抗美援朝战争时，中国政府曾两次发表声明，警告美国不要越过三八线，进逼鸭绿江。在美国一意孤行、不断扩大对华挑衅的情况下，中国才不得不作出了出兵的决策。中印边界发生纠纷后，中国政府从中印友好的大局出发，无论是在战前、战中，还是在战后，都表现了极大的忍让与克制。在此后的中苏边境之战、中越边境之战中，中国所严格坚持的都是自卫还击的原则，坚持有理、有利、有节的战争指导原则，在武力手段的使用上，表现出高度的清醒，高度的慎重，高度的节制。这一点，也正是中国战略文化的基本品格。

需要指出的是，战略文化只是影响国家战略行为的变量之一。它没有也不可能取代战略环境、战略利益以及战略实力本身等现实要素对战略行为的影响。科林·格雷曾经提醒学者要防止将战略文化视为所有战略行为的起因的倾向，斯奈德也警告说战略文化研究者不要倾向于夸大国家之间的差异。[3] 所以，强调战略文化是“影响”而不是“决定”战略行为这样一种观点，对于研究者来说还是有意义的。

---

① 《吴子·图国》。

② 《老子·三十一章》。

③ Ken Booth & Russel Trood, *op. cit.*, p. 12.

三、战略文化的基本特征

连续性与非连续性的统一，是战略文化的第一个特征。战略文化之所以称得上是一种文化传统，首先在于它具有相对的连续性。任何文化都必然存在着变动与发展，但历史上偶发的或稍纵即逝的文化现象并不因其年代久远就必然参与传统的构成；一个时代的文化创造只有流传和延续下来并渐渐成为文化之“常”，才可以说构成了一个民族、一种文明的文化传统的一部分。换言之，历史形成的文化传统虽然随着环境的变化而不断地丰富和扩展自身的内容，但在那些变化的同时，人们总能看到那些不变的、构成我们称之为文明性格与民族性格的东西。由此，对一个民族与一种文明的战略文化的把握，也就必须建立在对其历史经验的长时段考察的基础上，把握住其延续性的、屡经历史的变动而依然保持着相对稳定的特征。以中西战略文化为例，西方的分裂与扩张传统起源于古希腊、古罗马时代，19 世纪的西方依然是一个分裂的世界，依然以同样的方式向外扩张，并在很短的时间内便将世界的其余部分变成了它的殖民地与半殖民地。相反，中国的大一统传统，中国的王朝兴衰传统，以及由此形成的它对国内秩序的更为关注而不是偏重对外扩张的传统，它对“得民心者得天下”的坚定信念以及由此形成的道德主义传统，它的天下情怀以及由此形成的对“四海一家”的和谐的、良性互动的国际秩序的追求，则至少在秦汉以后便已经基本定型。这两种传统，都是经历了几千年的历史变迁而依然对现实发生着影响，并在现实中一再顽强地表现下来。20 世纪 50 年代中国领导人所提出的“和平共处五项原则”，以及今天中国领导人所提出的“和谐”理念，反映的就是中国战略文化传统在现实中的延续与发展。但是，战略文化并非是固定不变的。任何文化都是连续与非连续性的统一，战略文化同样也是如此。尤其是在重大的社会转折时期，甚至会发生战略文化传统的根本转变，特别是价值体系发生的巨大转变，显示出了一定程度的断裂。从鸦片战争开始的西方冲击，使得中国进入了一个完全不同的战略环境，面对着完全不同的战略主题，竞争、富强、独立、国家利益等一组新的战略文化观念由此而进入中国战略文化中，中国战略文化也由此发生了富有时代意义的嬗变。两次世界大战将西方战略文化的弊端充分暴露了出来，第二次世界大战以后，尤其是冷战结束以后，随着全球化程度的加深，西方战略文化中区域性的相互依存意识与合作意识也明显强化，欧盟的出现就是这样一种战略文化的最好的外在表现。这同样是一种富有意义的转变，它构成了20世纪以来西方战略文化的另一个走向。从这个意义上说，研究战略文化，一方面，要注意那些相对稳定的东西，另一方面，也不能忽视那些已经变化了的东西。只有这样，才会避免出现重大的偏差。

多样性与主导性的统一，是战略文化的第二个特征。任何战略文化的内部都存在着各种分歧与对立，变动与发展，都存在着不同的亚文化传统，这是引发战略争论的起因之一，也是战略文化能够得以向前发展的内在动力之一。但是内在的丰富多样性并不会否定文化的主体倾向，也并不否定主导性战略文化的存在。文化传统从来都是在其主体倾向中表现出自己的个性的，战略文化也是如此。我们说西方有扩张的战略文化传统，中国有非扩张的战略文化传统，历史上中国的统治者也不是没有对外侵略，这不用加以维护；历史上的西方也不是总在扩张，当公元9年在条顿布格森林惨遭战败、3个罗马兵团被日耳曼人所击碎之后，罗马帝国的皇帝即决心以莱茵河为帝国的北面疆界，而放弃了征服日耳曼的计划。但中国确实没有一个王朝将对外征服作为自己的基本国策，作为自己文明发展的基础。而在西方，尽管文化中不乏康德式的世界主义和和平主义的追求，但从一开始，对外征服与扩张便在其文明中扮演了至关重要的甚至是关键性的角色。直到今天，在某些西方大国的战略行为中，这一点依然表现得十分突出。这就是中西战略文化的不同。所以，要想把握一种战略文化，就必须抓住其主体倾向，抓住其主导性文化特征。

民族性与时代性的统一，是战略文化的第三个特征。不同的战略主题、地理环境，不同的发展模式、生存逻辑，必然带来战略思维模式与价值取向上的差异，从而产生不同的战略文化。揭示战略文化的差异对战略行为的影响，是战略文化研究的基本出发点，这也就决定了战略文化研究在很大程度上要将重心放在揭示“战略的民族风格”上，也就是“求异”上，以避免战略的误读（*misperception*）。华裔学者张曙光曾经指出了中美之间战略文化的一些差异：中国从地理上来说是一个陆权国家，而美国很久以来就自视为海权国家；过去的两个世纪以来，中国抗击接连不断的外国入侵，而美国相比而言几乎没有这样的危险；孙子的军事与战略思想主导了几个世纪中国关于战争的思考，而美国战略家更熟悉克劳塞维茨的战争哲学。[①] 他的结论是：“中国与美国是两个有着明显不同文化的国家，中国人和美国人可能对价值与利益、威胁与反威胁、成本与收益、失败与成功、弱点与力量、公开的政策与实际的行为有不同的计算。”[②] 朝鲜战争演变成中美的直接较量，就与美国低估了道义因素在中国军事战略决策中的分量有关。[③] 但是同时需要指出的是，战略文化的民族性并不否定

---

① Shuguang Zhang, *Deterrence and Strategic Culture*: *Chinese-America Confrontations*, *1949 ~ 1958*, Ithaca & London: Cornell University Press, 1992, p. 272.

② Ibid., p. 4.

③ Ibid., p. 278.

战略文化的时代性。同一时代的人类都有一些共享的文化价值观念，同一时代的战略文化也必然具有共性。近代民族国家时期的社会达尔文主义、冷战时期的“零和”思维以及对军事力量在国家战略中的作用的高度重视，以及全球化时代的相互依存意识、合作意识和对国际规范的强调，凡此等等，都体现了在特定的时期的战略文化的主导性格。今天的世界越来越成为一个整体，随着文化交流的加速，战略文化也越来越具有全球性的特征。从人类的共同利益出发，创造一种新的适合全球化需要的战略文化，也就成为人类的共同使命。也正是在这样的背景下，中国战略文化中所包含的热爱和平、追求和谐、强调包容、坚持道义等伟大品格，必将日益显示出其超越时空的价值。

中国共产党的战略文化

中央党史研究室副主任、研究员 李忠杰

很高兴参加中华战略文化论坛，举办中华战略文化论坛很有意义。这次是首届，具有开创性，所以，更有意义。希望以此为一个重要的起点，推动中华战略文化论坛得到进一步深入研究、发展和弘扬。按照组委会的要求，我做一个发言。我的发言，把内容稍微扩大了一点，题目是：中国共产党的战略文化。

研究中华战略文化，恐怕不能不研究中国共产党的战略文化。因为在我看来，中国共产党的战略文化极为丰富、壮观、深刻，也极为现实。可以说，是把中华民族的战略文化，推进到了一个空前的程度，丰富了中华民族战略文化的宝库。现在我简单回顾一下中国共产党战略文化的几个阶段。

首先，以毛泽东为主要代表的中国共产党人的战略文化。在这个阶段，革命、战争、建设可以说从客观上创造了一个战略文化发生、发展、丰富的一个大需求、大舞台。当时的中国面临着无数错综复杂的矛盾，面临着一系列需要从根本上研究和回答的问题。作为一个半殖民地半封建的国家，怎么走出这样一个深渊，怎么实现中华民族的独立富强？这是摆在全体中国人民面前的一个重大的课题。对这些课题的回答，就不能不具有战略的视野，从根本上分析中国社会的根本性质是什么、主要矛盾是什么、解决问题的办法是什么、出路是什么、如何处理国内的各种矛盾、如何处理与世界各个国家之间的矛盾等等。而且，不同力量之间还有非常复杂的博弈关系。因此，如果不从战略上研究和回答中国的问题，中国很难找到自己的出路。从主观上来说，这一代中国共产党的领导人，应该说既有远大的抱负，鸿图大志，同时，又确实具有杰出的才华、开阔的视野。像毛泽东同志，他的抱负可以说是非常大，叫作视野开阔、胸襟博大，还有一点浪漫主义的色彩。这个从他写的一些诗词里面可以鲜明地看到。比如，1935 年，他所作的《念奴娇·昆仑》："太平世界，环球同此凉热"。这里没有使用一个"战略"字眼，但是如果不是有这样大的战略视野，就不可能有这样的胸襟和抱负以及这样的战略构想。所以，在这样的阶段，中国共产党研究了大量的战略问题，形成了丰富的战略思想，指导中国革命取得了伟大的胜利。这方面的思想内容非常多，需要我们不断地加以研究整理。这个时期，战略文化、战略思想也有极为丰富的内容。比如说，《论持久战》。全国抗战开始以后，中国共产党及时提出关于全国抗战的战略方针和作战原则。1937 年 8 月，周恩来、朱德在国民政府军委会军政部谈话会上提出持久抗战的思想时，张闻天、刘少奇、彭德怀等相继发表文章，论述持久战问题。在此基础上，1938 年 5 月，毛泽东集中全党智慧，发表《论持久战》，全面深刻分析了中日抗战的性质和双方的力量对比。指出抗日战争必将经过战略防御、战略相持和战略反攻三个最基本的阶段，据此又制定了一系列策略上的方针，以及战争的形式等等。这样的思想，连当时国民党都感到非常佩服。所以，成为指导中国整个抗战的一个重大的战略思想。事实的发展完全证明了这样的预见。这只是其中的一个例子。

第二，以邓小平为代表的中国共产党人的战略文化。这一代中国共产党人也同样始终具有强烈的大局意识，善于从战略全局的高度来思考和确定治国理政的大思路。邓小平自己就说过，不管对现在还是对未来，我讲的都不是从小角度讲的，而是从大局讲的。在《邓小平文选》中，他多次讲到战略和大局问题。据简略统计，在三卷本的《邓小平文选》中，一共有123次使用“战略”一词，62次使用“大局”一词，31次使用“全局”一词。这样的词汇的使用频率如此之高，当然是他的实践和思想的反映。所以，事实上，小平同志从很多方面思考了关于中国命运的一系列战略问题，制定了重要的战略方针、战略思想。比如说，制定党的基本路线和战略布局，他后来说，“十三大确定一个中心，两个基本点的战略布局，我们10年前就是这样提出的，十三大用这个语言把它概括起来，这个战略布局我们一定要坚持下去，永远不改变”。再比如说，他制定了改革开放的战略方针，推进了改革开放这样的伟大事业。改革开放，我们都知道，是决定中国命运的关键一着。也就是说，战略抉择，唯有走改革开放之路，才使中国摆脱了“文化大革命”留下的阴影，才使中国近30年来获得了空前的大发展大繁荣，才使中国真正以强大的姿态屹立于世界民族之林。还有他制定三步走的发展战略。小平同志看中国，看中国的发展，不是看短短的一个时期，而是看到了50年，看到了100年。从这样的角度出发来制定分三步走实现中国现代化的战略。这样的战略既确定了战略目标，又提出了战略步骤，描绘了总的战略布局，又确定了战略的重点。既有对未来的高瞻远瞩，又有切实可行的方式步骤。因而，事实上直到今天，他都是指导我们的重大的战略思想、战略谋划。我们现在所做的，包括全面建设小康社会等等都是在三步走这样的大战略、大框架之下往前推进的。再比如：制定国际战略，如何处理好中国与世界的双向互动关系，是治国理政需要精心把握的一个战略问题。邓小平始终从中国与世界的这样一个双向互动中来考察研究和解决问题。在《邓小平文选》当中有21次直接将战略概念用于国际、外交、对外开放方面。其中有两次直接使用了国际战略的概念，有4次直接使用了全球战略的概念。邓小平在论述国际问题时，更是大量使用战略、全球战略、国际战略以及战略意图、战略关系等概念，而且至少有13处使用了全球战略这样的词汇。所以，他从宏观上把握，提出了一系列重要的战略思想。在战略思维上，邓小平还特别具有开创性、创新性，善于出奇制胜。千里挺进大别山，就是在毛泽东的直接领导下，由邓小平领导实施的一个大战略。改革开放之后，他又提出了建立经济特区、建立社会主义市场经济、开发浦东、"一国两制"、韬光养晦、有所作为这样一系列战略思想。这些战略思想往往是常人所难以想象的，而小平同志鲜明地提出来，解决的都是中国带有战略意义的大问题。

第三，以江泽民同志为主要代表的中国共产党人的战略文化。这一代领导人同样也非常注意战略问题。比如说，江泽民同志在中央常委会上谈到工作的要求时就讲到："党和国家的工作千头万绪，我们必须善于抓大事，解决主要矛盾。常委是管全局，管方向的，主要的精力要放在抓战略问题、全局指导和宏观决策上。""把全局性的大事抓住了、抓好了，纲举目张，工作就能做得更好。"他还说："人无远虑，必有近忧"，要特别注意研究大国兴衰的规律问题。在世纪之交，他特别强调，研究下一个世纪的世界将会是什么样子，下一个世纪的中国将会是什么样子的问题。在实践当中，明确提出了一系列重要的治国方略，有的是坚持小平同志的战略方针、战略思想的。比如三步走战略，一方面继续坚持三步走战略，另一方面又提出了一个新的小的三步走战略。对外开放方面，坚持小平的对外开放战略，同时又紧紧抓住经济全球化的趋势，趋利避害，扩大开放，提出新的开发战略。除此之外，还第一次提出了科教兴国的战略，提出了可持续发展的战略，提出了区域协调发展战略等等，以及依法治国的方略。

在实际运作当中，体现出重要的治国谋略和中国特色。比如说，把正确处理改革、发展、稳定的关系，作为全局性的基本方针，而且善于协调，妥善处理各方面的关系，从战略上驾驭和整合各种力量。具有世界眼光、时代意识、开放精神和文明风度，思想解放，步子稳健，实事求是，不走极端，在化解和处置风险中前进等等，都很有特色。

第四，十六大以来中国共产党人的战略文化。十六大以来，在党中央的领导之下，我们国家、民族又进一步思考面临的重大战略问题，提出了一系列重大的战略思想。比如，科学发展观、构建社会主义和谐社会、建设创新型国家、建设社会主义新农村、加强党的先进性建设、提高党的执政能力、走和平发展道路、推动建设和谐世界等等，都是一系列重要的战略思想。在现实生活当中，在中国特色社会主义各项事业发展当中，也分别提出了经济、文化、政治、社会建设等方面的发展战略，内容非常丰富。前不久召开的党的十七大，应该说是一次战略思维的集中体现。胡锦涛总书记一再强调："要以战略性的思维和前瞻性的眼光来分析我们面临的形势，确定我们面向未来的任务，治理和勾画未来发展的蓝图，提出一些重大的战略举措。"从与我们战略文化直接有关的内容来说，这个报告在论述文化建设时，对文化给予高度的强调。比如，提出了兴起社会主义文化建设新高潮，推动社会主义文化大发展大繁荣，建设中华民族共有精神家园等等，进一步肯定了文化发展的重要性和紧迫性。那么，在文化建设里面还专门写了一个部分，叫做："弘扬中华文化，建设中华民族共有精神家园"。这一部分是过去历次党代会都没有出现过的内容，专门作为一个部分来书写，强调中华文化是中华民族生生不息、团结奋进的不竭动力。在这里提出，怎么认识和对待传统文化，要求使之与当代社会相适应，与现代文明相协调，要保持民族性，体现时代性。这里面对一些具体的工作也做了部署。还有，报告里面，我查了一下，除了总的都体现战略思维外，还有近30处直接使用了“战略”这样的词汇。具体分析直接使用这些战略字眼的内容包括这样几个方面：第一，在总结过去工作方面，提出并且贯彻科学发展观等重大战略思想，实施了全面建设小康社会的战略决策，实施了走出去战略，实施了现代化三步走的战略等等，这是总结过去。第二，继续抓住和用好战略机遇期，强调我们面临的机遇前所未有，挑战也前所未有。总的来说，仍然是机遇大于挑战，这要求我们抓住这样的战略机遇期，完成时代赋予的崇高使命。第三，要求坚持重大的战略思想，尤其是中国特色社会主义的理论体系，称科学发展观等等都是重大战略思想。第四，要求实施经济、社会、文化、政治发展方面的发展战略，这里面每个方面都使用了战略这样的字眼。比如说，科教兴国战略、人才强国战略，可持续发展战略，要大力推进经济结构战略性调整，强调提高自主创新能力，建设创新性国家，这是国家发展战略的核心，是提高综合国力的关键。要求实施知识产权战略，强调加快转变经济发展方式，推动产业结构优化升级，这是关系国民经济全局紧迫而重大的战略任务，要求把建设资源节约型、环境友好型放在工业化、现代化发展战略的突出位置，落实到每个单位、每个家庭，要求继续实施区域发展总体战略，要实施自由贸易区战略；要大力发展文化产业，实施重大文化产业项目带动战略，要培育文化产业骨干企业和战略投资；要实施扩大就业的发展战略，促进以创业带动就业；还要实施国家安全战略，健全国家安全体制，维护国家安全。这都是在经济、政治、文化、社会建设方面直接提到的要求实施的战略。第五，军事战略。这方面强调要必须站在国家安全和发展战略全局的高度，统筹经济建设和国防建设，在全面建设小康进程中，实现富国和强军的统一，还要求贯彻新时期军事战略方针，加快中国特色军事变革，要坚持科技强军，按照建设信息化军队，打赢信息化战争的战略目标，加快军队的建设等等。还要求研究新的历史条件下，建军治军特点规律和人民战争战略战术，繁荣和发展军事科学，这是军事方面。国际方面，要求统筹国内国际两个大局，树立世界眼光，加强战略思维，善于从国际形势发展变化中把握发展机遇，应对风险挑战，营造良好的国际环境。强调中国将始终不渝地走和平发展道路，这是中国政府和人民根据时代发展潮流和自身根本利益作出的战略抉择。表示中国将始终不渝奉行互利共赢的开发战略，表示我们将继续同发达国家加强战略对话等等。所以，十七大的战略思想极为丰富，战略文化非常深刻。

中国共产党战略文化有些什么特点？第一，内容异常丰富，领域十分广泛。这些内容、领域涉及到军事战略、政治战略、经济发展战略、文化发展战略、国家发展战略、国家安全战略、整体的国家战略，还有国际战略、全球战略。这些战略既包括革命的战略，又包括建设的战略、改革的战略；既包括国内的战略，又包括国际和对外的战略。第二，世界力量的互动非常明显。这些战略都不是闭门造车的空想，而是来自于实践，是实践的需要、实践的推动，然后成形于理论，从理性的高度加以整合形成庞大的战略思想体系。反过来又直接指导实践，构成了一幅蔚为壮观的战略大舞台。在这其中，领袖人物发挥了战略实践的带头作用，而革命群众则是各种战略的直接的实施者。第三，战略的规模与层次异常宏大。时间上，5 年、10 年、50 年甚至 100 年，考虑得非常久远，很多外国人都表示，在他们那几乎是难以想象的，他们没法也不可能考虑这么长远，但是中国做到了。空间上，举国、举军、举党总揽全局甚至涵盖全球，威武壮观、气势宏大。第四，充满着辩证精神。这样的战略是发展的，在不断的发展变化过程当中，充满着改革创新的精神。在内容上，各个部分，各种思想之间相互关联、相互影响，既抓全面又有重点，重点论与全面论相结合。而且矛盾双方是处在丰富而精彩的博弈之中。战略与策略，战略与政策紧密结合，而且富有战略上的艺术性，高度的战略艺术充分体现出来。第五，继承与发展，借鉴与创新相结合。吸收了大量中华民族的传统思想，也借鉴了国外的战略文化，但又立足于中国的国情，立足于现实，立足于时代，做了空前规模和深度的创造。所以，这是一个非常宏大的战略文化的宝库，需要我们不断地加以探索。

中华战略文化与科学发展观

中宣部哲学社会科学规划办主任　张国祚

我认为中华战略文化论坛举办得非常必要，这是一个很有意义的论坛。刚才听了李院长和纪校长的报告，很受启发，我也想从“中华战略文化”这个主题直接切入谈谈想法。

我们讲中华战略文化，首先就要考虑中华文化。中华文化是个全方位的概念，传统文化是其中的主要内容。对中华传统文化应当怎样认识呢？可能首先要考虑“中华”二字。我们中华民族有56个民族，不仅仅有我们汉族。那么什么是战略呢？我们所说的战略，最早的本意大概就是战争的谋略。现在看来，“战略”这个词已经被用得很宽泛了。大至国家，小至一个单位，都有个发展战略问题，所以应该这样界定“战略”，就是关于事业发展的全局性、根本性、长远性的思路和规划。这样来思考战略文化，则不仅在我们汉民族文化中有，恐怕在我们的各个少数民族和地域文化中也都有。比方说我们讲齐鲁文化、中原文化、黄河文化、长江文化、巴蜀文化、荆楚文化、东吴文化、陇文化，还有闽文化、草原文化、西域文化、雪域高原文化等等。如果把这样一些文化都考虑进来了，我们这个文化就将更具有全局性意义，更具有根本性意义，更具有长远性意义。讲到战略文化，那么是不是所有文化都可以称为战略文化呢？显然不是。只有那些关系到我们党和国家全局发展、根本发展、长远发展的文化才能叫作战略文化。但我想这样理解战略文化又是一种比较狭义的战略文化。从广义上来讲，文化的战略地位更重要。比方说党的十七大报告中讲，文化是增强民族凝聚力和创造力的一个重要环节，是国家综合国力的一个重要因素。这样来讲，这个文化就有更宽泛的意义。其实，战略文化和战术文化很难有一个泾渭分明的界线。有时看似局部的东西，但是它牵一发而动全身，只要我们抓住不放，这就是抓住了战略；有时看似表层的东西，但是深入下去，却能涉及到其根本，也就抓住了战略；有时看似眼前的东西，但是我们紧追不放，由近及远，那么这也是抓住了战略。这样来看，我们整个的文化都应该纳入到中华战略文化的研究视野当中。比方说，美国发动伊拉克战争，为什么那么迅速地拿下了伊拉克，靠什么呢？有人说美国军事武器非常先进，战略打击武器、精确制导武器、信息战武器非常先进，对不对呢？对，但是不全对。为什么不全对？美国发动伊拉克战争之前必须考虑：世界各主要大国在伊拉克都有什么样的战略利益，如果美国攻打伊拉克，这些大国会做出怎样的反应，伊拉克周边的阿拉伯世界会做出什么样的反应，伊拉克国内的各部族、各教派、各级军官和各级政府官员会做出什么样的反应。只有当他们把这些因素都考虑到了，才能够选择一个时机——这个时机就是发动伊拉克战争对美国最有利的时机。美国的这些考虑是什么？就是谋略思想。谋略思想是什么，就是我们中华战略文化的一个重要内容。美国现在在伊拉克处境非常艰难，想撤军不甘心，想留下来又天天挨打。美军在伊拉克的死伤人数已远远超过 3000 人。为什么美国顺利拿下伊拉克之后现在处境又这么艰难？美国国务卿赖斯的前安全顾问阿德尔曼说，美国在伊拉克犯了个同当年在越南同样的错误，那就是在发动这场战争之前，美国对伊拉克的政治、历史、文化等，都还没有研究透彻。前后对比美国在伊拉克的处境，说明了什么？说明美国在伊拉克成也得益于对文化的研究，败也受制于对文化研究的不透彻。政治、地理、历史这些东西都是文化的重要内容。对于一场战争的胜负，战略文化常常起着非常重要的作用，文化在战争中不仅是不可偏废的重要因素，有时甚至是决定性的因素。

文化对于一个国家的兴衰，实际上也具有重要的意义。比方说我们中国古代，正如刚才李院长、纪校长所讲的，我们的古代文化博大精深。古代人类的四大文明，即古希腊文明、古埃及文明、古印度文明和古代中国文明中，唯独我们中华文明能够一脉相承、代代相传、薪火不断，为什么？就是因为中华文化有着非常深厚的内涵，有着一种强大的生命力。而正是这种深厚的内涵和强大的生命力，才能够使我们中华民族世代延续，生生不息。这当中就包括了战略思想。而这种战略思想，不仅在孙子兵法当中有，春秋战国时期百家争鸣、百花齐放，可以说其中都有很多重要的战略思想。正是这些战略思想推动了中国社会的发展，乃至使古代中国在世界上长期处于领先地位。英国著名的科学史学家李约瑟博士在其著作中讲到，从公元 3 世纪到 13 世纪，中国科学技术的发展水平令西方望尘莫及。中国科学技术为什么在那个历史时期能够令西方望尘莫及？有很多因素，但其中确确实实得益于春秋战国以来那些战略思想的发展。这种战略思想包括如何修身、齐家、治国、平天下。可是到了近代以后，为什么中国急剧衰落了呢？深层的原因还是文化。从外部来讲，是因为西方的文艺复兴打开了西方人的眼界，打开了西方人的心胸，活跃了西方人的思想。于是，才有后来的地理大发现和资产阶级革命。再之后，才有工业革命。工业革命发生在 17 世纪到 19 世纪中叶，而这段时间，正对应着我们中国所谓的“康乾盛世”，但这里所说的“盛世”已是落日的辉煌。这个时候中国的传统文化已经进入了衰落期。这个衰落期在我看来，就是宋明理学之后，我们的传统文化越来越多了一些桎梏、多了一些限制、多了一些僵化。所以，到了19世纪，清人龚自珍有诗云："九州生气恃风雷，万马齐喑究可哀。"整个社会都是非常沉闷的。这正是我们文化衰落的一个表征。就是说，我们中国古代的领先得益于文化，近代以来的衰落也首先是文化的衰落。鸦片战争之后，林则徐委托另外一位爱国将领魏源编撰一部介绍西方政治、历史、文化、科学、技术等方面的图书。可见，这个时候林则徐已经意识到中国文化已经落后于西方。1842年魏源编撰了50卷本的《海国图志》，1847年又扩充成100卷本《海国图志》。据说，在当时有400万人有能力阅读这本书，但是却没有人问津。后来在1851年，这本书传到了日本，却被日本的维新派所赏识。佐井间相山和横井小楠看了之后，大受启发。他们特别赞赏《海国图志》中"师夷之长技以制夷"这样一种战略思想。《海国图志》启发了日本维新派，使他们完成了明治维新，从而使日本经过数十年就成为世界强国。这说明什么？说明文化可以兴邦。那么，我们中国到了19世纪末20世纪初是什么状态？那时候就连一个侵略中国的八国联军的军官都发出这样的感慨："做19世纪的中国人太悲惨了!"为什么太悲惨？19世纪之后，我们屡遭外国侵略，中国成为一个任人宰割的羔羊。所以，20世纪初，许多忧国忧民之士都在担心一个问题："中国会不会亡国灭族?"所幸20世纪结束了，中国不但没有亡国灭族，而且中华民族伟大复兴的曙光已经在东方地平线上高高升起。什么原因？原因很多，但是，最重要的一条就是：马克思主义的传入，使中国共产党找到了救民族出苦难的真理。正是在马克思主义的指引下，我们推翻了帝国主义、封建主义、官僚资本主义三座大山，建立了新中国，走上社会主义道路，又实行改革开放，才取得今天的伟大成就。马克思主义是什么，马克思主义就是当代中国文化当中最核心的内容。

既然马克思主义如此重要，我们研究中华战略文化，就不能不研究马克思主义，或者说我们就不能不坚持以马克思主义为指导。那么，我们坚持什么样的马克思主义呢？就应该是当代中国化的发展着的马克思主义。这个当代中国化的发展着的马克思主义，就现实来讲，最重要的就是科学发展观。我们党中央已经把科学发展观作为一种重大的发展战略思想提出来。我看这个重大的战略思想，正是我们中华战略文化当中最核心的内容，非常值得研究。比方说，它强调以人为本。以人为本是中华民族传统文化当中的思想。孟子讲："民贵君轻，社稷次之。"西方文艺复兴后也强调"人本"思想。我们党现在所强调的以人为本，要比中国古代的民本思想，要比西方文艺复兴时期的人本思想，都具有更深厚更科学的内涵，也有本质区别。最大区别是：我们党强调的是以最广大人民的根本利益为本。用毛泽东同志的话来讲就是全心全意为人民服务，这样做当然得人心，这不是战略思想吗？当然是。用邓小平同志的话来讲，要把人民满意不满意、赞成不赞成、答应不答应、拥护不拥护、反对不反对，作为我们制定一切战略原则的出发点，这还是战略思想。用江泽民同志的话来说，要把实现好、维护好、发展好最广大人民的根本利益，作为我们党政策的出发点和落脚点，这也是战略思想。用胡锦涛同志的话来说，就是发展为了人民，发展依靠人民，发展的成果与人民共享。这当然是对党的三代领导集体战略思想的继承和发展。党的十七大报告中讲，科学发展观的第一要义是发展。离开了发展，还讲什么科学发展观。我们这里所讲的发展，还要一如既往地坚持以经济建设为中心，坚持发展是硬道理，坚持发展是执政兴国的第一要务。科学发展观的基本要求是全面、协调、可持续，这三个词是最能突出战略的涵义。我们强调全面，就是要求我们思考国际国内形势、作出重大战略部署时，一定要有个全局观。例如，国内的发展必须有全局观，不仅经济要发展，政治、文化、社会都要发展。不仅东部要发展，中部、西部也要发展，方方面面都要发展才能称之为全面发展。那么这种协调呢，应当是相互支持、相互配套、相互补台的，而不是相互掣肘、相互扯皮、相互干扰的，这才叫做协调。强调可持续，就是要求我们在思考发展的时候切忌不要杀鸡取卵，不要竭泽而渔，不要吃子孙饭断子孙路，不要只顾眼前不顾长远，而要追求永续的发展。那么，科学发展观又强调根本方法是统筹兼顾。关于统筹兼顾，十七大报告中也讲得很明确。统筹城乡发展，统筹区域发展，统筹经济社会发展，统筹国内发展对外开放，统筹人与自然和谐发展，还有统筹眼前利益和长远利益、局部利益和全局利益等等。这些思想，无论是发展经济，还是发展政治、文化、社会，或是发展军事，都堪称为不折不扣的战略思想。我想，我们中华战略文化论坛，也应当把我们当代中国发展着的马克思主义，即邓小平理论、“三个代表”重要思想，特别是科学发展观，作为我们重要的研究内容。

中华民族优秀文化传统中的统一观

中华战略文化论坛 彭光谦

孙中山先生曾经指出："中国是一个统一的国家，这一点已牢牢地印在中国历史意识之中。正是这种意识，才使我们作为一个国家被保存下来，尽管它过去遇到了许多破坏的力量。"

对于中华民族来说，统一并非一般的政治选择和一时的政治诉求，而是在千百年华夏历史长河的积淀中形成的一种强烈的历史意识，是牢牢植根于中华五千年文明沃土之中的民族情感，是中华民族世代相承的基本社会理念和普遍的价值观，是中华民族优秀文化传统的核心与精髓。

一

中华民族统一观的形成不是偶然的，它有着深厚的社会政治、经济、文化基础。

就地缘特征而言，中华民族世代生息繁衍的华夏大地位于亚洲东部，太平洋西岸，它是一个四周有天然阻隔，内部构成体系完整的地理单元，具有广袤性、一体性和相对的封闭性。它西北耸立的帕米尔高原，在古代几乎是难以逾越的地理极限，西南横卧世界最高山脉——喜马拉雅山，成为中国与南亚的天然分界；东临万顷波涛，北部是无边无际的荒漠与冻土。在这个与外部世界相对隔绝、相对独立的空间里，诸夏与四夷共同构成“天下”。多民族内向凝聚，相互依存，休戚与共，很早就形成了中华民族多元一体的生命共同体。

就经济特征而言，在华夏大地，北方游牧民族、狩猎民族、南方农耕民族三大民族分布带以及农牧两大类型经济和文化相互渗透、相互结合，但它的主体部分是以黄河流域、长江流域为中心的农耕文化。以小农经济为主体的自然经济长期居于主导地位。在小农经济下，水利是农业的命脉。小农经济的弱小性与分散性，又使其在严酷的自然灾害以及残酷的社会兼并面前无能为力，难以有效地保护自己，因而迫切要求打破分散割据状态，在全流域建立统一的权威，以集体的力量，抵御自然灾害，统一管理水利灌溉，同时防止大规模土地兼并和社会财富的不合理分配。这是以黄河文明与长江文明为中心的华夏文明中统一思想产生与发展最深刻的经济根源。

就文化特征而言，与西方长于实证思维、个体思维不同，中华民族先民在认识自然、改造自然的过程中，很早就形成了从整体上、宏观上观察事物的思维方式。习惯于“仰以观于天文，俯以察于地理”，“通天下之志，成天下之务”，“与天地合其得，与日月合其明，与四时合其序”，强调“天人合一”，“协和万邦”，这种东方整体思维无疑是孕育中华民族统一观的思维底蕴。

正是在这种独特的社会政治经济文化基础上，炎黄子孙日益融合，华夏文化圈日益扩大，大一统的观念日益深入人心。中华民族以龙为图腾，自称为龙的传人。龙集鹿角、驼头、蛇身、蜃腹、牛耳、虾眼、马鬣、鲤鳞、鹰爪、虎掌、狮尾于一身，是组成中华民族大家庭多民族图腾的集合体。它既是中华民族大融合、大团结的象征，也是中国大一统思想的集中体现。

二

自有文字记载以来，中国历代贤哲、有识有为之士对统一思想的阐发与探求史不绝书。

春秋战国时期是中国历史上的大分裂时期，也是统一思想的初创时期。大思想家孔子面对“礼崩乐坏”的局面，大声疾呼“礼乐征伐自天子出”，反对“礼乐征伐自诸侯出”。他尊王攘夷，力求维护统一的政治局面。在他整理修订的《春秋》一书中，寓大一统思想于微言之中。《春秋·公羊传》载曰：“何言乎王正月？大一统也。”这是大一统思想最早的文字根据。

在春秋时期的列国纷争中，人们渴望天下安定。史载魏襄王问政于大思想家孟子：“天下恶乎定?”孟子明确回答：“定于一。”提出了以统一安定天下的理念。战国时代的政治家吕不韦也明确主张“一则治，两则乱”（《吕氏春秋》），强调统一是天下大治之本，分裂乃祸乱之源。大思想家荀子也同时提出了“四海之内若一家”的政治理想。这些无疑是那个时代对统一的理性呼唤。

春秋诸侯攻伐不已，战争价值观纷然杂陈。到秦代，有关战争性质、目的、手段的种种争论逐渐在大一统的目标下形成共识。统一逐渐成为社会普遍接受的判断战争合理与否、正义与否的最高标准。荀子的学生秦朝廷尉李斯第一次打出统一战争的旗帜，为秦始皇制定“灭诸侯，成帝业，为天下一统”的政治蓝图与战略构想（《史记·李斯列传》），秦始皇欣然接受。仅二十余年，秦即扫灭六国，统一天下，创建中国第一个中央集权的统一的多民族封建国家，开创中国历史大统一新纪元。秦始皇满怀豪情壮志，四次东巡，每到一地即刻石立碑，称“皇帝之德，存定四极”，“并一海内，以为郡县，天下和平”，“阐并天下，永偃戎兵”，“皇帝休烈，平一宇内，德惠修长”（《史记·秦始皇本纪》），反复颂扬自己“兴义兵，平定天下”的辉煌业绩，广泛传播统一战争就是义战的价值观和政治准则。

如果说秦始皇第一次在实践上赋予统一以丰富生动的政治内涵，那么西汉哲学家董仲舒则第一次把统一提高到历史发展客观规律的理论高度。他在《贤良对策》中阐释《春秋·公羊传》的“大一统”思想时，提出：“春秋大一统者，天地之常经，古今之通谊也。”他强调统一是历史发展的必然趋势，只有坚持统一才能顺应历史潮流。以董仲舒为代表的汉代新儒学把“大一统”发展为天人合一的政治理论，要求以此统一全国上下的思想，由“正心”，进而“正朝廷”、“正百官”、“正万民”、“正四方”，实现君临天下的大一统宏图。这一理论为汉武帝所采纳，并成为汉武帝北击匈奴，开疆拓土的政治思想武器。虽然汉武帝死后，盐铁会议对汉武用兵得失展开了激烈的争论，但争论的焦点不是实现大一统战略目标，而是实现大一统目标的手段与方式。

秦汉以降，统一思想确立了它的主导地位，并成为中国历代有抱负有作为的政治家治国安邦的基本理念。如隋朝建立者杨坚提出“天下大同，区宇一家，烟火万里，百姓平安，四夷宾服”的纲领（《隋书》卷一，《高祖下》），在大一统思想指导下，结束了东汉以来纷乱局面，重建大一统政权。又如“素怀济世之略，有经纶天下之心”的唐高祖李渊，在统一全国后，坚持以“天下一家”，“胡越一家”为立国之基。唐太宗李世民继承与发展了其父“天下一家”的思想，强调王者应“以天下为家”（《贞观政要》），并反对“贵中华贱夷狄”的狭隘的民族主义，坚持对各民族“爱之如一”，表现了海纳百川的宽阔胸怀与经天纬地的鸿图大略。这是唐代中国大一统局面空前繁荣的重要思想原因。直至近代，中国屡遭列强入侵，面对中国一天天国土沦丧，陷入空前的生存危机，著名维新派代表康有为疾呼“中国只有一个，万无分立之理”。伟大的民主主义革命先行者孙中山先生也坚定地指出：“统一是中国全体国民的希望，民之所欲，天地从之。”正是孙中山先生顺应民意和历史潮流，高举义旗挽狂澜于既倒，为近代中国的统一事业建立了不巧功绩。

三

在中华文明的发展史上，汉族是中华民族大家庭中的主体，黄河流域所在的中原地区是统一的多民族国家的中心。正是由于有这样一个主体民族和中心地区的存在，才使国家的统一和民族的团结具有更大的凝聚力和向心力。但是这绝不意味着中国统一观的形成和发展，中国统一的政治局面的产生与维护只是中原地区汉民族的事。恰恰相反，包括汉民族和其他少数民族在内的各个民族在国家的统一和民族的团结上有着共同的信念，各个民族都为国家的统一作出过自己的独特贡献。

南北朝时期，统一中国北方的鲜卑族拓跋部皇帝北魏太武帝拓跋焘素怀大志，并不以鲜卑族是少数民族而自外于中华民族大家庭。他坚定地主张“廓定四表，混一戎华”，终身以实现各民族的大团结、大融合、大统一为己任。太武帝之后，北魏孝文帝拓跋宏也大力倡导汉化改制，改鲜卑姓氏为汉姓，改变鲜卑风俗、服制、语言，奖励鲜卑和汉族通婚，积极推动各族人民的融合，为后世隋唐的大统一奠定了坚实的基础。十六国时期夏的建立者匈奴族铁弗部赫连勃勃、十六国时期汉国的建立者匈奴族刘渊、十六国时期前燕国君鲜卑人慕容皝、西魏大臣鲜卑人宇文泰都公开宣称自己是炎黄子孙。这种各民族久远的同根事实与同根意识，是维护国家统一和民族团结的强大的原动力。

宋辽金元时期，先后崛起于中国北部的女真族、契丹族和蒙古族，不满足于局处一隅，而是以“一天下”为目标，力求入主中原，把对宋的战争视为更大规模融合的统一战争。女真族完颜部首领金太祖阿骨打在动员全军将领攻打辽兵时就是以统一为诉求，称“辽政不纲，人神共弃，今欲中外一统，故命汝率大军以行讨伐”（《金史》卷二《太祖记》）。金太祖之孙完颜亮1153年迁都燕京，他在对宋作战的准备中，举起“万里车书一混同”（《三朝北盟会编》卷242）的政治旗帜，为攻宋战争进行政治定位。在辽阳自立的金世宗完颜雍也提出了“天下如一家”的口号，以争取政治上的合法性。蒙古族首领元世祖忽必烈1264年移都燕京，称大都，1272年改国号为“大元”，是为元朝。忽必烈解释之所以定国号为元，寓意为“大哉乾元，以定一统之制”，“见天下一家之义”（《元史》本纪四）。忽必烈在位期间，先后将吐蕃、大理国纳入中央版图，设置澎湖巡检司，加强了对台湾的管理，在奴儿干设置东征元帅府，加强东北边境地区管理，巩固和发展了中国统一的多民族国家。

16世纪末，满族崛起于我国东北，1644年清军入关，从农民起义军手中夺取了政权，确立了对全国的统治。清统治者完全继承了传统的大一统思想，把巩固和发展多民族国家的统一视为头等要务。努尔哈赤第十四子，多尔衮统兵入关之初就提出了进取中原，“混一区宇”（《明清史料》丙编第一本）的主张，以建立全国统一政权为战略目标。当以英王阿济格为首的部分满族贵族要求放弃中原，还守沈阳或退保山海关时，多尔衮针锋相对予以批驳，认为“既得中原，势当混一”（吴晗辑：《朝鲜李朝实录中的中国史料》上编）。康熙在统一中原地区后，即着手经略边疆，坚决打击分裂叛乱活动，他提出要“合天下之心以为心，公四海之利以为利”。乾隆也强调“我朝家法，中外一体”。尤其是雍正在位期间，对不利于国家统一和民族融合的传统的“内中华而外夷狄”的“华夷论”进行了坚决的批判。雍正强调指出：所谓华、夷本只是一种地域概念，“本朝之为满洲，犹中国之有籍贯”，“夷之字样，不过方域之名”（《清世宗实录》卷130），并非中外之分。大一统是中国的传统。满洲入主中原，君临天下，开疆拓土，不仅继承了中国大一统的传统，也在更高层次上，开创了中国统一的新局面。他说：“中国之一统，始于秦；塞外之一统，始于元，而极盛于我朝。自古中外一家，幅员极广，未有如我朝者也”（《清世宗实录》卷83）。当此天下一统，华夷一家时，再讲华夷之分，“妄判中外，谬生忿戾”，无疑“逆天悖理”，违背中国历史发展的大趋势。

四

在中国的历史发展中，虽然政治上有过几次短暂的治权分立的局面，但中国大一统的思想从未因此而中断。在分裂状况下，人心依然向往重归统一。甚至可以说，越是在分裂时期，人们统一的愿望越是强烈，要求统一的呼声就越高。南宋著名诗人陆游，面临山河破碎写下了“死去原知万事空，但悲不见九州同。王师北定中原日，家祭无忘告乃翁。”的著名诗篇。国民党元老于右任先生有感于海峡两岸长期未能统一，写下了脍炙人口的《望大陆》：“葬我于高山之上兮，望我大陆；大陆不见兮，只有痛哭。葬我于高山之上兮，望我故乡；故乡不可见兮，永不能忘。天苍苍，野茫茫；山之上，国有殇！”声声是血，字字是泪，集中反映了中华民族五千年凝聚的华夏一家，不可分割的深厚的民族情感。

在短暂的分裂状态下，即使当事各方也并不认为分裂是一种正常状态。他们所追求的不是分裂状态的长期化、固定化，而只不过是争夺“正统”的名号，争夺重建统一的合法地位与资格。

三国时期，尽管魏蜀吴各据一方，但三方都以统一天下为最终目标。曹操为成就统一霸业，刻意迎合人心，奉迎天子，“挟天子以令诸侯”，给自己罩上一层合法与正义的光环。鲜卑鹰扬将军慕容翰评论说：“自古有为之君，莫不尊天子，以从民望，成大业。”（《资治通鉴》卷 87）刘备以诸葛亮为辅佐，虽暂居巴蜀，但始终信奉“汉贼不两立”，“王业不偏安”，他以大西南为战略基地，一再出兵北伐，其目的也在于“复兴汉室”，北定中原，统一中国。东汉初年陕西扶风人窦融原本联合酒泉、敦煌等五郡，割据河西，称行河西五郡大将军事，为成就统一大业，毅然放弃割据之尊，归服刘秀，并协助刘秀攻灭在天水、武都、金城等郡拥兵自立的西州上将军隗嚣。维护了西北边陲的统一与稳定。

五代时期，后周领导人，周世宗柴荣身居汴州，胸怀天下，反对割据，立志“十年开拓天下，十年养百姓，十年致太平”，励精图治，开拓疆土，先后取后蜀四州、南唐江淮地区十四州、北部收复莫、瀛、易三州，为北宋的统一奠定了基础。

在中国历史上短暂的分裂时期，不仅有作为的政治家致力于统一事业，整个社会心理也不认同分裂局面，而仍然从整个中国的角度看问题。例如南北朝时期，有重要学术价值的《水经注》、《文心雕龙》、《文选》等著作的编撰内容，都不以当时某一小朝廷的统治区域为界，而始终站在中国全局的高度分析问题，收录文章，考察地理。

即使流徙在异域的中华民族子孙，他们无不心怀赤子之心，向往祖国，盼望回归中华民族大家庭。明末游牧于伏尔加河下游的蒙古族土尔扈特部落不畏重重困难，辗转几千里，历经数代，途中牺牲几万人，最后在首领渥巴锡的带领下回到中国。乾隆在承德避暑山庄接见了渥巴锡，至今在承德仍保存有乾隆亲笔题写的渥巴锡回归纪念碑。

中华民族各族儿女都把维护国家的统一和民族的团结当作自己的神圣使命。1894 年日本挑起蓄谋已久的甲午战争，第二年日本逼迫清政府签订《马关条约》，强行割占中国领土台湾。消息传来，台湾广大民众痛心疾首，“誓不从倭”。以丘逢甲为代表的台湾爱国士绅，为不使台湾落入外敌之手，被迫宣布自主保台。他们在文告中明确指出：“台湾疆土，荷大清经营缔造二百余年”。“台湾属倭，万众不服”，他们称之所以不得已宣布自主“无非恋戴皇清，图固守以待转机”。大将军刘永福在《盟约书》中宣布：“民为自主，仍隶清朝，以为大清之臣，守大清之地，分内事也，万死不辞。”为此他们定年号为“永清”，寓“永隶清朝”，“永戴圣清”，“感念列圣旧恩，恭奉正朔”之意。并依清朝黄龙旗式样，作蓝地黄虎旗，隶龙旗之下。这是台湾军民以当时可能采取的特殊形式维护祖国统一、反对割裂的空前爱国壮举。

辛亥革命后，当帝俄策动外蒙古宗教首领哲布尊丹巴宣告独立时，内蒙古西部 22 部 34 旗王公 1913 年初在呼和浩特召开西蒙古王公会议，庄严声明：“数百年来，汉蒙久成一家”，“我蒙同系中华民族，自宜一体出力，维持民国”（《西盟会议始末记》）。这可以说是中国少数民族向世界宣告中国统一不容破坏，中华民族大家庭不容分割的又一个政治宣言。

五

中华民族优秀文化传统中根深蒂固，源远流长的统一思维与西方文化传统中的分裂思维形成鲜明对比。早在两千年前，在人类的大本营欧亚大陆上就形成了两条根本不同的历史发展轨迹。中国自秦以来两千多年的发展历程中，统一始终占主流，尽管有过几次短暂的分裂，但每次短暂的分裂后，总是复归于统一，而且一次比一次统一的程度更高，范围更大，时间更长。当中国汉王朝走向更大规模的统一时，同一时期彻底摧毁氏族制度而进入文明时期的欧洲以罗马帝国的解体为发端，开始了长达千年的绵延不断的分裂过程。欧洲持续不断地对河流、山脉、平原进行分割，持续不断地在地理、生态、历史、人种、宗教、文化、语言的整体上划上越来越多的国界（参见《中国评论》1999 年 10 月迷都文章“李登辉的两国论是丧邦之言”）。如果说大一统思想是中国传统文化中的优秀遗产，“分而治之”则是欧洲文明的一大发明和重要特征。欧洲在把自己瓜分得支离破碎之后，又把这一欧洲“文明成果”推广与应用到全世界。印度次大陆的分治，两德的分治、朝鲜半岛的分治、甚至台湾海峡两岸至今仍长期分隔的局面，在不同程度上都可以说是西方“分而治之”政治哲学的产物。

青山遮不住，毕竟东流去。与西方文化中的“裂变”思维相比，中华文化中的“聚变”思维毕竟是人类发展的大趋势。今天连欧洲也止分为合，走上了一体化的道路。正在实践两百年前华盛顿关于“欧洲合众国”（United States of Europe）的预言。那么，把统一看得比生命还宝贵的中华民族的崛起与中国的完全统一，难道还会远吗？

中华战略文化在当代的发展

南京国际关系学院教授 周桂银
南京海军指挥学院副教授 段廷志

中国战略文化传统悠久，内容丰富。冷战结束后，随着经济实力进一步发展，国际地位和国际影响进一步增强，国际义务和国际责任进一步明确，中国战略文化在继承传统的同时，得到了与时俱进的创新，其世界观日渐开放、和平发展观不断深化、战略认知和战略选择更趋客观理性，表现出一个伟大的文明古国和发展中的地区大国的自信、包容和理性。

一、日渐开放的世界观

中国战略文化向来具有关注其自身周边乃至世界的“天下情怀”。英国著名历史学家阿诺德·汤因比曾把中华民族在漫长的历史长河中逐步培养起来的“世界精神”视为对未来世界产生重要影响的历史遗产。[1] 汤因比所说的“世界精神”，其实是古代中国人的“天下观”。它有两层含义：一是在战略视野上涵盖中国人地理视野的极限。如《礼记》所谓“以中国为一人，以天下为一家”，意味着要超越一国一族，构筑一个和谐有序的世界。二是在战略理念上包含着一系列价值理念和理想。《礼记》说：“大道之行也，天下为公。选贤与能，讲信修睦……是故谋闭而不兴，盗窃乱贼而不作，故外户而不闭，是谓大同。”所有这些，都具有强烈的道德性，指出了中国战略文化传统中的道德主义和理想主义。

这种兼具现实关怀和道德理想的“天下情怀”，为近现代和当代中国所继承和发展。[2] 近代时期，中国的“天下观”一度呈现出视野拓展和理念封闭的悖反趋势。一方面，欧美列强的入侵使中国意识到原来所谓的“天下”只是东亚一隅、世界之一部分；另一方面，国家和民族生存危机使很多中国人原有的天下情怀让位于自我拯救。现代时期，中国共产党人把共产主义理念和民族传统价值中的“大同思想”结合起来，得以创造出更为宏观、开放的世界观。[3] 中国共产党人将马克思主义与中华民族的解放相结合，将中华民族的解放及其胜利看作是走向世界大同的第一步。新中国建立后，中国共产党人的世界观仍兼具现实主义视野和道德主义追求，先后提出“中间地带”、“三个世界”等重要理论。

---

① ［日］池田大作、［英］阿诺德·汤因比：《展望二十一世纪》，荀春生等译，国际文化出版公司，1999年版，第277页。

② 宫玉振：《中国战略文化解析》，军事科学出版社，2002年版，第210—224页。

③ 如毛泽东在青年时代就真心向往“世界大同”、“太平大同”。他在接受马克思主义以后，批判地继承了中国古代的“大同”思想，赋予马克思主义世界观以中国特色。毛泽东：《论人民民主专政》，《毛泽东选集》第4卷，人民出版社，1960年版，第1365页。

20世纪80年代开始的改革开放，为中国世界观的再创新提供了新的历史机遇。尤其是冷战结束后，随着国力的不断提升，中国人的民族自信大大增强，思想空前解放，在继承传统“天下观”并坚持马克思主义原理的同时，在全球范围内吸收更多的文化精华，创造出更为宏大、更有睿智的世界观。最为突出的是，2005年9月15日中国国家主席胡锦涛在联合国成立60周年首脑会议上提出了构建“和谐世界”的理念。[①]“和谐世界”主张是中国新的世界观的伟大创举。首先，它超越了意识形态界限和人类文明界限，体现出空前的包容性，不仅可立于更高的层面俯视欧美世界观，而且容易被世界人民所理解和接受。其次，它与中国在内政领域提出的构建“和谐社会”相通，与中国一贯奉行的和平共处五项原则基本精神相一致，体现出中国战略观念的完整性和诚实性。再次，它根植于中国传统文化，在实践中可以获得持久的民族精神动力。“和谐世界”的概念和内涵表明，中国人正日益以自信、仁和、包容和理性看待当今世界，处理中国对外关系和国际事务。

二、不断深化的和平发展观

谋和平是中国战略文化传统的主流。战国时期，长期的战乱使民生困苦，催生了墨子“兼爱”、“非攻”的思想，后来中国的儒教文化吸收了其中的要素，形成了以“仁”为核心的经世治国观念。在此后的历史长河里，中国的发展一直立足于农业社会的

---

① 胡锦涛：《努力建设持久和平、共同繁荣的和谐世界——在联合国成立60周年首脑会议上的讲话》，《人民日报》2005年9月16日第一版。

辛勤耕耘，坚持非暴力与非扩张的对外政策和国防战略，而没有以战争、扩张和掠夺而强兵富国的现象。在近代，中国的和平发展模式遭到欧美社会达尔文主义的严峻挑战，面对殖民主义的坚船利炮和侵略扩张，中国丧权辱国，几近亡国。在此情况下，中国部分文化人流露出对欧美强权思想的艳羡，但另一方面，中国战略文化主流却拒绝接受欧美弱肉强食的原理。康有为在《大同书》中指斥欧美社会达尔文主义说："若循天演之例，则普大地人类，强者凌弱，互相吞噬，日事兵戎，如斗鹌鹑然，其卒也仅余强者之一人，则卒为大鸟兽所食而已。"①弱肉强食的强权政治逻辑使欧美国家在两次世界大战中付出了惨痛的代价，中国也从中汲取了深刻的教训。

新中国建立后，中国继续坚持维护和平，坚持和平共处五项原则，奉行独立自主的和平外交政策，宣布不扩张、不称霸。20世纪80年代，中国主要领导人邓小平同志敏锐抓住了时代变化的特征，提出了和平与发展的时代主题。同时，随着中国经济迅速发展、国际地位和国际影响进一步提高，中国的发展走向引起世界的普遍关注。特别是在冷战结束后，经济全球化进程加快，中国经济在迅速发展的同时日益融入世界经济并对全球影响逐渐增强，中国以及世界都必须回答一个重大问题：中国发展起来之后是否还会继续走和平之路？在外交实践上，中国继续坚持和平共处五项原则，始终奉行独立自主的和平外交政策，高举和平、发展、合作的大旗，致力创建和谐世界。在理论上，中国进一步发展了和平发展观。2005年11月9日，中国国家主席胡锦涛在伦敦发表演讲，从中国国情、历史文化传统、世界发展潮流三个角度阐述了中国和平发展观，指出中国选择和坚持的是和平发展道路，中国的发展是和平的发展、开放的发展、合作的发展；坚持

① 康有为：《大同书》，上海古籍出版社，1965年版，第286页。

走和平发展道路，就是既通过争取和平的国际环境来发展自己，又通过自己的发展来促进世界和平，永远做维护世界和平、促进共同发展的坚定力量；中国将主要依靠自身力量和改革创新来实现发展，同时坚持对外开放的基本国策，在平等互利的基础上同世界各国开展交流合作，努力实现互利共赢。[①] 胡锦涛的这个演讲，标志着中国创造了一种积极、开放、合作的和平发展模式，即为发展而寻求和平，通过发展维护和平，在发展合作中创造和平。

三、客观理性的战略认知与战略选择

冷战结束以来，中国对国际环境的判断，始终坚持邓小平关于时代主题的基本认识，以积极的、发展的态度看待国际战略环境的变化。[②] 如冷战结束之初，中国对国际形势的基本判断是："苏联解体标志着两极格局的终结，世界正朝着多极化方向发展。在一个较长的时期内，新的世界大战有可能避免。但是，各种不稳定因素增加。一些国家和地区政治、经济、社会危机深重，民族分裂、武装冲突加剧。南北贫富差距进一步扩大。霸权主义和强权政治依然存在。……世界范围内的经济竞争日益激烈。天下

① 胡锦涛：《在伦敦金融城市长萨沃里举行的欢迎晚宴上的演讲》，《人民日报》2005年11月11日第一版。

② 这是冷战时期中国国际战略判断的进一步发展。关于冷战时期中国对国际战略环境的认知和判断，参见张沱生主编：《环球同此凉热——一代领袖们的国际战略思想》，中央文献出版社，1993年版。

并不太平，世界人民所渴望的和平与发展仍然面临着严峻挑战。”① 进入新世纪，中国对国际形势的判断愈益向客观、理性和稳健的方向发展。江泽民在中国共产党第十六次代表大会上提出：“和平与发展仍是当今时代的主题。……但是，不公正不合理的国际政治经济旧秩序没有根本改变。影响和平与发展的不确定因素在增加。传统安全威胁和非传统安全威胁的因素相互交织，恐怖主义危害上升。霸权主义和强权政治有新的表现。民族、宗教矛盾和边界、领土争端导致的局部冲突时起时伏。南北差距进一步扩大。世界还很不安宁，人类面临着许多严峻挑战。”②

在日益客观理性的战略认知基础上，中国始终坚持改革开放的基本国策，坚持“韬光养晦，有所作为”的对外战略。20世纪90年代，中国对外战略总体上倾向于“韬光养晦”。进入新世纪，随着自身实力的发展，中国愈益敏锐地把握住本国与国际社会的互动，更加清醒地意识到自身国际责任的增加，在“韬光养晦”和“有所作为”两者之间找到了恰当的平衡点。坚持“和平发展观”，积极挖掘、发展和利用本国的软硬实力资源，承担起一个大国的责任，赢得国际社会对中国发展的理解和支持。总体上，当前中国的对外战略已经从顺应环境、抓住机遇逐渐向塑造环境、创造机遇转变；在坚持以国家经济发展为重心的同时，逐渐顾及到国际地位的提高、国家尊严和国家利益的增进。中国国家战略的基本目标未变，但内涵更加丰富了。

---

① 李鹏：《政府工作报告——1993年3月15日在第八届全国人民代表大会第一次会议上》，《人民日报》1993年4月2日第一版。

② 江泽民：《全面建设小康社会，开创中国特色社会主义事业新局面——在中国共产党第十六次全国代表大会上的报告》，人民出版社，2002年11月版。

夯实中华民族文化基石 强化营造大文化的氛围

中央电视台高级编辑 吴济榕

伟大的哲人曾经说过：一个民族的文化就是这个民族的灵魂。中华民族五千年博大璀璨的文化，造就了无数位杰出的民族英雄和优秀人物，拯救了灾难深重的民族，创建了伟大的中华人民共和国，推进了中华民族的繁衍发展，推进了中华民族的文化、道德、民俗、民风的深化和传承。然而，社会现代化的发展，却给中华民族的文化传播和发展带来极大困惑和挑战，面对全球性的现代数字文化、网络传播文化快速发展和冲击，我们不能不看到民族文化的基石在颤抖，民族文化的价值趋向和发展空间在日益萎缩，西方文化及价值观的大举渗透和扩延，已经在“80”后的青年人心中产生影响。因此，研究和思考中华战略文化，是今天关系中华民族发展迫在眉睫的大事，是当务之急，是非常重要的。下面我谈谈自己对这一问题的一些思考和想法。

一、抓住奥运契机 夯实民族文化基石 运筹文化战略

2008年的北京，奥运会的举办是全方位大力宣传中华民族文化的绝好契机，不仅展示中华民族悠久的历史文化和人文文化及大好河山，更重要的是彰显中华民族的品格、品行、品风，彰显改革开放后中国人的精神风貌和文明行为。为了这一切，全国人民都动员起来了。我们充满希望和信心，等待奥运的火炬再次燃起民族的精神火炬，提升民族综合素质，强化民族文化的传播。但是，三十年的经济迅猛发展，国民经济综合指数大幅度的上升，在人民生活富裕的同时，我们不能不看到民族的文化道德和精神信誉度都出现了偏差。传承和发扬民族文化，每个重大历史事件的契机都是传承的起点，起点与延续是一个艰难的庞大“精神教育”工程。在这个教育工程中，我们的民众做得十分可爱和动情。他们知道，财富的传承富不了几代，只有民族文化道德和精神的传承才能润泽子孙万代。民族文化的传承从孩童抓起，各地民间都自发成立孩童的《国学课堂》《淑女学堂》等学校，其教育的文化行为层出不穷。例如：在北京亚运村安惠东里一栋普通居民楼里，有一个“国医启蒙和入门免费学习班”。这里的学生大部分都是五六岁的学生，学习班的创办人杨志勋是位年过古稀从医几十年的老中医。他说最初的学生是诊所的小病人，后来许多家长慕名而来，学生也增加到40多名。杨老先生开这个学习班就是想让小娃娃从小了解国医文化，课程中安排了很多华佗、孙思邈等大医学家的从医故事。希望能让这些孩子从小就明白“学医先学道”、“做事先做人”的道理，杨老先生的心愿也赢得

孩子们的喜欢，许多家长都反映通过这样的学习，孩子都变好了。有位家长说他的儿子在没有上国医班时性格特别霸道，不愿和别人分享自己的东西，现在学习后不仅主动帮助别人，而且还特别能静下心来，自制力也比以前强多了。现在这个班已经超满员，杨老先生准备再招收50名学生，却来了300多名学生报名，可见家长和孩子喜欢的程度。且不说专家对此颇有担忧和微词，从杨老先生尽微薄之力用这样的形式传播中华民族的国医文化精神，还是可敬可嘉的。看看我们的孩子吧，80年代和90年代出生的孩子，父母尽心尽力帮助他们出国留学，希望能学习些西方文化的文明和思维，将来回来报效国家、发展国家，或者能梦想孩子在西方发展淘到幸福的生活。再看看现在21世纪出生的孩子，父母却急不可耐地让他们从三四岁学习传统的民族文化，学习“三字经、千字文、百家姓”，学习孔孟之道，学习国粹中医文化。在家长心目中认为这是培养孩子成长成材的出路，是奠定做人的思想品格基础。不仅如此，现在许多四五十岁的中年人也特别喜欢看韩国的电视剧，据中央电视台国际部的同行介绍，中央电视台在第八套电视剧频道晚上11点播出的韩剧，收视率高达35%，比一套的黄金时段的国产电视剧收视率都高。即便重播收视率也很高，像《洗澡堂的男人》、《看了又看》、《乞丐王子》等韩剧，许多家里是婆婆和儿媳同时收看，也有是夫妻双双把剧看。是什么原因能让韩剧在中国这么有人气？虽然有许多人对韩剧抱怨节奏拖、语言絮叨，但是从收视调查中看丝毫不影响其收视率。我们仔细解剖韩剧的剧情，就会看到在剧中始终宣扬的是韩国民族文化的“诚信、孝顺、善良、爱国、爱家”，不管剧中多么不善的人最终都会被融化，都会良心发现或自咎。剧中通过生活的真实细节反映了当代人都会遇到的爱情、儿女、父母、同事、家庭和社会矛盾，并给了有益的方法信息传递。这些韩剧让中国的老百姓从中找到精神上的寄托和慰藉。有的观众说：韩剧把爱国、做人的道理全涵盖在里面，就像读了一本精神营养书籍。这种超国界的民族文化传播的成功，恰恰说明我们的老百姓现在太需要自己的民族传统文化和传统的民族精神，太需要民族的道德和信誉的传播，人们都在心里呼唤这种民族大文化的到来。在完善社会主义经济体制，加强党的执政能力建设的时代，发扬和强化民族的传统文化和道德精神，显得尤为重要。党的十七大重点阐述的坚持社会主义科学发展观，不仅仅是实现经济可持续发展的问题，它应该同时包括政治的可持续发展，文化的可持续发展，社会的可持续发展，人的全面可持续发展。如果“发展”让我们失去赖以生存的延绵千年的民族文化血脉，失去了心灵的家园和精神支柱，如果“发展”让我们后代的精神崇尚的是西方文化和人生价值中的消极成分，崇尚西方的饮食和穿衣打扮，那么这种“发展”最终动摇的是我们中华民族文化精神的基石。一个民族如果失去自己的文化，失去自己文化的特性，就等于失去民族的信仰和灵魂。

我们急切期盼中华战略文化的实施，这是百年大计，是一项宏大持久的全民精神的教育工程。从政府到每位公民都有责任推进，建立系统的推进措施和手段，建立有效的文化传播渠道，从幼儿园到小学，从民营到公立的所有教育系统和场所，给我们的孩子和公民营造浓浓的民族文化氛围，珍惜和保护好我们祖先遗留下来的文化资源、文化生态和文化血脉。实施中华战略文化与中国现代化发展其实是一脉相承，息息相关，是奠定和积极推进中国社会主义现代化建设发展的基石和风向标。中国的强大和发展不仅仅是GDP的快速增长，还有中国人的文化素养和综合素质的强大。物质解放固然是精神解放的前提，但在一定意义上说，精神解放更能反映人解放的本质，也更能反映出社会主义的根本价值和吸引力，以此健康推进民族人口素质的提升，形成顺应时代发展的民族新文化和更高的精神境界。

二、强化媒体和教育的宣传理念，营造民族大文化氛围

党的十七大指出：中华文化是中华民族生生不息、团结奋进的不竭动力。要全面认识祖国传统文化，取其精华，去其糟粕，使之与当代社会相适应，与现代文明相协调，保持民族性，体现时代性。加强中华优秀文化传统教育，运用现代科技手段开发利用民族文化丰厚资源。十七大强调的文化精神正是我们中华战略文化的核心，我们国家的广播电视和报刊媒体传播都应该为营造中华大文化建立起坚强的核心宣传理念，以中华民族的优秀文化精神“仁、义、礼、智、信”为民族道德基点，以胡锦涛总书记提出的“八荣八耻”的道德观为当代教育根本，通过国家与地方媒体工具大运作和大造势。但我们看到的恰恰是，某些强势媒体对娱乐节目宣传过多，曾经一时的湖南“超女”风靡大江南北，不少青少年为之疯狂。这种落差很值得国人思考。今天的高科技数字化的媒体传播网络手段既能影响造就一代人，也能腐蚀堕落一代人。这种媒体传播氛围已经直接冲击着我们的国民教育，社会氛围与学校教育的氛围不一致，容易造成青少年心理上的迷惑和混乱，所以人才的教育、国家的进步、民族的强盛、媒体的强势宣传最应走在前列。社会主义特色的媒体宣传负有重要责任，不仅仅要激活社会现代化的朝气和活力，更重要的是激活人们心理的道德激情，给社会囤积丰厚的文化精神食粮，推进和营造健康和谐的民族大文化氛围。这种舆论宣传的责任心，要靠几代人不断的完善，成为长久、深入人心的机制。营造大民族文化的氛围，直接影响到国家和民族亿万青少年的心灵成长。正如现代化

的教育，不单是指高等院校规模有多大，扩招学生多少，而首先应该是我们的国民教育为国家培养了多少符合中国特色社会主义核心价值要求的成熟政治公民，塑造了多少在毕业后能够对自己的政治行为、经济行为、生活行为，尤其是能够对自己的私生活行为负责并真正负得起社会责任的公民？教育的落差与舆论的落差其实是一种文化的落差，是一种道德精神信仰的落差。在当今高度现代化的美国，却有这样一群勇敢的人站了出来，反对社会豪华的住宅和奢侈的生活风气，反对社会资源的浪费和人际关系的恶化，呼吁创造“绿色生活”的理念——共同向往居住环境的简约和邻里之间的相互关爱。他们在纽约州中部城市伊萨卡郊区建立一个“绿色公社”的居住小区，作为“绿色”公社的成员，认同这样一些价值观：简朴、环保、热衷公共事务，讲究社会责任心，推崇“共享”的居住理念。在这个社区里，常常看见这样的场景：人们在日常生活中非常注意废物再利用，节省点滴能源；非常讲究邻里和睦相处，相互关照、相互问寒问暖；在工余的夜晚，共进晚餐，共同唱歌跳舞，共同沟通交流。他们谈论的话题不再是油价上涨、股票升跌，而是孩子教育和学校。这里的一切开始变得温馨和谐。美国伊萨卡“绿色公社”的倡导者说：今天，我们应该认真思考一下以何种方式生活在这颗星球上，理想的“绿色公社”是将昔日的村庄风格与现代的关注焦点结合在一起，包括精神和生活的需求。他们认为这是对美国以汽车和隐私为核心的社会现代化的一种挑战。“绿色公社”的志愿者为了推广这种“绿色生态”的人际居住文化理念，坚持不懈地与周边大学和城区建立广泛联系，将伊萨卡“绿色公社”变成活的实验室，让公社的居民到周边大学讲授“绿色”的生态理念，而周边的人则可以随时背着照相机、录像机到居民家中参观访问。

通过美国伊萨卡“绿色公社”的创办，不难看出他们是在遵循一种人与社会和谐共处的生活理念。有了倡导者营造出的氛围，就会有一大批的人们跟上去，就会营造更大的气场和氛围。如果我们媒体中有这样一群强有力的“志愿者”，矢志不渝，为了中华战略文化的传播，创建民族大文化氛围的来临会大有希望的。

最后个人建议两点：

第一，集结有志者共同研究思索制作一部具有哲理性强，又震撼人心的叙述中华战略文化的专题片，进行广泛的传播。

第二，研究中华战略文化是一项长久的探索，希望能持之以恒，有所作为，可与地方文化研究机构共同合作，为国家提出建设性的思考和改进方案。

弘扬和谐文化
构建和谐社会

中华战略文化论坛　胡晓利

弘扬和谐文化是构建和谐社会的基本内容和重要任务，也是实现社会和谐的重要前提条件。早在2006年党的十六届六中全会通过的《中共中央关于构建社会主义和谐社会若干重大问题的决定》就明确指出："建设和谐文化，是构建社会主义和谐社会的重要任务。社会主义核心价值体系是建设和谐文化的根本。必须坚持马克思主义在意识形态领域的指导地位，牢牢把握社会主义先进文化的前进方向，弘扬民族优秀文化传统，借鉴人类有益文明成果，倡导和谐理念，培育和谐精神，进一步形成全社会共同的理想信念和道德规范，打牢全党全国各族人民团结奋斗的思想道德基础。"党的十七大报告又强调："要坚持社会主义先进文化前进方向，兴起社会主义文化建设新高潮，激发全民族文化创造活力，提高国家文化软实力"，"加强对外文化交流，吸收各国优秀文明成果，增强中华文化国际影响力"。构建社会主义和谐社会，是我们党在马克思主义、毛泽东思想、邓小平理论和"三个代表"重要思想的指导下，为全面贯彻落实科学发展观，从全面建设小康社会全局出发而提出的重大战略任务。

一

什么是“文化”？什么是“和谐文化”？邓伟志教授指出：“‘文化’最简单的一种定义就是‘理念’加‘规范’。‘和谐文化’，就是有关和谐的理念加和谐的规范。”① 中华民族有着五千年的灿烂文明，而“天人合一”、“和而不同”等“和合”思想，一直在其中占有重要地位，甚至可以说是中华民族传统文化的精华。早在西周末年，就有“和实生物，同则不继”的哲学理念，之后春秋时期出现了“和同之异”思想，接着儒家提出“和为贵”思想。孟子在《公孙丑上》中提出了“天时不如地利，地利不如人和”的著名观点，突出了“人和”的重要性。今天，建设和弘扬“和谐文化”，不仅是对中国优秀传统文化的继承，更是对中国和合文化、和谐思想的发展。

和谐文化是一种以崇尚和谐、追求和谐为价值取向，融思想观念、思维方式、行为规范、社会风尚于一体的文化形态，它反映了人们对和谐社会的总体认识、基本理念和理想追求。和谐文化的形成，是一定的社会主体对其社会生活和社会环境的认识和向往，代表了一定社会主体的利益，同时也体现了他们对社会发展的认识水平。和谐文化的内涵与外延十分丰富，它既包括思想观念方面的内容，又包括制度规范方面的内容；它既体现人们对和谐社会的认知、感受，以及人们对社会和谐目标的追求，又体现人们在和谐思想的指引下建立的一系列和谐的制度和机制；它

---

① 邓伟志：《建设和谐文化要处理好几个关系》，《光明日报》2006 年 7 月 25 日第六版。

既起着潜移默化教育、影响人们的思想和行为的作用，又内含着人们高度认同的共同价值观念，具有明确的价值导向作用。“一个社会的和谐，在本质上体现为一种和谐的文化精神。”① 因此，和谐文化始终追求以教育、鼓舞、引导、培育人们形成和谐的思想观念和价值取向为目标。

构建社会主义和谐社会，必须着力建设和弘扬和谐文化。我们所要建设和弘扬的和谐文化，是与社会主义和谐社会要求相适应，与中华民族“和合”文化传统相承接，汲取世界优秀文明成果、反映时代进步潮流的思想文化体系。“这种和谐文化具有先进性、时代性、现实性、民族性和继承性的特征，反映着中国特色社会主义发展方向，是社会主义先进文化的基本内容，也是中国特色社会主义先进文化的重要组成部分。”② 无论是经济社会的协调发展、人与自然的和谐相处，还是人与人的团结和睦，乃至人自身的心理和谐，都离不开和谐文化的支撑。没有和谐文化，就没有社会和谐的思想根基，也就不可能有建设和谐社会的实践追求。弘扬和谐文化，就是要培育和谐精神、倡导和谐理念，在全社会形成共同的理想信念和道德规范，不断增强中华民族的凝聚力、向心力，为构建和谐社会创造良好的人文环境和文化生态环境。

二

和谐文化是和谐社会的鲜明特征，是实现社会和谐的文化源

① 秦刚：《构建和谐社会必须着力建设和谐文化》，《光明日报》2005 年 10 月 18 日第五版。

② 同上。

泉和精神动力，是衡量社会和谐水平的重要标准。社会的和谐，在本质上体现为一种和谐的文化精神。没有和谐的文化，就没有和谐社会的思想根基。因此，弘扬和谐文化对构建和谐社会具有十分重要的意义。

首先，弘扬和谐文化，有利于构建与和谐社会相适应的思想文化。和谐的社会是一种美好的社会理想，也是一种和谐的文化状态。“和谐文化的核心价值取向，是引导全社会树立建设中国特色社会主义的共同理想，通过共同的理想和观念，把全国人民凝聚起来，形成万众一心、共创和谐的强大力量，为构建和谐社会打下坚实的思想基础。”① 弘扬和谐文化，就要大力弘扬以爱国主义为核心的中华民族精神和以改革创新为核心的时代精神，广泛宣传具有时代特点、体现时代要求的模范人物，形成鼓励探索、鼓励创新的良好环境，形成生动活泼、安定团结的良好局面。“弘扬和谐文化，重在倡导和谐精神，培育和谐理念，坚持和实行互助、合作、团结、稳定、有序的社会准则，并建立与社会主义市场经济相适应、与社会主义法律规范相协调、与中华民族传统美德相承接的社会主义思想道德体系，为构建社会主义和谐社会提供强大的道德支撑。”②

其次，弘扬和谐文化，有利于促进全社会的全面、协调、可持续发展。和谐社会，是一个包括政治、经济、社会、文化各方面的综合体系。和谐文化内含着协调发展的理念，它所倡导的发展是包括政治、经济、社会、文化等诸多因素的全面、协调、可持续发展。弘扬和谐文化，有利于使和谐的理念与和谐发展的思维成为全社会的共识，在全社会形成一种昂扬向上的精神状态和文化氛围。弘扬和谐文化，有利于培育与经济社会协调发展的思

① 刘川生：《建设和谐文化：构建和谐社会的重要任务》，《光明日报》2006年11月20日第九版。

② 同上。

想意识和思维方式，使人们在关注经济建设的同时，更加重视社会的全面进步，从而促进社会的和谐发展。

第三，弘扬和谐文化，有利于整合社会力量、弘扬正气、增进融合。和谐文化的核心思想就是求同存异、和睦相处，它具有弘扬正气、凝聚人心、沟通感情、增进融合等功能，具有化解矛盾、整合社会关系的作用。构建社会主义和谐社会就是要通过对各种利益关系、社会矛盾的调整和处理来实现社会的和谐与融洽。弘扬和谐文化，倡导和谐理念，就是为了引导人们用和谐的思维认识事物，用和谐的态度对待问题，用和谐的方式处理矛盾，这就有利于在全社会形成团结友爱、融洽和睦的人际关系和崇尚和谐、维护和谐的社会风尚；有利于维护良好的社会秩序；有利于协调不同社会阶层、不同利益群体的关系；有利于整合社会力量和社会资源，最终促进社会的和谐发展。

三

弘扬和谐文化，构建和谐社会，首先要立足本国，要继承和发扬中国传统文化中的和谐思想观念。中华民族“和合”文化传统中的和谐因素，包括人与自然和谐的“天人合一”观、人与人和谐的“天下一体”观、人自身和谐的“身心合一”观。这“三观”构成了和谐文化的核心内容。人与自然的和谐，强调“天人合一”，主张人类应当认识自然、尊重自然、顺应自然，与自然和谐相处。不能杀鸡取卵、竭泽而渔；不能只顾追求经济利益，而以破坏自然生态环境为代价。人与人的和谐，强调“天下一体”，即主张“和为贵”，提倡宽和处世，协调团结。孔子提出的“以宽厚处世、协和人我”的理想人格，就是为了要创造和谐的人际环境。人自身的和谐，强调“身心合一”。和谐始于心，人的身心和谐是社会和谐的基本条件。现代社会，工作和生活节奏加快、竞争加剧、压力加大，容易产生急功近利、心浮气躁的心态，遇到挫折时，甚至会产生怨恨、仇视的情绪。这些精神上的不健康因素一旦导致极端行为，就会影响社会的和谐稳定。通过和谐文化的熏陶和哺育，可以提高人的境界和品位，有效调节人的情感和心理，培育乐观、豁达、宽容的精神和自尊自信、理性平和、积极向上的社会心态。“中国传统和谐思想在强调‘和为贵’的同时，也强调‘和而不同’、‘求同存异’。和谐以求共生共长，不同以求相辅相成。在和谐中实现共同的发展，在不同中相互吸收对方的长处。”① 这种内涵深远的和谐思想，为弘扬和谐文化，构建和谐社会提供了宝贵的思想资源。继承和发扬中国传统和谐思想的深远内涵，对于弘扬和谐文化，构建和谐社会具有十分重要的作用。

其次，弘扬和谐文化，构建和谐社会，也要注重吸收和借鉴世界优秀文明成果。在人类社会的发展过程中，不同国家和民族的文化特质不同，致使世界文化的内容丰富多彩。不同国家和民族的文化千姿百态，其合理性内容总是相通的，总能为人类所传承。就文化内涵而言，无论是东方国家还是西方国家，都有其独到之处，都有追求和谐的内容，都对人类的进步作出了贡献，应该彼此尊重、相互学习和吸收。弘扬和谐文化，离不开与世界文化的交流与对话。以宽广的眼界和博大的胸怀，积极借鉴世界各国的文明成果，使其有助于促进我国和谐文化的建设，这是弘扬和谐文化的一个重要途径。对西方文化的吸收和借鉴，我们要遵循“取其精华，去其糟粕”的原则。对于西方文化中强调的个人

---

① 秦刚：《构建和谐社会必须着力建设和谐文化》，《光明日报》，2005 年 10 月 18 日第五版。

自主精神、法治精神、人的价值等内容，我们可以适当吸收借鉴；对于西方文化中的极端个人主义、享乐主义、社会达尔文主义等思想观念，我们则要坚决抵制。这种在相互融合中学习借鉴，在相互碰撞中扬弃升华，才有助于我们和谐文化的弘扬和和谐社会的构建。

第三，弘扬和谐文化，构建和谐社会，还要重视文化发展。弘扬和谐文化不能故步自封，而要保持与时俱进的精神状态，就要立足于社会主义现代化建设实践，面向现代化、面向世界、面向未来；就要坚持进行文化观念、文化形式、文化内容、文化体制等方面的创新，更好地培育和丰富发展具有中国特色、符合先进文化要求的社会主义和谐文化。特别是要深入推进文化体制改革。要以发展为主题，以改革为动力，以体制机制创新为重点，形成科学有效的宏观文化管理体制和统一、开放、竞争、有序的现代文化市场体系。要逐步形成完善的文化创新体系，形成以民族文化为主体、吸收外来有益文化，推动中华文化走向世界的文化开放格局。

四

和谐文化是和谐社会的灵魂，弘扬和谐文化对于构建和谐社会意义重大。通过弘扬和谐文化，实现和谐社会的目标，需要从多角度考虑，从多方面入手。党的十七大突出强调了加强文化建设、提高国家文化软实力的极端重要性，为此我们要积极采取措施，大力推动社会主义文化的发展与繁荣，把和谐文化的建设落到实处，为全面建设小康社会、实现和谐社会做出积极贡献。

毛泽东军事谋略艺术与中国传统文化

通信指挥学院教授 牛 力

通信指挥学院讲师 邰建东

博大精深的中国传统文化构成极其丰富，军事谋略当属其中瑰丽多彩的篇章。中华民族长于思辨，精于筹谋。悠久而丰富的中国战争历史造就了注重谋略的东方兵学的显著特征。正如《兵经》所说："较器不如较艺，较艺不如较数，较数不如较形与势，较形与势不如较将之智能。"20 世纪壮阔雄奇的中国革命战争，无疑把中国传统谋略艺术升华到一个全新的境界。作为这场改变中国历史命运的战略指导者，毛泽东不仅把马克思主义科学原理与中国革命战争具体实践相结合，而且直接承袭中国兵家贤哲智慧，通过创造性地改造和发挥，赋予了中国传统谋略艺术崭新的内容。他指出："学习我们的历史遗产，用马克思主义的方法给以批判的总结，是我们学习的另一任务。我们这个民族有数千年的历史，有它的特点，有它的许多珍贵品。对于这些，我们还是小学生。……我们应当给以总结，承继这一份珍贵的遗产。这对于指导当前的伟大的运动，是有着重要的帮助的。"① 特别是在战

① 《毛泽东选集》第 2 卷，第 533—534 页。

争指导上，毛泽东汲取了传统兵家善于出奇制胜，以谋略胜敌的科学内核，并使之建立在辩证唯物主义的基础上，并在实践中使其军事谋略运用达到了出神入化的地步。

一、传统谋略：毛泽东军事谋略艺术的深刻底蕴

没有不用谋的战争。中华传统战略文化的基本特征就是善用谋略，以智驭力。对此，美国学者阿瑟·沃尔德伦也曾总结说："中国的战略思维历来崇尚用最少的兵力（力），通过运用计谋（计或策）最大限度地利用客观条件（势）"。中国古代战争繁多，施计用谋之例比比皆是，军事谋略思想异彩纷呈。概括起来，最具代表性的内容主要有以下几个方面：

（一）用兵之要，先谋为本

中国军事谋略认为，战争是各集团之间为了达成一定的目的而进行的争斗，是敌我双方智慧的较量。要达到预定的目的，就要对战争进行周密的筹划，就要谋求以最佳方法指导战争，这就是谋略。中国历代军事家都强调谋略对夺取战争胜利的极端重要性，"先计后战"，"谋定而后动"，"用兵之要，先谋为本"，"兵欲胜敌，谋贵素定，而战胜可必"，"以计代战一当万"等都是对谋略重要性的深刻揭示。为了正确地施谋定策，中国军事谋略要求：必须在知彼知己的基础上料敌定谋，使所定谋略与不断变化的敌情相符合；必须谋大局，定大略，即从战略全局的高度谋划对策，从长远利益考虑问题；必须善于伐交，通过外交活动，结

成自己的同盟，破坏敌方的同盟，强己弱敌，达到取胜于敌的目的；必须重视用间，使用间谍打入敌方营垒适时获取敌方情报，利用矛盾从敌方内部攻破敌营垒；必须集众思、聚广义，做到谋必参诸群士；必须坚持上兵伐谋，以“不战而屈人之兵”，争“全胜”为最高理想；必须明确谋成于密，败于泄，严格保守谋略机密。

（二）先胜而后求战

中国军事谋略认为，战争是各种制胜因素的较量。这些因素必须在临战前充分准备，才有胜利的可能。中国历代军事家都强调必须在战前充分了解敌人情况的基础上，做好应敌的各项准备，再去和敌人交战。这就是孙子所说的“先胜而后求战”，先有了胜利的把握再去和敌人交锋。为了实现先胜而后求战，中国军事谋略要求：必须做到先为不可胜，立足最坏的情况，从政治、经济、军事、武器装备、士气、谋略等多方面做好充分准备，为争取最好结局创造条件；必须做到胸有成算，在战前通过充分测算，订出周密计划，包括基本方案、基本计划和各种预备方案、计划，然后再出战；必须预测必然，测知胜负，即通过先知预测，了解敌我情况，发现敌之优点和我之不足，有针对性地对付敌之长处，克服我之不足，或测知不胜则不战；必须谋形造势，创造先胜态势，即从得天之时、得地之利、得敌之情、得士之心、得事之机等诸方面创造战胜敌人的有利态势。

（三）致人而不致于人

中国军事谋略认为，在战争指导上，争取主动权至为重要。孙子提出的“致人而不致于人”就明确指出，用兵之道重在能调动、左右和控制敌人，而不被敌人调动、左右和控制。尉缭子说，作为将领，就应该上不制于天，下不制于地，中不制于人，这也是要求必须在天时、地利、对敌斗争中都要争取主动地位。为了争取主动，历代军事谋略家提出的主要原则包括：要先处战地，即首先占领有利的地势；先发制人，在条件允许的情况下，首先发起进攻，充分发挥自己的锐气，去赢得主动，战胜敌人；后发制人，在条件不允许的情况下，先让一步，把敌人的锐气消磨到最低程度，而把自己的潜力发挥到最高程度，再发起进攻战胜敌人；以迂为直，在条件不许可，或途中有险阻，或直进遇强敌时，都需要采取迂回手段，这样看起来走了弯路、费了时间，实际上有利于达成战争目的；扬长避短，注意发扬自己的优势，克服自己的不足，如《太白阴经》所说："制人之术，避人之长，攻人之短，见己所长，蔽己所短"；以利致敌，利用敌人追利逐胜而战的心理，以利引诱它，可以调动敌人，陷其于被动之中；攻其必救，不直接进攻当面之敌，而是转而去攻打敌必救的要城要地，迫敌出来救援，借机歼灭其于运动之中。

（四）因机立胜

中国军事谋略认为，所谓因机立胜，是指要根据战争情况多变的客观实际，制定和运用主观指导原则，按照不断变化的情况，适时地捕捉战机，正确使用兵力和灵活地变换战法。孙子所说"兵形像水，水因地而制流，兵因敌而制胜"。岳飞所讲"运用之妙，存乎一心"，都是说明战争千变万化，没有固定的形态和模式。战争指导者只有因形用权，随机应变，方能胜敌。为此要善择战机，因机制敌，特别要善于掌握事机、势机、情机，充分利用敌人的弱点和空隙；要活用奇正，避实击虚，做到临敌应变、奇正相生，众寡分合、活用奇正，善察敌情、避实击虚；要出于法而不拘泥于法，做到根据不同敌人、不同战场情况制定不同的作战方针，采取不同的指导方略，并根据敌情、战场情况的变化随时随地地变换战法。

（五）兵之情主速和持久以待其衰

进攻速胜是古今中外兵家和一切战争指导者共同遵守的法则。中国军事谋略认为：“兵贵速胜，久则钝兵挫，屈力殚货，速不及虑，迟则生变”，只有速才能抓住战机。明确强调：“兵之情主速，乘人之不及，由不虞之道，攻其所不戒也。”为了达到速胜，中国军事谋略主张：要攻其无备，出其不意，乘敌不戒备或戒备不严之机突然发起进攻，使敌在猝不及防中败北；要选准攻击目标，即选择动摇不定或立足未稳而又实力虚弱之敌迅猛攻击，速战速决。

尽管战争指导者都希望速决，但并非一切战争都可以速决。因此，中国军事谋略认为，在敌强我弱不能达到速胜的情况下，就应当考虑持久，通过持久以待其衰，使敌由强变弱，通过持久“蓄盈”，壮大自己的力量。实行持久战，必须做好充分的应敌准备，做到粮草足、军士练、城池坚、器械利、民心固、赏罚明、险可恃、有强援、将善谋、守具足；必须有很大的毅力和耐性，坚以待敌，不为所怒，不论敌人如何“逼我欲求一战，我则坚以待之”，在坚持中求得胜利。

（六）激人之心，励士之气

中国军事谋略不仅重视战争的物质力量，而且重视战争的精神力量，强调军心士气包括战斗意志、牺牲精神以及对胜利的决心和信心，对战争的胜利有着巨大的作用。历代军事家关于“良将之用卒也，同其心，一其力”，“民之所以战者，气也。气实则斗；气夺则走”都说明激士励气的重要性。为了治心治气，中国军事谋略历来主张：要教之以礼，励之以义，通过政治教育使士卒与国君一心，与国家利益一致，与官长同生共死，通过荣辱教育，使士卒以进死为荣，以退生为辱，为了国家的尊严和利益而勇敢战斗；要以战励战，以赏励赏，以士励士，通过表扬奖赏，用有战功的鼓励无战功的，用受奖赏的鼓励没有受奖赏的，使人人争功争赏，努力杀敌立功；要善于激怒士卒，通过晓之以义，激起士卒的民族感、爱国心、忠君心和对敌人的仇恨；要谨养勿劳，并气积力，使军队的士气在各种条件下都得到保持，做到士气常鼓不衰。

中国军事谋略的这些基本理论原则，反映了战争的一般规律，受到历代军事家的推崇，被历代战争指导者成功运用。特别是在波澜壮阔的中国革命战争中，在探索中国革命战争指导规律的艰难过程中，中国传统谋略艺术更成为以毛泽东为代表的中国共产党人理论创造的重要来源和深刻底蕴。从毛泽东的军事著作所引用的有关资料来看，他阅读和研究了大量的中国古代军事理论和战略谋略方面的兵书。他将中国军事典籍中的大量思想资料，通过改造和创造性地发挥，书写了中国军事谋略艺术的崭新华章。

二、宏谋大略：毛泽东军事谋略艺术的科学内涵

中国传统军事谋略尽管创造了丰厚了历史财富，然而在两千多年的封建社会中，它却始终没有发生质的飞跃。虽然历代兵家辈出，兵书卷帙浩繁，尽管也不乏见解独到者，但其理论思想、

谋略原则以及用谋之法多是陈陈相因。这种传统的惯性与保守，直接导致近代中国的悲惨命运。

在改变中华民族历史的伟大革命战争中，以毛泽东为代表的中国共产党人科学汲取中国传统谋略智慧的营养，以科学的马克思主义为指导，把马克思主义的普遍原理与当代中国革命战争的客观实际相结合，用于指导军事理论的创造，提出了许多前人没有发现、也无法发现的战争指导规律。在毛泽东军事思想中，最宝贵、最富有民族气派和特色的就是他的军事谋略思想。以毛泽东为代表的我国老一辈无产阶级革命家、军事家共同创造的毛泽东军事谋略思想，其内容之丰富、论述之深刻、运用之绝妙、成功之巨大，是古今中外军事家所无法比拟的。实现了中国传统谋略智慧的浴火重生。

毛泽东军事谋略思想，是毛泽东关于中国革命战争军事对抗中运用计谋与方略的思维规律的理论。它是中国革命战争以巧制胜，以弱胜强，以劣势装备战胜优势装备之敌历史经验的总结，也是毛泽东军事思想的重要内容。其中最主要的内容可概括以下十个方面：

（一）以迂为直，中国革命战争致胜策略

在半殖民地半封建的中国，在敌强我弱的战略形势下，走什么样的道路才能夺取中国革命的胜利？这是毛泽东在运筹中国革命战争宏谋大略时首先要回答的问题。他在实践中运用“以迂为直”这一中国传统军事谋略原则，巧妙地解决了选择中国革命道路的重大课题。基于对中国革命基本特点的深刻分析与理解，毛泽东向全党明确提出：夺取革命胜利只能首先夺取敌人统治力量薄弱的广大乡村，走农村包围城市，最后夺取城市这样一条曲折的路。走这条道路，有利于弱小的革命军队的生存、发展和积蓄

力量，有利于破坏敌人统治的基础，有利于锻炼我党管理国土空间和掌握政权的能力，有利于最终夺取城市并加快夺取革命胜利的进程。围绕以迂为直，农村包围城市道路的开辟与实施，毛泽东又提出了一系列独创性的宏谋大略。

（二）后发制人，以弱胜强的谋略

后发制人，以弱胜强的谋略思想早在我国古代战争实践中就已产生，并为许多聪明的军事家所成功运用。毛泽东在前人基础上，把积极防御作为指导中国革命战争的宏谋大略加以创造性运用。首先是从军事和政治的有机结合上，他把积极防御与革命战争的正义性联结起来进行谋划，使之能动地服务于革命战争的政治目的，成为中国革命战争的基本军事纲领。其次是从进攻与防御的辩证统一上，他把积极防御放到中国革命战争的全过程进行谋划，使之成为贯彻战争始终的彻底歼灭敌人的宏谋大略。再次是从敌强我弱的客观现实上，他把积极防御与转化敌我力量对比结合起来进行谋划，使之成为能动地实现以弱胜强的高超指挥艺术。

（三）谋势造势，创造有利态势的谋略

军事谋略强调造势，即战争指导者在敌我双方军事实力和战区政治、经济、地理等现实条件的基础上，通过自身的努力，充分利用有利的时机，积极谋求和占据那些能增强自身能量的空间位置，主动创造一种有利于己、不利于敌的战场环境和态势。而毛泽东在指导中国革命战争的实践中，亦极为重视造势。他善于审时度势地谋势造势，使开始时力量弱小的我军，能占据有利于生存发展的环境，并最终在战略上造成有利于我的态势，彻底战

胜敌人。毛泽东的造势谋略主要包括：造“先为不可胜”之势；造战略重心转移之势；造“犬牙交错”的战争奇观之势；造“向北发展，向南防御”之势；造战役战斗我优敌劣之势；造全局协调之势等。

（四）着眼民众，寻求力量根源的谋略

战争是力量的竞赛。毛泽东运用马克思主义唯物史观，通过科学分析正确地回答了战争的力量根源这一重要问题：一是谋力于民，把民众作为胜利之本。二是谋利于民，不断激励民众的献身精神。毛泽东既注重通过政治教育调动人民群众的积极性，又注重真心实意地为群众谋利益，使广大群众从内心里真正支持革命战争。三是谋战于民，发挥整体威力。毛泽东提出了主力兵团和地方兵团相结合，正规军和游击队、民兵相结合，武装群众和非武装群众相结合，以武装斗争为主并与政治、经济、文化、外交等斗争形式相配合的组织斗争形式。

（五）歼敌为主，不计一城一地得失的斗争谋略

以歼灭敌人为主的思想，在古今中外战史中多有体现，但是把实现战争的根本途径具体概括为“歼灭战”，并以此作为谋划战场作战的根本指导原则，则体现了毛泽东的智慧。特别是在敌强我弱的中国革命战争中，围绕集中兵力打歼灭战与保守城市及地方的矛盾，毛泽东提出了以歼灭敌人有生力量为主要目标，而不是以保守或夺取城市及地方为主要目标的正确谋略。

（六）巧用诡道，把敌人抛入劣势和被动的谋略

毛泽东在指导中国革命战争的实践中，继承和发展了“兵以

诈立”这一反映战争规律的军事谋略原则：一是通过旗帜鲜明地批判宋襄公“蠢猪式的仁义道德”，充分肯定在革命战争中运用诡道谋略，对敌人施用权谋诡诈、欺骗利诱手段的必要性和合理性；二是把运用诡道谋略作为解决中国革命战争以劣胜优难题的一个重要途径，强调“有计划地造成敌人的错觉，给以不意的攻击，是造成优势和夺取主动的方法，而且是很重要的方法”；三是强调依靠民众运用诡道谋略，使诡道谋略成为人民战争的重要方略；四是创造了一系列巧于示形，有计划地调动敌人的谋略。

（七）打政治军事仗，军事斗争与政治斗争紧密配合的谋略

军政两手结合并用，相辅相成，历来是军事谋略的重要原则之一。毛泽东作为无产阶级军事谋略家，更是注重军事斗争与政治斗争的紧密配合。首先，在战争指导上，注重发挥正义战争的政治优势，提出争取国内外舆论的动员口号，使历次革命战争始终赢得广大人民群众的拥护支持和国际舆论的广泛同情。其次，注重攻心战的运用，创造了诸如多方宣传，晓以利害；政策感召，指明前程；情感渲染，促其醒悟；利用矛盾，离间攻心；优待俘虏，瓦解敌军等谋略。再次，把军事斗争与外交谈判相结合，运筹出一系列以打对打，以谈对谈，又打又谈，针锋相对的奇谋妙计，既取得军事斗争的胜利，又取得政治斗争的胜利。

（八）建立隐蔽战线，配合武装斗争的谋略

使用间谍进行隐蔽斗争，是中外传统军事谋略的重要内容之一。毛泽东批判地继承传统军事谋略的“用间”原则，把反间、防间、情报工作、秘密工作统归为隐蔽战线，积极而谨慎地建立

隐蔽战线，使之紧密配合武装斗争，成为人民战争的重要组成部分。毛泽东指导隐蔽战线斗争的谋略主要包括：组织力量长期埋伏敌营，搜集敌方情报；隐蔽积蓄力量，从事兵运斗争；开辟“第二条战线”，配合武装斗争。这些谋略的成功运用，使我军及时掌握敌军动向，为各级领导机关制定正确的决策提供了可靠的依据；在中国革命战争的各个阶段，促使大批敌军官兵起义投诚，加速了敌军的瓦解；使敌人的战略后方变成反对敌人的重要战场，加速了革命战争的胜利。

（九）取之于敌，人力物力来源主要在前线的谋略

经济条件是战争得以进行的物质基础。对于处于敌强我弱战略态势和经济条件极为困难并在边远农村环境中的我军来说，如何搞好后勤保障，以保证人民军队的生存、发展与战胜敌人之需，是一个难度极大的课题。毛泽东对此进行了深刻地谋划，提出了取之于敌，主要向敌军要补充；在正义战争的基础上，通过广泛动员群众发展生产，依靠根据地的人力物力支持革命战争；组织群众支前大军，确保战争之需等重要谋略思想，创造性地解决了这个难题。

（十）灵活用兵，得心应手指挥千军万马的谋略

高超的统率艺术，是历代军事家所追求的最高军事指挥境界。毛泽东在人民军队的统帅地位奋斗了近半个世纪，打了那么多胜仗，这在中外战争史上是罕见的。从军事谋略的角度看，毛泽东得心应手地指挥千军万马，不是靠“愚兵政策”和“高压手段”，也不是靠施用权术，而是靠我党正确的战争指导方略服众，靠先进的革命理论聚众，靠优秀的将帅领兵。他善于因敌用兵，对什

么敌人打什么仗；因地用兵，在什么地点打什么仗；因时用兵，在什么时间打什么仗；因己用兵，善于择军选将打胜仗。

三、知胜合一：毛泽东军事谋略的运筹方法

研究毛泽东军事谋略思想，最主要的是要学习毛泽东军事谋略的运筹方法。通过学习和领悟毛泽东军事谋略的运筹方法，我们可以更清楚地触摸到毛泽东军事谋略的历史脉络与崭新发展，可以更完整地理解毛泽东军事谋略的科学涵义，可以更深刻地体味毛泽东军事谋略艺术的中国气派和民族特色。

（一）知己知彼，趋利避害

中国传统兵学认为，正确的军事谋略只能建立在客观基础之上，主观指导符合客观实际是谋略成败的关键。毛泽东则进一步提出，谋略运筹和运用必须坚持从敌我双方的实际情况出发，实事求是，客观全面地分析敌我双方的优劣长短，权衡利弊，以己之长，击敌之短。

1. 知己知彼，求实求是

古今往来，高明的军事家在谋略运筹中，无不力求做到“知彼知己”，毛泽东把《孙子》的“知彼知己”这一指导战争的至理名言称之为“乃是不变的真理”。翻开前人的谋略库可以看到，任何正确的军事谋略，都必然是主观与客观相统一的谋略。而使主客观相统一的根本方法，就是知彼知己，求实求是。即毛泽东所指出的：“熟识敌我双方各方面的情况，找出其行动的规律，

并且应用这些规律于自己的行动。”这一方法包括从认识客观情况、把握客观规律到使认识成为现实的整个过程。

第一，熟识敌我双方各方面的情况。毛泽东指出，在战争中，“学习和认识的对象，包括敌我两个方面，这两个方面都应该看成研究的对象”。所谓知彼知己，所谓熟识敌我双方各方面的情况，它们同一意义。知彼，是对敌方各方面的情况要熟悉又要有深刻的认识；知己，则是对己方各方面情况要熟悉又要有深刻的认识。可见，熟识敌我双方各方面的情况，它具有特定的认识对象和丰富的认识内容。就认识对象而言，包括敌方和我方；就认识内容而言，包括敌我双方与战争有关的各方面情况。从宏观上说，主要指敌我双方的政治、经济、科技、军事和地理等内容——是战争指导者要认识的战争全局的客观实际。从具体（战役、战术）上说，则主要指任务、我情、敌情、地形、时间等方面的内容——是战争指导者要认识的战争的局部的客观实际。

第二，从分析敌我双方的情况中找出规律。毛泽东把战争的客观规律形象地比喻为战争行动的向导，认为只有找到这个“向导”，才能找到通向胜利的途径，打开胜利的大门。也就是说，仅做到知彼知己——求实，并不能就做到谋略中的主客观统一，还必须“求是”——找到和把握战争特点和客观规律这个战争行动的“向导”。这是实现谋略中主客观相符合的关键。因此，必须通过对敌我双方各方面的情况进行去伪存真，去粗取精，由表及里的深刻分析，找出其特点，把握其规律。

第三，应用战争规律于自己的行动。毛泽东指出：“马克思主义的哲学认为十分重要的问题，不在于懂得了客观世界的规律性，因而能够解释世界，而在于拿了这种对于客观规律性的认识去能动地改造世界。”这一精辟论述告诉人们，解决主观与客观的矛盾，实现军事谋略的主观与客观相符合，最根本的是把找出的规律应用于谋略运筹。抗日战争之所以取得胜利，并不在于毛泽东找出了抗日战争是持久的、胜利是中国的这一规律，而在于基于对这一客观规律的认识和把握，制定了与其相符合的“持久战”的全局性谋略和与其相适应的“战略防御中的战役和战斗的进攻战、战略持久中的战役和战斗的速决战、战略内线中的战役和战斗的外线作战”的具体军事谋略，真正做到了谋略与客观规律相符合。

2. 权衡利弊，趋利避害

在军事对抗中，趋利避害是决策者选择手段时所始终把握的一个原则。一切谋略思考无不先要权衡利害而后定策。毛泽东在谋略运筹中十分注重权衡利弊，趋利避害。正如陈毅指出的：“把人民军队的各种条件和力量充分利用，充分发挥，而避开敌人的长处，善于打击和利用敌人的弱点，是毛泽东革命战略的精髓。”毛泽东在谋略运筹中趋利避害的基本方法主要有三个：

第一，是善于知利知害：从本质上认识利害，不被表面的利害现象所迷惑；从全局上认识利害，不被局部的利害所左右；从发展上认识利害，不被暂时的利害所滞留；从变化上认识利害，及时洞察利害关系的转化。这样，才能真正知利之利，知害之害；知利之害，知害之利。

第二，是善于权衡利弊：一要从全局的高度权衡利弊，即在选择谋略方案时，必须优先选择对全局最有利且危害最小的方案；二要从达成作战目的的高度权衡利弊，即在选择谋略方案时，必须优先选择最有利于达成作战目的且危害最小的方案；三要从效益的高度权衡利弊，即在选择谋略方案时，必须优先选择能以最小的代价获取最大的作战效益且风险最小的方案。

第三，是善于把握和推动利害变换：一抓扬长避短，即在深刻认识我军长处和短处的基础上，运用最能发挥我军长处而避开我军短处的谋略，促使原来对我不利的利害关系的变换；二抓避强击弱，即在深刻认识敌军优长和弱点的基础上，运用最能避开敌军优长而能打击其弱点的谋略，促使敌优我劣形势的变换；三抓利害关系转化的关节点。这主要是因为在作战过程中，敌我利害因素在通过相互斗争是不断变化的，因此要求指导作战的人，必须密切关注、及时洞察敌我利害关系的变化，适时采取正确的应对之策或修订原定的谋略方案，确保趋利避害谋略的实现。

（二）着眼特点，着眼发展

因敌制胜，因变制胜，是中国传统军事谋略一条极为重要的原则。所谓"兵无常势，水无常形"阐明的也是这个道理。在异常复杂而困难的革命战争中，毛泽东进一步提出，必须着眼特点和发展，一切以时间、地点、条件为转移，按照情况活用原则，反对战争问题上的机械论，切忌教条主义和经验主义。

一是着眼其特点，因敌制胜。军事斗争指导者在筹划和运用军事谋略时，只有着眼其特点，把握其规律，才能正确地指导军事斗争，夺取胜利。毛泽东在《中国革命战争的战略问题》一文中明确指出："我们研究在各个不同历史阶段，各个不同性质，不同地域和民族的战争的指导规律，应该着眼其特点和着眼其发展，反对战争问题上的机械论。"在中国革命的各个历史时期，我军的战略转变、作战方式的调整无不是根据毛泽东和党中央对战争特点的科学分析而作出的。

二是着眼其发展，因变制胜。毛泽东指出："一切战争指导规律，依照历史的发展而发展，依照战争的发展而发展；一成不变的东西是没有的。"这就要求战争指导者筹划和运用谋略，必须坚持发展的观点、变化的观点，决不能因循守旧。

筹划和运用谋略要着眼其发展，关键在于时变法移。一切以时间转移为转移，以地点转移为转移，以条件转移为转移。为此，一要把握在一定时期内时间、地点、对象及己方情况、战场态势等条件的变化。否则，就会像毛泽东指出的那样：“不得其时，不得其地，不得于部队之情况，都将不能取胜。”二要随着时代变化、时局、环境的更新所带来的军事斗争手段、方式的变化，力求在选法用术上不断创新。因为，“从时间条件说，战争和战争指导规律都是发展的，各个历史阶段有各个历史阶段的特点，因而战争规律也各有其特点，不能呆板地移用于不同的阶段。”三要勇于否定那些曾给自己创造过辉煌的但已经过时了的思想，紧紧把握发展趋势，进行思想解放，以使自己头脑里的智慧之泉永不枯竭。在这方面，毛泽东对待“十大军事原则”的正确态度堪作典范。众所周知，“十大军事原则”是毛泽东的杰作，也是在解放战争中创造出伟大和辉煌战绩的著名作战指导原则。但是，毛泽东仍然以发展的眼光对待它。1958年，他在军委扩大会议小组长座谈会上的讲话中指出：“十大军事原则，是根据十年内战、抗日战争、解放战争初期的经验，在反攻时期提出来的，是马列主义普遍真理同中国革命战争实践相结合的产物。运用了十大军事原则，取得了解放战争、抗美援朝战争的胜利（当然还有其他原因）。十大原则目前还可以用，今后有许多地方还可以用。但马列主义不是停止的，是向前发展的，十大原则也要根据今后战争的实际情况，加以补充和发展，有的可能要修正的。”

（三）科学预测，审时度势

科学预测，审时度势，是谋略思考必须把握的重要方法。波澜壮阔的中国革命战争之所以能从胜利走向胜利，离不开毛泽东战略指导上的深谋远虑和对机遇特别是历史机遇的驾驭。他对战略问题的科学预测和正确的审时度势，上升成为谋略运筹特别是战略层次谋划的先导和思维起点；而其对历史走势产生的影响，往往令毛泽东的战友为之赞叹，令他的敌人为之折服。

1. 科学预测，深谋远虑

正确的领导，在于能有正确的预测。毛泽东自己在中共七大的结论中曾生动地说过："坐在指挥台上，如果什么也看不见，就不能叫领导。坐在指挥台上，只看见地平线上已经出现的大量的普遍的东西，那是平平常常的，也不能算领导。只有当还没有出现大量的明显的东西的时候，当桅杆顶刚刚露出的时候，就能看出这是要发展成为大量的普遍的东西，并能拿握住它，这才叫领导。"他极为欣赏"凡事预则立，不预则废"之语，而且总结了科学预测的基本方法。即：根据过去的资料和现在的信息，预测未来的发展；根据已知的因素，推知未来的变化；根据主观的经验教训、客观的资料信息与条件、演变的逻辑与推理，探索事物未来发展的规律。也就是说，决策者必须在占有翔实资料的基础上，通过对历史和现实的综合分析，把一切可以纳入考虑范畴的已知因素全部纳入，运用正确的思维方式，求出主要未知因素，进而对战争的发生和发展进程及前途作出科学预测。斯诺曾这样写道："革命运动要求它的领袖能够比旁人早一点看到将来要发生的事；在这方面毛很成功，所以他的追随者对他的判断力产生了极大的信心。"

2. 审时度势，驾驭机遇

审时度势，是军事谋略家基于对客观形势的准确判断而采取及时恰当处置的一种才能。它既包括对形势的客观分析与正确判断，又包括恰当地把握机遇、驾驭机遇、作出决断的魄力和应变能力。

毛泽东在指导中国革命战争中十分重视审时度势。他从辩证唯物主义认识论的高度，把审时度势作为谋略运筹的思维起点。他科学地指出，"时"和"势"属于客观实际，"审"和"度"属于战争指导者的主观认识。在军事上要做到多打胜仗，少打败仗，关键是要正确地审时度势，“把主观的与客观二者好好地符合起来”。

毛泽东在指导中国革命战争中也非常善于审时度势。他运用历史唯物主义原理，开创性地给审时度势赋予了全新的含义。首先，他把审度“时”、“势”的范围从中国扩大到世界，把中国革命作为世界革命的一部分，从世界所处的时代特征上来研究中国革命战争。其次，他把审度“时”、“势”的立足点放在无产阶级的立场上，放在革命者的立场上，因而能时刻把握“时”、“势”的本质和主流。再次，他把审度“时”、“势”的内容确定为从战略上研究时代、国情、时局、时势、时机，从战役战术上研究敌情、我情、地势，并强调通过对敌我双方的政治、经济、军事、地理四大基本因素的分析，对上述内容作出正确判断，这就使审时度势有了可操作性便于战争指导者掌握。

审时度势的目的在于把握时机，驾驭历史机遇。毛泽东在指导中国革命战争的实践中，充分体现了他敢于和善于驾驭历史机遇的伟大革命胆略和灵活斗争艺术。首先，他善于抓住时机，因势利导，积极促进形势向有利于己的方向发展。毛泽东最善于及时洞察、揭示已经变化的形势，采取以变应变、以变制变的军事谋略，进行因势利导。他强调：“当着革命的形势已经改变的时候，革命的策略，革命的领导方式，也必须跟着改变。”其次，他善于着眼战争全局的长远发展，把握时机，争取先机之利。他强调战争指导者必须善于把握革命进程中出现的对全局发展具有决定意义的时机和机遇，进行果断的谋略运筹和决策。在这方面，毛泽东在抗日战争胜利后决策“向北发展，向南防御”方针，指导我军迅速控制东北，堪称光辉范例。

（四）关照全局，把握关节

军事斗争特别是战争这一复杂的社会现象，是一个多层次结构的动态系统。没有全局在胸，不能正确处理好全局与局部的关系，就不可能投下一着计远谋深的好棋子。在这个问题上，毛泽东充分展现了其关照全局，把握关节的高超谋略运筹方法。

1. 关照全局，总体运筹

古人曰：不谋万世者，不足以谋一时；不谋全局者，不足以谋一域。毛泽东则指出："战争胜败的主要和首先的问题，是对全局和各阶段关照得好，或者关照得不好。"这里的"谋万世"、"谋全局"、"主要"和"首先"，都是指全局对于谋略所具有的重要性。换言之，要制定出高谋、深谋、远谋，必须立足全局，总体谋划，系统运筹。要把注意力首先放在照顾战争全局上，着力于关照好各方面和各阶段之间的相互关系，把战争全局中的各个局部周密组织起来，使之相互呼应、相互配合，协调一致，以达成总的战略目的。在这方面，以毛泽东为代表的老一辈无产阶级革命家在指导中国革命战争的实践中，创造了一系列立足全局施计用谋，通观全局筹划缜密的范例。

2. 把握关节，抓住枢纽

全局由局部构成，局部隶属于全局又影响全局。由于战争发展的不平衡性，各个局部在战争中的地位和作用是不相同的。某一局部可能成为影响和控制战争的重要关节、全战局的枢纽，对战争全局产生决定性影响。因此，军事斗争指导者在谋略运筹时，必须通观全局，把握事关全局的关节问题，找准枢纽。

例如：解放战争中的战略决战是一个全局性的问题，整个战略决战的运筹和谋划是一个全局性的宏谋大略。而战略决战从哪里开始，就是全局中的重要关节。因为战略决战第一个打击目标的选择正确与否，不仅关系到就地歼敌的可能性、胜利的把握性，更重要的是对整个战局的发展产生决定性的影响。毛泽东把决战方向首指东北战场，发起辽沈战役，这就抓住了战略决战中的关节问题。就辽沈战役而言，也有该战役全局的重要关节。毛泽东通观全局，抓住了锦州这个对辽沈战役全局最具决定意义的关节问题。实践证明，在战略决战和辽沈战略性战役的谋略运筹中，抓住首战东北和首取锦州这个不同层次的关节点，并以此为枢纽进行全局谋划是无比正确的。

毛泽东的军事谋略思想，以其对中国传统军事谋略的科学理解为深厚根基，以恢宏的战争实践为主要源泉，充满着实事求是的创造精神，具有鲜明的中国气质和特色。从毛泽东军事谋略艺术所折射出的智慧光辉中，我们清晰所见的是革命先辈为民族昌盛、军队强大所留下的奋斗不息的卓绝勇气，是临危难而不惧、挽狂澜于既倒的浩然正气，是揽全局于胸怀、驭战争风云而若定的战略智慧。然而，我们研究毛泽东军事谋略的目的不仅于此，更强烈的愿望，是通过对老一辈革命家、战略家谋略艺术的总结，为当前的军事变革和军事斗争准备提供更多的智慧和启迪。

中国火药的发明与西传对世界文明进步的影响

军事科学院研究员 王兆春

火药是我国的四大发明之一，它是炼丹家在唐宪宗元和三年（公元808年）炼制丹药的过程中发明的。

一、中国发明的火药是人类认识和利用火的第二次革命

人类认识和利用火的第一次革命，是上万年前对自然火的发现和利用。这次革命后，人类结束了茹毛饮血的“野蛮时代”，并进入了吃熟食和脱离动物界的时期。人类第一次认识和利用的火，是自然界中大量生长的林木柴草和煤脂膏油等含碳物质，在空气中燃烧后产生的。燃烧过程中所生成的二氧化碳（CO_2）和一氧化碳（CO）等气体，缓慢地向空中释放。这种慢燃烧除产生光和热外，不会发生爆炸。

人类第二次认识和利用的火，是炼丹家将硝石（KNO_3）、硫磺（S）和含碳（C）物质拌和并点火燃烧后发生的。这种燃烧所

需要的氧是由 KNO_3 在燃烧中释放出来的，人们称其为自供氧内燃烧体系。这种燃烧会在刹那间释放出大量的 CO、CO_2、N_2 等高温高压气体，其体积比参加燃烧的物质增大成百上千倍，并产生大量的光、热和冲击波，具有强大的摧毁和杀伤力，大树被折断，房屋被摧倒，石头被崩碎。如果将它们放在密闭的容器中燃烧，就会发生剧烈的爆炸和发出巨大的声响。对火药燃烧后所产生的化学能的利用，使人类征服自然和生存条件的能力得到了旷古空前的提高和改善，这是中华民族对人类文明进步所作出的巨大贡献。

二、中国盛唐奠定了火药发明的基础

中华民族是富于发明创造的伟大民族。自进入文明时代后，历经夏商周秦汉 2700 多年的积累，至唐代已进入文明社会的鼎盛时期，成为当时世界上社会经济最雄厚、科学文化最发达的国家，为火药的发明奠定了基础。

（一）雄厚的经济基础

唐朝是我国社会经济繁荣、百业兴旺的时期，农田水利事业发达，创造了水车灌溉的技术，农田垦辟面积不断扩大，全国总人户已超过西汉的 1200 多万之数。官府手工业规模巨大，私营手工业十分可观，纺织、陶瓷、金属冶铸、造船、造纸等手工业作坊遍布全国。水陆交通发达，商业、贸易活跃，国内通都大邑之间往来便利，有陆上和海上“丝绸之路”通达西亚、欧洲、非洲、东南亚和周边国家。“安史之乱”后，南方的经济很快得到恢复和发展。凡此种种，都为科学文化的发展创造了条件。

(二) 发达的科学文化

唐朝是我国科学文化辉煌灿烂的时期，造纸业的发展和推广使用，天文、历法、算术不断进步，社会科学的创作和研究百花齐放。导致火药发明的医学、药物学（又称本草学）、炼丹术（古代化学）更是硕果累累。

医学家兼药物学家苏敬等 23 人，奉敕于唐显庆四年（659 年）编纂成世界上第一部国家法定的药典《新修本草》。其中汇集了 844 种药品，并对硝石和硫磺的产地、药性、品位、功效、炼制丹药的特性和用途作了深入的考释，为炼丹家利用硝石、硫磺炼制丹药提供了依据。

唐朝的炼丹家在师承前辈成果的基础上，在采用古代化学炼制丹药的过程中，设计和创造了许多原始的化学仪器，观察和发现了许多化学变化；发展了“阴阳五行化生”的学说，解释了炼丹过程中发生的许多现象，用人工方式制造成一些自然界中不存在的化合物，提取和精制了不少化学制剂，找出了不少医治疑难杂症的丹药，造福于人类。这在当时世界上是独一无二的。可以说，中国的炼丹术是近代化学的前身。更为重要的是，炼丹家们在进行阴性药用物质硝石，同阳性药用物质硫磺和含碳物质反复合炼时，发明了火药。其合炼反应过程，同近代化学反应方程式，对上述物质进行氧化还原反应过程的表述，是完全吻合的：

$$16KNO_3\text{（氧化剂）} + 3S\text{（还原剂）} + 21C\text{（还原剂）} \rightarrow 5K_2CO_3\downarrow + 2K_2S\downarrow + K_2SO_4\downarrow + 13CO_2\uparrow + 3CO\uparrow + 8N_2\uparrow$$

由此可见，唐代炼丹家发明的火药是符合科学真理的，是当时化学试验的最高水平。

三、中国宋朝创造了烟花爆仗与火器

宋朝是我国指南针、印刷术、造纸与火药四大发明扩大应用的朝代。印刷术和纸被用于扩大人类的文化交流，指南针被用于舰船导航，火药则如恩格斯所说，被用于军事和节日的烟火中。

（一）用于节日的烟火

宋朝建立不久，东京汴梁（今开封）便设立了烟火作坊，将改进了的火药，制成爆仗、烟火、起轮、走线、流星、水爆、地老鼠、成架烟火、烟火屏障等制品，用于节日和喜庆中。每逢元宵佳节，皇宫内、官府家和市井街巷中，到处张灯结彩，燃放爆仗，点放烟火，渲染节日的气氛。自此以后，相沿成俗。自14世纪起，中国的烟火技术便在周边和东南亚国家广为流传。时至今日，烟火技术已被全世界所有的国家和地区，用于盛大节日和重大活动中，甚至举行烟火比赛，成为当今世界所特有的烟火文化，这也是中华民族的一大贡献。

（二）用于烟火戏表演

宋朝的开封已设有烟火戏场，借助烟火效应，演出“烟粉灵怪故事，铁骑公案”之类的节目。甚至利用火药燃气的反冲力，演出“钟馗捉鬼”、“八仙过海”、“五鬼闹判”等带有形象和动作的戏目。还有利用烟火的遮障效应作为戏台的配景，增加视觉效果。这种技术在现今的电影、电视剧和各种戏剧中也广为采用。

(三)《武经总要》的三个火药配方与火器的创造

北宋初年的火器研制家和统兵将领，将炼丹家创制的原始火药，经过改进配制成火球、蒺藜火球、毒药烟球 3 种火球，并公布了这 3 种火药配方。与此同时，还试制成火球与火药箭等一批世界上最早的火器，用于战争，开创了人类战争史上的火器时代。宋朝为发展火器制造，还在开封设立一个大型兵器手工业工场“广备攻城作”。其下设有专门制造火药与火器的火药作坊，同时还在一些大城市中设立了火器作坊。之后，辽、金、蒙古（元）也都仿效宋朝制度，建立火器制造作坊。由于火器的大量制造和装备军队用于作战，在以往只有刀光剑影的战场上，又增加了弥漫的硝烟和震耳的爆炸声响。

13 世纪后期，元朝创制成世界上第一代金属枪炮“火铳”。历史发展表明，火器使用伊始，便在维护大中华国家的安全与统一中发挥了重要作用。

四、火药西传后产生的巨大影响

公元 13 世纪后期，中国发明的火药与火器传至阿拉伯。13 世纪末，阿拉伯人制成最初木质管形射击火器马达法“madfa”。14 世纪初叶，阿拉伯人在同西班牙人作战中，将火器传至欧洲。14 世纪末，欧洲人制成金属管形射击火器手持枪（handgun）。此时，恰好中国发明的印刷术与指南针也先后经过阿拉伯传至欧洲。这些发明传入欧洲后，引起了欧洲社会的巨大变革和社会文明的巨大进步。

（一）欧洲资产阶级社会到来的三大预告

马克思在《机器·自然力和科学的应用（1861—1863年经济学手稿）》中说："火药、指南针、印刷术——这是预告资产阶级社会到来的三大发明。火药把骑士阶层炸得粉碎，指南针打开了世界市场并建立了殖民地，而印刷术变成新教的工具。总的来说变成科学复新的手段，变成了精神发展创造必要前提的最强大的杠杆。"

（二）火器成为反对贵族统治的武器

恩格斯在《反杜林论》"暴力论"中称："火器一开始就是城市和以城市为依靠的新兴君主政体反对封建贵族的武器。以前一直攻不破的贵族城堡的石墙，抵挡不住市民的大炮，市民的枪弹射穿了骑士的盔甲。贵族统治跟身穿铠甲的贵族骑兵同归于尽了。"

（三）三大发明改变了全世界的面貌

被马克思称为"整个现代实验科学的真正始祖"的英国唯物主义哲学家弗朗西斯·培根，在《新工具》中认为："印刷术、火药、指南针三项发明，改变了全世界的面貌和世间一切事物的状态……这三方面的变化，又在其他方面引来无数的发明；任何帝国、任何宗教、任何巨人，在人世间都没有这些技术发明所带来的影响大。”

（四）没有中国四大发明的西传就没有欧洲的文艺复兴运动

1982年5月，日本东京都大学薮内清名誉教授，高度评价了中国火药等四大发明西传后所产生的历史作用。他说：“中国火药等四大发明的西传，都是在欧洲文艺复兴运动之前。没有中国四大发明的西传，就没有欧洲的文艺复兴运动。”

五、中国明朝引领火器时代的军事变革

恩格斯在《军队》一文中说：火药是“注定使整个作战方法改变的新因素”。中国明朝便是当时世界上最先改变整个作战方法的国家。

14世纪末至15世纪初叶，当欧洲的火器制造还在刚起步时，中国明朝所制金属枪炮已有20多万支，因此率先进行了如下方面的军事变革：军队按编制总人数的10%装备枪炮，建立世界上最早的火器部队“神机营”；官兵开始进行枪炮射击的训练，在野战中创造了多排火枪兵齐射的战术；单一冷兵器的方阵变为火器与冷兵器合编的方阵，在攻城、守城、沙漠、山地和水战等样式的作战中，都已采用火器与冷兵器相结合的战术和战法；国防设施也都装备了火器。欧洲出现类似的变革，要比中国晚了一个多世纪。

六、中国清朝火器发展的曲折

随着时间的推移，自17世纪开始，我国古代火器创造性地研究势头已经减弱，技术上的重大突破也逐渐减少，中国和欧洲国家火器发展的差距越来越大。19世纪中叶，一批改良主义者和爱国的军事技术家，曾经在逆境中放眼世界，学习西方近代的火器制造和使用技术，使清军的装备和国防设施有所改善。但是，由于种种原因，被动挨打的局面始终没有改变，其原因是多方面的。主要是清朝封建专制统治者的腐朽没落，束缚了中国火器研制的发展；帝国主义各国的野蛮侵略，扼杀了中国火器的研制和发展；落后的生产方式阻碍了中国火器研制的进步；轻视发明创造的政策，挫伤了中国火器研制者的创造精神；理论研究的陈旧，限制了中国火器研制水平的提高。凡此种种，都是中国火器研制滞缓和落后的症结所在。

世界火器发展的历史表明，火药与火器的发明与发展，是在竞争和大交流中不断前进和交替领先的。富于发明创造的中华民族，曾经在15世纪以前，走在世界火器发展的前头，对欧洲社会的进步产生了巨大的影响，起着发明创造的先导作用。16世纪以后的欧洲，推动了火器的发展，起着推动和创新的作用。善于学习并能在逆境中奋斗不息的中华民族，在中华人民共和国成立后，便为摆脱一百多年来所遭受的挫折，而在国防现代化的征程中迈开了巨人的步伐。在20世纪60—70年代，以毛泽东为代表的中国共产党的领导集体，以无产阶级革命家的大无畏气概，领导全国人民和科技大军，把“两弹一星”送上了蓝天，打破了帝国主义的核垄断和主宰外层空间的梦想，实现了中国人要在世界高科技领域中占有一席之地的伟大目标。

胡锦涛总书记在中国共产党第十七次全国代表大会的报告中，号召全党全军和全国各族人民，要在全面建设小康社会的进程中，实现富国和强军的统一，加强中国特色的军事变革。为此，我们必须继承中华民族善于发明创造的光荣传统，弘扬“两弹一星”的精神，创造先进的军事科技，加速国防现代化建设，为全面建设中国特色社会主义社会作出应有的贡献。

浅析中美战略文化的差异

中国现代国际关系研究院战略研究
中心主任、研究员 林利民

所谓战略文化，通常是指一个国家或者一个民族，在涉及国家或民族安全及各种根本利益时依据其历史传统、民族习性及其文化特点而采取的相对稳定的、特定的战略反应与行为模式。汉斯·摩根索在《国家间政治》一书中没有使用“战略文化”这一术语，而是使用“民族性格”这一术语，但他有关“民族性格”的分析，其实就是在研究不同民族间不同的“战略文化”。

历史证明，不同的国家与不同的民族，因受其特定的历史、文化沿革与地理条件和生存发展环境的影响，在安全与战略等涉及生死存亡的重大问题上，会有很不相同的反应与行为模式。比如中国和美国，一个是世界上人口最多、国土面积最大的发展中国家，一个是世界上最发达的超级大国。两国历史传统、发展沿革、文化传承、地理与战略环境及民族性格差异很大，两国的战略文化因而也差异很大。这种差异可从战略理念、战略目标、实现目标的手段及战争伦理与价值观等层次得到鲜明的反映。

一、战略理念：美国谋求“领导世界”；中国强调“韬光养晦”

19世纪末以前，美国总体上奉行孤立主义政策，尚未表现出要当世界“领导”的欲望。第一次世界大战及美国出兵欧陆、“临门一脚”、美国经济总量在战争期间超过欧洲国家的总和，大大刺激了美国谋求“领导”世界的欲望。威尔逊发表“十四点”外交纲要，倡导成立国联，都是为了让美国登上世界“领导者”的宝座。但当时因美初登全球政治舞台，经济实力一时未能转化为战略能力，加之英、法等老牌帝国尚有余力挣扎，美国未能实现“领导”梦，只得回归“孤立主义”轨道。

第二次世界大战引起的力量变化再次刺激了美国的世界“领导者”欲望。美国倡导发表《大西洋宪章》、建立联合国及世界银行和国际货币基金组织等，也都是为了保障美国能在战后“领导”世界。美国与苏联争夺世界领导权的斗争是导致美苏之间冷战40余年的根本原因。冷战后，美国成为世界唯一的超级大国，美国“领导”世界的欲望出现新的膨胀。冷战结束后，美国历年《国家安全战略报告》、《四年防务评估报告》、《国防报告》、《总统国情咨文》等战略性文件，都把确保美国的世界领导地位视为美国国家安全战略的三大任务之首。这种“领导欲”支配着美国的对外战略，并在反恐、反扩散及在美国处理各种国际事务时得到具体体现。

与美国不同，中国在历史上虽然曾长期享有世界大国的地位，但中国从未有过当世界“领导者”的欲望。汉唐等中国古代盛世王朝，虽与周边国家的关系被西方称为“朝贡体系”，但这种

"朝贡体系"从来就是一种"礼尚往来"的关系。这种关系的本质更像是亲戚间的"走动"，而不是上下级关系，更不是征服者与被征服者的关系。中国封建王朝需要"八方来朝"以壮声威，周边小国需要当时经济政治文化高度发达、领先世界的"中央王朝"的册封、承认以获得"正统"地位和统治的合法性。近代以来，中国积贫积弱，饱受列强侵略，面临亡国灭种之祸。中国人民为了国家独立、解放，奋斗了几代人，因而格外珍惜国家主权平等，也懂得尊重其他国家，包括尊重小国、弱国、穷国的主权平等要求。这正是新中国成立不久，就首先倡导和平共处五项原则的战略文化的根源。和平共处五项原则特别强调国家间互不干涉内政、平等互利等，其深意就是强调国家不论大小、强弱、贫富，都应该主权平等。中国坚持在国家间的相互关系中，不存在领导者和被领导者，中国当然也不承认任何国家有"领导"世界的权力，更不谋求领导世界。

这里需要特别指出的是，中国不仅在新中国成立初期，即国家还很贫弱的时期倡导大小国家一律平等，反对在国际体系中区分"领导者"和"被领导者"。就是在经过改革开放，发展并强大起来之后，中国也坚持同样的理念。邓小平同志就曾多次强调，中国要"韬光养晦"，在国际上"永远不称霸"，"永远不当头"，并视之为一条"根本国策"。胡锦涛同志提出"和谐世界"的思想，同样是中国谋求国际平等、和平共处思想的延续、发展与升华。

二、行为模式：美国迷信武力；中国追求"以德服人"

美国国土最初局限于大西洋沿岸的北美十三州。美国独立后，短短一个多世纪，经过一轮又一轮的扩张，侵占印第安人的家园与邻国的领土，才确立了当今贯通两洋的版图。这使美国的战略文化输入了以武力实现国家利益的成分。两次世界大战中美国都是胜利者，这进一步激活了美国战略文化中的尚武成分和实现国家利益时的武力逻辑。冷战时期，美国长期维持庞大的军队和巨额军费开支，如艾森豪威尔时期和肯尼迪时期的美国国防开支，分别占其国民生产总值的10%与9%。美并多次发动战争，如发动朝鲜战争和越南战争，支持以色列发动几次中东战争等。冷战后，虽然苏联解体并主动从与美国的冷战对抗中收兵，大规模裁撤军事力量，美国却并未因此而收缩其军事力量，反而乘机继续加强武力。目前美国包括国土安全部开支、情报部门开支及各种隐性安全开支在内的总国防开支已达到7000亿美元左右，超过全球军费开支的一半。美国且不断推出新的战争理念与新军事装备，如最近推出“全球快速打击”计划，其实质是要求美国军事力量可以指哪打哪、想打随时可以打，并能直击目标。不仅如此，冷战后，美国为实现其世界领导地位，还以各种理由发动战争，如1991年发动海湾战争、1999年发动科索沃战争、2001年发动阿富汗战争及2003年发动伊拉克战争等等。对于复杂的反恐斗争，美国也是以武力开路。

与美国不同，中国历史上虽然经历过不少战争，也涌现过不少军事家以及如孙子这样的军事理论家，但中华民族的战略文化总体上具有不好战的特点。《孙子兵法》虽然以如何用兵为全书宗旨，却在书中强调“上兵伐谋，其次伐交，其次伐兵，其下攻城。攻城之法为不得已”。古代中国的战略理念更多地强调“王道”，否定“霸道”，强调“兼爱”、“非攻”、“和为贵”、“和而不同”，“以德服人”。诸葛亮七擒孟获及“攻心为上，攻城为下”的战略观为历代所称颂。乾隆皇帝关于“国家虽强，好战必亡”的祖训，更是为历代所不忘。中国古代的封建王朝，如汉唐在强盛时虽然也发动过战争，但主要是抵挡周边游牧民族的“骚扰”，而且目标有限，行动规模有限。明代郑和七下西洋，虽然统帅着一支当时世界上最先进、最强大的舰队，但舰队所到，是开展商贸与文化交流，而不是殖民、更不是掠夺。拥有强大舰队的中国，没有一丝一毫推行后来西方国家所实行的“炮舰外交”的理念。

新中国成立后，中国虽然投入了朝鲜战争，支持越南人民抗美救国，以及投入中印边界战争和中越边界战争，但这些战争均具有自卫性质。冷战结束后，中国更是坚持和平战略，坚持“韬光养晦”方针，坚持国家不论大小，都要和平共处。最近，中国又提出“和谐世界”理念，并以之为中国的国际政治主张。对美国动辄诉诸武力的对外政策，中国不断进行批评甚至抵制，如2003年美国发动伊拉克战争前，中国就曾与俄、德、法等反战国家合作，采取行动阻止。虽然最终未能阻止美国发动战争，但对推迟战争及限制战争规模与样式起了积极作用，也体现了中国的和平主张。

三、战争伦理：美国幻想战争“零伤亡”；中国相信“杀敌一万，自损三千”

美国虽然有霸权欲，谋求“领导”世界，并不惜发动战争，有好战的坏名声，但美国的战略文化又有一个不同于东方国家的特点，那就是在攻击敌国时可以使用原子弹等大规模杀伤性武器，不惜伤害敌国，但对己方在战争中的伤亡却承受力有限，甚至提出“零伤亡”概念。这种怕伤亡的战略文化可能与美国的基督教文化对生命的看法有关；也与其地处两洋之间，邻近无强国，战争伤亡都是在美国本土以外产生的特点有关；更与其从事的战争大多是扩张和谋霸战争有关。在1968年越南战场的“新春战役”中，美军以1001人的代价重创越军。美军与越南军队在此次战役中的死亡比高达1∶30，用东方的标准衡量，美军无疑取得了重大军事胜利。但美国民众难以接受美军在一次战役中死亡千人的损失，要求美国政府从越南撤军，美军在“新春战役”中的胜利未能转化为政治胜利，反而导致国内反战运动一浪高一浪，美国政府最终不得不从越南撤军。

越南战争后，美国战略界进一步明确了美国的战略困境。一方面，谋霸欲望推动美国不断发动战争；另一方面，有战争就有伤亡，而美国民众对战争伤亡的承受力又相对较低，这就限制了美国发动战争的行动自由。美国决策者因而更注重开发高精尖武器，寻求以投入更先进、更复杂、更强大的武器系统和物质力量替代人力，尽可能减少美军官兵在干涉战争中的伤亡，以保证美国民众不反对美国频繁从事海外干涉战争，美军的军费因而不断增加，武器系统越来越复杂、越来越昂贵，美国国防部长拉姆斯菲尔德甚至推出了战争“零伤亡”概念。然而，所谓战争“零伤亡”说，只是美国人的一厢情愿，甚至可以说是个“无知”的概念。战争的本质决定了战争没有“零伤亡”，高科技战争也是如此。如美军在伊拉克战争中伤亡已高达20000余人，包括战死近4000人。在阿富汗战争和科索沃战争中，美军也未实现“零伤亡”的指标。

与美国相反，中国政治上不搞霸权，不谋求当“头”，军事上不好战，主张“和为贵”，一旦投入战争，对敌方用兵依然讲人道，如不虐待俘虏等。但为了正义的目标和正义战争的胜利，却能够在战争进程中承受最大的牺牲。中国一旦被迫投入战争，就具有“不怕牺牲”，坚决夺取战争胜利的战略决心。战争“零伤亡”概念与中国的战略文化可以说是格格不入，这一点也恰恰是中国战略文化中不好战居上风的重要原因。中国的战略文化之所以具有理性地对待战争伤亡的特点，首先是因为中国的战略传统对战争伤亡有理性的认识。中国的列祖列宗之所以告诫子孙“好战必亡”的道理，是因为他们从历史教训中认识到战争的残酷性和战争牺牲的不可避免性。中国古代兵家就有“杀敌一万，自损三千”之说。毛泽东同志更有“要奋斗就会有牺牲”的名句。其次是因为近代以来，中国进行的大多数战争，如两次鸦片战争、中法战争、甲午中日战争、八国联军战争、抗日战争、抗美援朝战争等，都是救亡图存的反侵略战争，具有正义性，也有生死关头背水一战的特点。所谓“中华民族到了最危险的时候，每个人被迫着发出最后的吼声”以及“血肉长城”等，都是从事正义战争和救亡图存战争的必然表现。因此，中国要么不战，要战就战之必胜。不怕牺牲，战争“零伤亡”之说对于中国的战略文化而言，不过是一个有几分滑稽的战略笑话。

除以上在战略目标、战略手段、战争伦理等方面存在差异以外，中美两国的战略文化还在其他方面存在诸多差异。如美国提倡个人主义价值观，战争中个人英雄主义盛行，而中国则倡导集体主义；美国重器物因素，即过于看重军事技术与军事装备对战争胜负的决定性作用，而中国在重视器物因素的同时，更重视人的精神、意志和主观能动性，更重视人力与物力的统一等等。

中美两国战略文化的巨大差异对两国安全战略具有极大的影响。比如，美国战略文化的谋霸特点和尚武特点，必然推动美国到处伸手，到处扩张，不断发动战争，谋求以武力实现其战略目标，其结果必然是摊子太大、战线太长，四面树敌，实力不断消耗。当前的美国就面临这样的困境。在反恐、反扩、反“无赖国家”的旗号下，在伊拉克陷入类似当年越战的游击战泥潭；在阿富汗面临塔利班的卷土重来；在东北亚面对朝鲜突破核门槛而束手无策；在中东不但面对伊朗开发核武器的挑战，也面对伊斯兰世界的反美浪潮；在拉美面临委内瑞拉的叫板却无可奈何。美国国内因恐怖活动不时形成新的高潮而风声鹤唳，草木皆兵，民众反战浪潮不断高涨。长此以往，美国的超级大国地位只会不断削弱。

与美国相比，中国坚持“韬光养晦”，不搞霸权，不迷信武力，主张和平解决国际纠纷，不轻易树敌，也不到处耀武扬威，因而能节约力量，积蓄力量，把更多的人力物力用之于经济发展。在软力量不断发展的同时，中国的硬力量也在软力量不断增长的有利条件下持续增强。歼—10飞机等一批新装备不断研制成功，标志着中国“战之能胜”的物质技术基础不断增强，和平也更加有保障。

综而观之，近年中美战略力量对比朝对中国有利的方向发展，与中美两国不同的战略文化及其在应对复杂国际形势的不同战略反应有很大关联。循着这样的战略文化发展下去，中美两国力量的对比还将继续朝有利于中国的方向发展。

认识中美两国战略文化的差异，对于我们制定正确的国际战略和军事战略有很大的实践意义。如中国与美国相比，在综合国力、综合军力方面有很大差距，这是事实。但鉴于美国政治上对伤亡承受力低，中国在战略指导上不必处处比照美国军事力量发展，而是重点开发几样“撒手锏”，就可以威慑美方，使之不敢轻易对中国言战，从而节约力量，节约时间，在“不对称”中实现平衡，求得战略安全。

“文化全球化”与文化帝国主义

中国社会科学院世界历史研究所所长、研究员 于沛

远古以来的人类历史，是一部多元文化发展，即不同民族文化共同发展的历史。随着社会生产力的进步和各个民族、国家或地区联系的增加，闭塞的、彼此隔绝的历史愈来愈加成为世界的历史。在这个过程中，各民族因彼此交往的增加，使其文化在广泛的历史背景下碰撞、交流或交融，更加充满朝气和生机，也变得更加绚丽多彩。无论在历史上还是在现实，人们都能真切地感觉到中国文化、希腊文化、印度文化、希伯来文化、阿拉伯文化和非洲文化等文化传统的影响。在“经济全球化”这一新的历史条件下，并没有改变或终止世界文化多元发展的历史进程，恰恰相反，不同民族的文化在“全球”范围的频繁接触和交往，无论是“地球村”（global village），还是“世界邻居”（our global neighbourhood）的出现，都为世界文化的多元发展提供了新的历史机遇，进一步推动了世界文化的多元发展。2001 年，联合国教科文组织以 148 票赞同通过了《世界文化多元化宣言》，即反映了这一客观事实。中国和世界各民族文化的发展，前景光明。所谓“文化全球化”，是典型的文化帝国主义理论，是为美国在全球推行其霸权主义政策服务的，对此，我们应该有清醒的认识。我们应密

切关注国际文化发展战略的特点和趋势，并在此基础上研究和制定自己的文化发展战略，以维护在全球化背景下我国的文化安全。

一

“文化”是人们日常接触最多的概念之一，也是歧义最多的概念之一。一般认为，19世纪英国文化史学家泰勒在《原始文化》一书中关于“文化”的定义，是最早有较大影响的定义。由此，《原始文化》在1871年问世，也成为“文化学”作为一个具有完备形态的学科诞生的标志。泰勒说：“文化，或文明，就其广泛的民族学意义说来，是包括全部的知识、信仰、艺术、道德、法律、风俗以及作为社会成员的人所掌握和接受的任何其他的才能和习惯的复合体。”① 自泰勒以后的一个多世纪以来，目前已经有500多种关于“文化”的不同定义，甚至还有人认为，这个数字现在已经近千了。② 尽管如此，人们还是能够从诸多的定义中，找到“文化”的本质内容，即文化是和人类社会、人类生活、人类形形色色的活动联系在一起。文化与人息息相关。因此，“文化不能离开人，……人总是社会的人，文化也总是社会的文化”；③ “文化既不外是人类适应各种自然现象或自然环境而努力于利用这些自然现象或自然环境的结果，文化也可以说是人类适

---

① 爱德华·泰勒：《原始文化》，广西师范大学出版社，2005年版，第1页。

② 参见安娜·尼古拉耶芙娜·马尔科娃：《文化学》，敦煌文艺出版社，2003年版，第2页。

③ 金克木：《文化的解说》，三联书店，1988年版，第11页。

应时境以满足其生活努力的结果”；[1] 还可以认为，“文化是人的生存状态以及情感、愿望的反映，反过来又对人的生存、发展给予能动的影响。从这个意义上说，文化即人”。[2]

文化体系是多极的文化载体，其基础是民族文化和由民族文化构成的世界文化。显然，这里更重要的是民族文化，没有民族文化，世界文化也就无从谈起。民族属于一定历史的范畴。生产力的发展推动了原始社会向阶级社会的过渡。这时，以血缘关系为纽带的氏族、部落遭到破坏，人们开始在部落联盟的基础上按照地域、政治、经济、文化的因素联系起来，逐渐形成民族。1913 年，斯大林研究并汲取了马克思主义经典作家的有关论述，在《马克思主义和民族问题》一书中指出，民族是人们在历史上形成的具有共同语言、共同地域、共同经济生活以及表现于共同文化特点上的共同心理素质的稳定的共同体。在今天的世界上，“约有大小民族 2000 多个。其中百万人口以上的民族 300 多个，人口总和约占世界人口的 96%。人口超过 1 亿的民族有 7 个，这 7 个民族也是这 7 个国家的主体民族，即汉人、印度斯坦人、美利坚人、巴西人、俄罗斯人、日本人和孟加拉人”。[3] 无论是人口过亿的民族，还是人口只有数万人的民族，每个民族都有自己的“民族性”，即都有自己民族的认同与标识。而这些认同和标识，首先流淌在民族文化的血脉中，在自己的民族文化中鲜明地表现出来。

1982 年，世界文化大会通过的《关于文化政策的墨西哥宣言》指出：“文化是体现出一个社会或一个社会群体特点的那些精神的、物质的、理智的和感情的特征的完整复合体。文化不仅

---

① 陈序经：《文化学概观》，中国人民大学出版社，2005 年版，第 28 页。

② 孙家正：《文化如水》，新世界出版社，2006 年版，第 4 页。

③ 李德洙等主编：《当代世界民族宗教》，中共中央党校出版社，2003 年版，第 27 页。

包括艺术和文学，而且包括生活方式、基本人权、价值体系、传统和信仰。”“文化赋予我们判断力和道义感，从而使我们成为有特别的人性的、理性的生物。我们正是通过文化辨别各种价值并做出选择。”① 这里需要指出的是：无论是生活方式、基本人权、价值体系，还是传统、信仰、判断力、道义感，或价值判断、价值选择等文化的构成“因素”，在世界上不可能只有一个标准，或只有一个模式，即使是“全球化”的标准与模式，如所谓“文化全球化”也不存在。每个民族都有自己基于历史与现实的认识和选择，这一切只有融合在民族性之中，即深深地扎根于民族的文化之中，成为民族文化的重要组成部分，才能真正地获得生命。

每一民族文化都有其不可替代的、有别于其他民族文化的特殊性和独创性。这些特殊性和独创性既表现在语言、文学、音乐、绘画、戏剧、宗教、习俗等观念形态的精神生活中，也表现在诸如各类经济生产的物质生活中，特别是在生产方式、生活方式、思维方式和情感方式中。民族文化具有传承民族精神、民族历史记忆的功能，使民族文化的血脉奔流不息，世代相传。如果它失去了这样的功能，使自己民族的文化失去了“认同与标识”，而在“全球化”或是其他什么冠冕堂皇的口号下“化”到其他的文化中，那就不仅仅是这个民族文化的衰亡或民族的文化意识、文化心理的衰亡，而且这个民族整体也必将走向衰亡。因为任何一个民族赖以生存的文化传统，都是这个民族的灵魂。当一个民族失去了自己的生活方式、价值体系、传统、信仰，以及基本的人权观念，那这个民族的灵魂也就失去了，其生命就将枯萎，作为一个独立的民族，自然也就不存在了。

中华民族是世界上最古老、最伟大的民族之一。早在 250 万

---

① 转引自欧文·拉兹洛：《多种文化的星球——联合国教科文组织国际专家小组的报告》，社会科学文献出版社，2001 年版，第 153 页。

年之前，我们的祖先就在中华大地上繁衍生息，辛勤劳作，创造了光辉灿烂的古代中华文化。古老的巴比伦文化、古埃及文化、印度文化和古希腊、罗马文化虽然辉煌一时，但在其发展的进程中，都出现过断裂或遭到外来文化的肢解。只有中华文化几千年来绵延不绝，并从远古时期起，开始了和外来文化的交流，并产生了深远的影响，为世界文化的发展做出了独特的贡献。例如，中国传统文化的基本内涵是天人合一、以人为本、刚健有为、以和为贵；中国文化优秀传统的核心是人本观点，即“（1）肯定人的价值。（2）认为人的价值主要在于人具有道德的自觉性，而人的道德自觉性表现为人格的尊严与社会责任心。（3）认为人生理想的最高原则是‘和’，即多样性的统一”。[①] 中国古代的四大发明更是具有里程碑意义的伟大事件。在马克思主义经典作家看来，火药、指南针和印刷术是预兆资本主义社会到来的三项伟大发明。火药把骑士阶层炸得粉碎，指南针打开了世界市场并建立了殖民地，而印刷术却变成了新教的工具，并且一般地说变成了科学复兴的手段，变成创造精神发展的必要前提和最强大的推动力。所有这些，都是有目共睹的事实。

然而，直至今天，一些人却依然认为“中国被高山、大洋、沙漠和雪原包围着，一直是一个遥远的居住地；封闭的地理环境使它的文化同外界隔绝”。“在20世纪，思想和文化政策曾致力于使中国文化像以前一样封闭。中国领导人提倡改革和现代化，从西方引进科学、技术和组织方法，但这样做仅仅是作为对已经确立的固有结构的一种补充。……然而，大陆中国的文化并非固有的、经过历史演化的文化，而是传统成分和马克思主义——毛泽东主义成分的混合体。保护这种文化变体的政策并不能确保取得

① 张岱年：《文化与价值》，新华出版社，2004年版，第205、212页。

最后的成功”。[①] 上述这段话出自联合国教科文组织赞助出版的著作中，编者欧文·拉兹洛是美籍匈牙利人，罗马俱乐部成员，联合国教科文组织的科学顾问、联合国大学顾问。尽管如此，却掩盖不了上述观点的无知和偏见。这不仅表现在对中国古代文化的认识上，而且对当代中国文化也是如此。

这些无知和偏见多在一般常识的层面上，其荒谬无须更多专业知识即可一目了然。如果说它对我们有什么价值的话，并不是如何按照西方的药方，去改变中国文化的“封闭”和同外界的“隔绝”，而是从另一方面提醒我们：要积极应对经济全球化对中国文化发展提出的挑战；要在“全球化”的浪潮中坚持自己民族文化的主体意识；要积极实施中国文化“走出去”的战略，在中外文化的广泛交流中，不断提升中国文化（传统文化和社会主义新文化）在世界的影响；要重视西方学者在国际政治的研究中，已将其研究内容延伸到文化领域这一新的动向。在当代世界，我们确实可以看到，“文化成为了一个舞台，各种政治的、意识形态的力量都在这个舞台上较量。文化不但不是一个文雅平静的领地，它甚至可以成为一个战场，各种力量在上面亮相，互相角逐”。[②] 谁无视这一事实，谁就要为此而付出惨重代价。

二

在西方的著述中，“帝国主义”大多被描述为一国对别国的政

① 欧文·拉兹洛：《多种文化的星球——联合国教科文组织国际专家小组的报告》，社会科学文献出版社，2001 年版，第 135、143 页。

② 爱德华·W·萨义德：《文化与帝国主义》，三联书店，2003 年版，第 4 页。

治、军事和经济征服的企图，而从不提及对他国的文化征服、文化控制，或文化侵略。例如，《剑桥词典》将帝国主义定义为："一个国家有很强的实力或对其他国家有很大的影响，特别是在政治和经济事务中。"《美国传统词典》则认为，帝国主义是"通过占有领土或对其他国家建立经济和政治霸权来扩大一国权威的政策"。《微软电子百科词典》关于帝国主义的定义是："一个国家对别国的政治、军事和经济控制。"[①] 实际上，文化渗透和政治、经济、军事上的侵略一样，始终是帝国主义政策的一个重要组成部分。在进行文化渗透时，帝国主义往往用华丽的词藻来掩饰自己，声称这是为了被侵略、被压迫民族的利益，甚至是为了人类的利益。

第二次世界大战后，美国为了"抵制共产主义的影响"，发动了长达近半个世纪之久的"冷战"，其中也包括"文化冷战"(cultural cold war)。美国中央情报局1947年成立之初，即开始为进行这场特殊的战争组织队伍。这支队伍表面上看是按照"超党派"的原则去效忠国家，而实际上，"这支队伍是美国进行冷战的秘密武器，广泛地散布在文化领域之中。在战后的欧洲，作家、诗人、艺术家、历史学家、科学家、评论家，无论他们喜欢不喜欢，知情不知情，其中绝大多数人都多多少少与这一隐蔽事业有着某种联系。美国间谍情报机构在长达20年的时间里，一直以可观的财力支持着西方高层文化领域，名义上是维护言论自由"。"如果我们把冷战界定为思想战，那么这场战争就具有一个庞大的文化武器库，所藏的武器是刊物、图书、会议、研讨会、美术

① 《剑桥词典》、《美国传统词典》和《微软电子百科词典》关于帝国主义的定义，均转引自瓦西利斯·福特卡斯等：《新美帝国主义》，世界知识出版社，2006年版，第13页。

展览、音乐会、授奖等等”。[①] 事实表明，这些武器的功能，归根结底是为了削弱民族国家的主权，以美国的文化为榜样，在全球的范围内推行美国的生活方式和价值观，通过不断增强美国意识形态的力量，达到文化侵略的目的。

美国为了建立和维持其霸权地位，为了达到“不战而胜”的目的，始终把国家的“文化发展战略”摆在一个十分重要的地位。这里说的“文化”的核心内容或本质内容，是价值观，是意识形态。“文化帝国主义”，是美国霸权主义的重要支柱之一。“冷战”结束后，美国以“文化外交”（cultural diplomacy）为旗号的文化渗透或文化侵略进入了一个新的阶段。西方一种有影响的观点认为：“今后的世界不是资本主义和社会主义的对峙，而是美国式的放任主义的文化同反美国文化之间的对峙。”[②]

1990年，美国哈佛大学教授约瑟夫·奈在《注定领导世界：美国权力性质的变迁》一书，以及他同年发表的题为《软权力》的论文中，最早提出“软实力”（soft power）这个概念。所谓“软实力”是与“硬性命令式权力”相对立的“软性同化式权力”。2004年4月，约瑟夫·奈的新著《软实力：在世界政治中的制胜之道》问世，在东西方都引起广泛关注。约瑟夫·奈认为：一个国家的综合国力，由经济、科技、军事实力等“硬实力”和以文化与价值观念、社会制度、发展模式、生活方式、意识形态、国际影响力与感召力等“软实力”构成，其核心内容是文化和意识形态的影响。在任何一个国家，软实力的基础都是它的文化，以及这一文化的吸引力。美国文化是美国“软权力”的重要源泉，如好莱坞、有线电视网和互联网的影响等。在约瑟夫·奈

① 弗朗西斯·斯托纳·桑德斯：《文化冷战与中央情报局》，国际文化出版公司，2002年版，第2页。

② 1995年1月1日，美国耶鲁大学教授保罗·肯尼迪答记者问。新华社：《参考资料》，1995年1月9日。

看来，当今世界正发生着巨大的变革，经济、文化因素在国际关系中的作用越来越突出。包括美国在内的所有国家，都要学会通过新的权力资源，即软实力，来实现其目标。软实力虽然没有硬实力那种“明显的”和“直接的”力量，但却有更加持久的“渗透力”。冷战时期，美国运用了软、硬两种实力对付苏联。苏联一味发展硬实力，但因为没有软实力支撑，最终亡党亡国。正是在这种意义上，越来越多的西方理论家以史为鉴，强调文化的控制是“21 世纪世界争夺权力的焦点”。

1993 年，美国《外交》季刊夏季号发表哈佛大学教授、美国政治学会前会长塞缪尔·亨廷顿的《文明的冲突》，提出“文明冲突”（clash of civilization）理论，后又发表《不是文明，又是什么?》、《西方文明：是特有的，不是普遍的》等论文，以及《文明冲突与重建世界秩序》等专著，重申文明冲突理论的基本观点。亨廷顿的“文明冲突论”从文化视角分析国际政治现象，它的主要观点是：未来世界主要冲突之源将主要是文化，而非意识形态和经济；全球政治的主要冲突将主要发生在不同文明而不是民族国家之中，下一次世界大战如果发生的话，将是“文明之间的战争”；国际政治的核心内容，将是西方文明和非西方文明及非西方文明之间的相互作用；冷战后，决定世界格局的主要因素是中华文明（亨廷顿最初称其为“儒教文明”）、日本文明、印度文明、伊斯兰文明、西方文明、东正教文明、拉美文明，还有非洲文明；而伊斯兰文明和中华文明有可能共同对西方文明构成威胁或提出挑战，主要原因是所谓伊斯兰国家的“不宽容”和中国的“武断”。塞缪尔·亨廷顿的“文明冲突”理论，露骨地宣扬文化霸权主义，它试图把美国的意识形态和价值观强加于他国，为美国的文化侵略开辟道路。

正是在“软实力”和“文明冲突”等理论喧嚣一时的背景下，西方的理论家又在极力宣扬所谓“文化全球化”理论，即世界文化发展的“美国化”理论。其具体内容是：“如果世界趋向一种共同语言，它应该是英语；如果世界趋向共同的电信、安全和质量标准，那应该是美国的标准；如果世界正在由电视、广播和音乐联系在一起，那节目同样也应该是美国的；如果共同的价值观正在形成，它应该是符合美国人愿望的价值观。”① 这是文化帝国主义（cultural imperialism）理论的具体体现。“文化帝国主义的东西是最巧妙的，并且如果他能单独取得成功，也是最成功的帝国主义政策。它的目的，不是征服国土，也不是控制经济生活，而是征服和控制人心，……文化帝国主义在现代所起的典型作用，是辅助其他方法。它软化敌人，为军事征服或经济渗透做准备”。② 显然，“文化全球化”的核心内容，仍然是意识形态和价值观。所谓“普适性”的“全球化”的文化并不存在，“文化全球化”建立在西方民主制和自由主义价值观基础上，它的实质只能是体现“美国化”的文化。

正因为如此，当20世纪90年代东欧剧变、苏联解体后，一些资产阶级学者欢呼雀跃，认为这是在“文化全球化”的道路上迈出的重要一步，因社会主义制度和社会主义理想的“消失”，而揭开了世界文化“融合成一体”的序幕。他们将社会主义国家的“失败”和世界文化的“融合”及“文化的全球化”联系在一起，由此不难看出这种文化“融合”及“文化全球化”的实质。即使如某些中外论者所言，经济全球化将导致人类“文化整合时代”的到来，但这种整合并不会改变世界文化多样性的客观存在，不会将作为各民族文化的基本属性——“民族性”整合到所谓具有“全球性”的“文化”中。联合国教科文组织2000年《世

① David Rothkopf：*In Praise Cultural Imperialism*，foreign Policy，p. 45，NO. 107，Summer 1997.

② 摩根索：《国际纵横策论：争强权、求和平》，上海译文出版社，1995年版，第90页。

界文化报告》指出：“文化再也不是以前人们所认为的是个静止不变的、封闭的、固定不变的集装箱。文化实际上变成了通过媒体和国际因特网在全球进行交流的跨越分界的创造。我们现在必须把文化看作一个过程，而不是一个已经完成的产品。”[①] 在这个“过程”中，始终存在着“文化全球化”和“反文化全球化”的尖锐斗争。日本学者星野昭吉指出：“今天文化全球化的每一种潮流从根本上都处于西方思维方式的影响之下。”“文化全球化就是非西方文化被西方文化同质化与一体化的过程。”[②] 在实际生活中，我们几乎每天都可以看到这一事实。

三

在不同的历史时期和不同的历史条件下，“文化帝国主义”有不同的内容和不同的表现形式。在经济全球化到来的新的历史条件下，文化帝国主义的主要表现形式之一，就是鼓吹人为编造出来的、而实际上并不存在的“文化全球化”。如果一定要讲“文化全球化”，那将其称之为“作为文化帝国主义的文化全球化”似更准确。英国学者约翰·汤林森（一译约翰·汤姆林森，John Tomlinson）说：“文化帝国主义这个概念是说，全球文化多多少少倾向于成为一种霸权式的文化。全球文化如果说有什么问题的话，应该说，这种悲观式的建构一直是20世纪末一个更为突出的现象。的确，有人把文化帝国主义理论看作是文化全球化的早期

① 联合国教科文组织：《世界文化报告——文化的多样性、冲突与多元共存（2000）》，北京大学出版社，2002年版，第9页。

② 星野昭吉：《全球政治学：全球化进程中的变动、冲突、治理与和平》，新华出版社，2000年版，第196页。

理论之一。"[①] 西方学者认为，文化帝国主义的主要功能，是"运用政治与经济权力，宣扬并普及外来文化的种种价值与习惯，牺牲的却是本土文化"。文化帝国主义是"帝国主义国家控制他国的过程，是文化先行，由帝国主义国家向他国输出支持帝国主义关系的文化形式，然后完成帝国的支配状态"。[②] 在西方的国际政治理论中，衡量一个国家的综合国力，要看这个国家在军事、经济、技术和文化在全球的影响；国家的最低利益表现为"领土、政治制度和文化完整"[③]。文化不仅和领土、政治制度相提并论，而且被认为是国家综合国力的重要组成部分，是与国家基本利益密切相关的基本因素之一，这足以反映出"文化"的重要性，以及它在维护国家安全中的重要地位。这里所说的"文化"的涵义，仍然是意识形态和价值观，以及信念、信仰和理想等。因为在一些西方学者看来，随着经济全球化对人类社会的影响日益加深，"全球化应被认为是社会生活'文化化'不断加深的一种形式"，[④]"文化"已经超出一般意义的观念形态文化的范畴。这样，在经济全球化的背景下，西方大国极力宣扬"文化全球化"的目的也就昭然若揭了。

"文化全球化"的实质，首先是在"全球化"的招牌下，在全球建立起美国意识形态的一统天下。亨廷顿在《美国国家利益受到忽视》一文中指出：为了保证美国在经济、意识形态、军事和文化在全球的绝对优势，必须战胜"美国存在的崇尚多样性和多元文化主义的思想"，"如果多元文化盛行，如果对开明的民主制

---

① 约翰·汤姆林森：《全球化与文化》，南京大学出版社，2002 年版，第 116 页。

② 约翰·汤林森：《文化帝国主义》，上海人民出版社，1999 年版，第 5、6 页。

③ 摩根索：《又一次大辩论：美国的国家利益》，见《当代国际关系理论》，中国社会科学出版社，1990 年版，第 94 页。

④ Waters Malcom，*Globalization*，london，Routledge，1995，p. 124.

度的共识发生分歧，那么，美国就有可能同苏联一道落进历史的垃圾堆”。[①] 西方文化明明蕴涵着西方的价值观念、生活方式和行为方式，但却披上了“全球化”的外衣。伴随着经济全球化的进程，人们还可以看到金融全球化、传媒全球化等，但无论在理论上，还是在实践中，都不存在“文化全球化”。因为世界上任何一种文化都是具体的、民族的文化。一旦它失去了“民族性”这一文化的基本属性，与他种文化“融为一体”，那它就失去了自己的生命，实际上就只剩下一个空壳。在“超意识形态”、“普世”、“全球化”的文化背后，实际上是带有鲜明意识形态色彩的美国文化，或是以美国文化为代表的西方文化。“美利坚是一个高度注重意识形态的民族，作为个人，他们通常不注意他们的意识形态，因为他们赞同同样的意识形态，其一致程度令人吃惊”。塞缪尔·亨廷顿认为，对美国而言，“没有一些意识形态。只有一种意识形态。这就是我们民族的宿命”，[②] 同样也是“文化全球化”的内核。

如果说二战后的一段时间，“文化统治是美国全球性力量的一个没有受到足够重视的方面”，[③] 那么，在经济全球化的影响和推动下，“文化统治”在美国则受到了空前的“重视”，以美国为代表的西方文化，以前所未有的速度和力度在全世界广泛传播，极力在全球范围内表现为一种强势的主流文化。例如，20 世纪 90 年代后期，全世界电影票房价值约为 155 亿美元，美国占据 2/3 以上，达 105 亿美元；日本富士产经通信集团，每年收入 100 亿美元，1998 年后向“彻底数字化”迈进，与澳大利亚默多克媒体

---

① 美《外交》杂志，1997 年 10 月号，参见新华社《参考消息》1997 年 10 月 16～18 日。

② 塞缪尔·亨廷顿：《失衡的承诺》，东方出版社，2005 年版，第 26 页。

③ 兹比格纽·布热津斯基：《大棋局》，上海人民出版社，1998 年版，第 34 页。

集团联合建立数字化国际媒体；在国际网络传播中，80％以上的信息来自西方国家，只有5％出自于中文信息，90％以上的网络服务由西方国家提供，中国大陆提供的仅为1％。[①] 1999年，法国当时的外交部长韦德里纳指出："美国今天的霸权地位已经延伸到了经济、货币、军事、生活方式、语言和铺天盖地地涌向全球的大众文化产品等领域。这些文化产品左右着人们的思想，甚至使美国的敌人也为之着迷。"[②]

在经济全球化进程中，不仅形成了西方主导的全球性的市场，而且同时出现了西方文化——意识形态和生活方式在全球迅速扩张的趋势，这已经是不争的事实。尽管这种扩张是打着文化"全球化"的招牌进行的，似乎"文化全球化"是一个不可逆转的超意识形态的自然历史过程，但"文化全球化"的文化帝国主义本质，已经引起了愈来愈多的人们的警觉。例如，近年一些西方学者正确地指出："全球化——作为当代世界'压缩'的一种形式和世界历史的一种新诠释学的基础——正在使所有社会文化形态相对化，并使它们'平等化'。""坚持在日趋全球化的世界的异质性和多样性，是全球化理论不可缺少的部分"。[③] 广大发展中国家也都认为，世界文化的多样性，是人类的伟大财富、世界的宝贵遗产；而且是建立世界新的政治、经济秩序的基础。显然，经济全球化并非一定会导致"文化全球化"，恰恰相反，而是和文化多样性的进一步发展密不可分。在这方面，中国传统文化中的"和而不同"、"通变合和"，以及"强不执弱"、"富不侮贫"等思想，都给予人们深刻的启迪。

---

① 参见朱威烈主编：《国际文化战略研究》，上海外语教育出版社，2002年版，第6～7页。

② 参见胡鞍钢等主编：《解读美国大战略》，浙江人民出版社，2003年版，第39页。

③ 罗伯森：《全球化：社会理论和全球文化》，上海人民出版社，2000年版，第187、188页。

美国等西方大国以“文化全球化”为名，在全球范围内推行文化霸权和文化帝国主义政策。他们在推行其价值观念，对他国进行文化渗透、文化扩张的过程，也是各民族国家自身的文化——从传统到现实的民族文化遭到弱化、破坏，甚至被肢解的过程。美国的文化渗透和扩张，并不仅限于发展中国家，也包括一些发达国家。例如，加拿大电影市场的95%、电视剧的93%、英语节目的75%、书刊市场的80%都在美国的控制中。正是在这样严峻的形势下，各国如何维护自己的文化安全问题被凸显出来，并都从维护自己根本利益出发，有针对性地制定自己的文化发展战略。

例如，欧盟强调“欧洲文化认同”，认为欧盟不仅是经济联盟、政治联盟，同时也是“价值联盟”，文化因素成为欧盟的第二特征。欧盟——政治、经济、地理、社会，……文化实体。主要取决于欧洲文化认同和欧洲公民意识的确定。欧共体奠基人让·莫内曾说，倘若我今天开始建设欧洲，那我首先将从文化方面着手。法国为了回应法国文化受到的威胁和挑战，保护法国文化的民族特性，提出“文化例外”和“文化特殊”理论。强调文化不是普通的商品，不同意将文化纳入世贸组织服务贸易的规章之中，奉行文化保护主义。日本历经“军事立国”、“经济立国”之后，在20世纪80年代提出“文化立国”战略，制定了《文化立国21世纪方案》、《文化产业振兴法》等法案，全面加强文化建设。包括国语改革、教育改革、发展大众传媒，扩大保护文化遗产的对象，加强文化对外攻势等等。普京总统在《千年之交的俄罗斯》演说中阐述的“俄罗斯思想”，既是俄国的治国方针，也是俄国全方位的文化战略。普京的“俄罗斯思想”包括爱国主义、强国意识、国家作用和社会团结等方面。普京强调，将外国课本上的抽象模式和公式照搬到俄国是没有用的。

对于中国来说，我们应当清醒地认识到，我国的文化安全，首先是意识形态安全和价值观安全，以及因文化功能膨胀而引起的社会心理变化等，面临着文化帝国主义的严重挑战。[①] 社会意识形态作为社会的观念（或思想）上层建筑，是对一定社会经济形态以及由经济形态所决定的政治制度的自觉反映。在阶级社会里，社会意识形态是直接或间接反映社会的经济及政治的特点，体现一定阶级的意志和要求，力图保持或改变现存社会制度的思想体系和总和。当代中国社会发展处在深刻的历史变革中，在建设中国特色社会主义的伟大事业中，如果不能积极有效地应对文化帝国主义的挑战，使中华文化变成所谓“全球化”的文化，我国就会在失去民族文化主体性的同时，失去了共同的、稳定的基本价值观念，或者分裂为许多不同的相互冲突的价值观念。这样，岂止是国家的文化安全，以至国家的整体安全都将受到严重威胁。

我们在反对文化帝国主义、文化霸权主义的同时，也反对文化封闭主义和文化的极端民族主义。在经济全球化背景下，中华文化走向世界，与世界文化进行平等的对话、交流，是一种不可逆转的趋势。我们要保护民族文化，发展民族文化，并不是把自己与世界隔绝开来。“不同文明的接触，以往常常成为人类进步的里程碑”，[②] 在今天也是如此。在世界文化走进中国的同时，中

---

① 这是一个现实存在的问题，限于篇幅，本文不拟展开讨论。这个问题，仅举北京楼市的命名，即可见一斑。这些楼市的名字是：“罗马花园”、“站前·巴黎”、“柏林山水”、“瑞士公寓”、“阳光波尔多”、“海德堡花园”、“北欧小镇”、“富力丹麦小镇”、“欧陆经典”、“檀香山别墅”、“米兰天空”、“格林斯小镇”、“德国印象”、“莱茵河畔”、“维多利亚花园”、“莫奈花园”、“马奈草地”；还有“US联邦公园”、“DBC加州小镇”、“LLSTATION”、“A—Z—Town”、“Cityone”、“Loftel”等等。笔者以为，这些不伦不类的“奇观”，除了暴露出崇富、媚外的心理和虚荣、浮华的心态外，还有更深刻的内容值得我们思考。如民族文化的自尊心、自信心，以及民族文化自身的主体意识等。参见成凯：“莫让假‘西洋景’泛滥”，《光明日报》，2007年6月15日。

② 罗素：《中西文明的对比》，学林出版社，1996年版，第146页。

华文化大踏步“走出去”的时代已经到来。中华文化只有“走出去”，并不断提高“走出去”的能力和实力，才能自觉地抵御西方文化的侵袭，彻底消除“文化赤字”，改变我国文化产品严重“入超”的状况。中华文化具有无限生命力，在经济全球化的新的历史条件下，必将显示出无限的生机和独特的魅力。

苏联模式·人类文明·中国特色社会主义

中国当代世界研究中心教授、国际自然和
社会科学院院士　俞　邃

本文以战略文化为由头，适当加以引伸，谈一谈苏联模式、人类文明和中国特色社会主义相互之间的关系。

不久前结束的党的第十七次代表大会，为建设中国特色社会主义树立了一座丰碑。大会主题“高举中国特色社会主义伟大旗帜，以邓小平理论和‘三个代表’重要思想为指导，深入贯彻落实科学发展观，继续解放思想，坚持改革开放，推动科学发展，促进社会和谐，为夺取全面建设小康社会新胜利而奋斗”。这是战略思维的高度体现，标志着中国共产党把借鉴人类文明成果与改造苏联社会主义模式紧密地结合在一起，获得巨大成功，将以其经典性载入党和国家的史册。

2007 年 11 月 7 日是俄国十月社会主义革命 90 周年。十月革命之后逐渐独创的苏联社会主义模式，曾被 1949 年诞生的新中国引进过来。这有其历史的必然性和时代的不可避免性。中国共产党领导人随着在实践过程中对苏联模式优劣点的体察和检验，随着对时代主题、社会主义本质特征以及人类文明传承性的认识一步步加深，特别是自从党的十一届三中全会（1978 年 12 月 18～

22日）召开以来，在我国经过将近30年的探索、提炼和总结，持续不断地对苏联模式进行了根本性的改造，如今形成了举世瞩目的中国特色社会主义的理论体系。

十月革命·苏联模式·人类文明·中国特色社会主义，它们之间有着相互内在的深刻联系。

20世纪初，在人民群众支持和参与下发生的史无前例的十月社会主义革命，包含着用革命的手段发展文明，通过建立民主的方式来解决和弥补现代化过程中出现的矛盾和缺失，因而曾经给全世界被压迫人民和被压迫民族带来了莫大的喜悦、鼓舞和希望。20世纪末，在失去人民群众信任和支持的情况下，苏共垮台、苏联解体，作为一个有着丰富文化传统的军事政治大国的悲剧，在原苏联大地乃至更大范围内，酿成了世界共产党人队伍中的迷惘。而中国特色社会主义的形成、发展和壮大，则又极大地振奋人们对于社会主义前途的信心。

十月革命打破了资本主义一统天下的局面，实现了社会主义从理论到现实的飞跃，起到了推动西方工人运动与被压迫民族之间联系的桥梁作用，促进了马克思主义的广泛传播。十月革命的示范作用和斗争经验，引发了德国等欧洲国家无产阶级的革命浪潮，推动了中国等亚洲国家反帝反封建的民族民主革命运动，促使一系列国家走上社会主义道路。于是孙中山提出“以俄为师”，毛泽东提出“走俄国人的路”。毛泽东说，十月革命“改变了整个世界历史的方向，划分了整个世界历史的时代”。（参见《新民主主义论》）

十月革命开辟了一条新道路，但革命本身不可能同时解决建设社会主义的模式问题。苏联模式亦即斯大林模式，是在没有现成经验可资借鉴的情况下，在党内外、国内外复杂的斗争环境中，逐步探索出的一种具有时代烙印的模式。这种高度集权的管理模式，适应了苏联建国初期经济落后、结构简单和以增强国防为经济发展首要目标的状况，在反法西斯战争年代显示了动员性强和困难承受性强的优点，在和平建设时期形成了比较完善的人民福利保障制度。苏联模式铸造过辉煌业绩，取得的巨大成就不容抹煞。可是，随着时代主题从“战争与革命”向“和平与发展”的转化，面对科技的迅猛发展和资本主义表现某种活力的严峻挑战，以思想理论僵化、经济管理凝固化和政治生活不民主为缺陷的这种模式，弊端日益凸显。加之，苏共领导长期以来犯有超越社会发展阶段的“左”的错误，这些错误与体制弊端相互作用，恶性循环，后果越来越严重。战后苏联历届领导人都没有能承担起领导改革的使命，结果在戈尔巴乔夫执政期间发生剧变，葬送了十月革命的成果，葬送了苏联。

随着时间的推移，现在可以看得越来越清楚，导致苏联剧变的原因是多方面的，涉及政治、经济、文化、外交等诸多因素，执政党因素当然是决定性的。从战略文化层面来考察，苏联剧变的原因集中体现在戈尔巴乔夫错误的思想理论。一是指导思想错误。这突出表现在“新政治思维”将自己的路线、战略和政策，仅仅建立在对立统一世界（无论是国内还是国际）中的同一性基础之上，只讲妥协、调和、一致，掩盖矛盾、分歧，放弃原则斗争。二是发展战略不当。这主要是指企图在几十年形成的严重畸形的产业结构基础上，实行所谓加速战略，致使畸形结构变本加厉。后来虽然不得不中止加速战略，但结构调整依然缓慢，食品消费品生产始终滞后，一直没有给人民带来实惠。三是具体政策失误。这更多表现在急于求成，政策多变，反复无常，不能正确地对待人类文明在资本主义发展阶段的成果。这在社会发展阶段的确定、计划与市场关系的处理、所有制构成的设想、革新党还是放弃党的领导、意见多元化还是政治多元化、实行联邦还是邦联等方面，都有鲜明的表现。尤其是要么利用所谓“民主化”、“公开性”全盘否定甚至丑化自身的社会主义文明史，要么试图用几百天时间就想把西方国家的发展模式搬进来。四是整个路线扭曲。这集中体现在抽掉阶级和阶级斗争内容、“以人道主义为纲”的所谓“人道的民主的社会主义”的理论与实践上面。

中国领导人对苏联模式的认识和改造，是有一个过程的。毛泽东最早看出苏联模式的弊端。他在《论十大关系》（1956 年 4 月）中指出：“特别值得注意的是，最近苏联方面暴露了他们在建设社会主义过程中的一些缺点和错误，他们走过的弯路，你还想走？过去我们就是鉴于他们的经验教训，少走了一些弯路，现在当然更要引以为戒。”后来，他在许多场合，又一再提出了对苏联模式的看法，表示对苏联的东西要有选择地学，学先进的东西，不是学落后的东西，避免重犯苏联的错误。（1957 年 1 月 27 日《在省市自治区党委书记会议上的讲话》）

可是，囿于历史条件等多种因素，毛泽东没有找到克服苏联模式弊端的切实办法，乃至酿成了“文化大革命”那样严重的错误。改造苏联社会主义模式的艰巨任务，便历史地落在了以邓小平为代表的党的第二代领导集体的肩上。

苏联剧变从反面激励了中国共产党人。邓小平适时地总结了中外的历史经验，大胆汲取人类文明的成果，对苏联社会主义模式进行根本改造，创立了中国特色社会主义理论。中国特色社会主义的成就证明，苏联模式并非“不可救药”。我们不应该陷入盲目性和宿命论，把体制弊端这一客观存在与从事改革的主观努力割裂开来，把改革难度大与改革必然失败划上等号。

从“以俄为师”到“以苏为鉴”，这为我们提供了战略文化的思考。其中特别重要的是，应该如何正确地认识社会主义、资本主义以及这两种不同社会制度的关系。我们党从根本上纠正了过去那种将社会主义与资本主义断然割裂的传统观念，承认社会主义（更不用说初级阶段）必须充分运用人类社会在资本主义发展阶段取得的物质文明和精神文明成果。这些文明成果，例如市场经济，并不是资本家个人的成就和专利，而是人类创造的共同财富。目前资本主义世界仍是高新科技和知识经济的主要载体。资本主义社会拥有的克服自身弊端的手段，包含着一定程度的社会主义因素。因此，资本主义的发展一方面固然给社会主义构成挑战，另一方面也为世界范围内未来社会主义跨越“卡夫丁峡谷”创造了物质和精神前提，资本主义的弊端还为社会主义提供了与之竞争的有利条件和最终取而代之的机遇。20世纪80年代末、90年代初，正当苏联东欧发生剧变时，邓小平以其为鉴，探索进取，独辟蹊径，开创了建设中国特色社会主义的伟大理论与实践的道路，并且始终把我国的社会主义事业同世界社会主义的前途紧密地联系在一起。

从文化战略高度来看，中国特色社会主义的内容包括坚持解放思想、实事求是的思想路线；明确处于社会主义初级阶段，社会主义的根本任务是发展生产力；要以经济建设为中心，科学技术是第一生产力，抓科技的同时必须抓教育；改革是解放和发展生产力的必由之路；要发展社会主义民主，健全社会主义法制，建设社会主义精神文明；建设和改革需要稳定的政治环境；指出和平和发展是当代世界的主题，要坚持独立自主的和平外交政策，反对霸权主义，维护世界和平；强调必须大胆吸收和借鉴人类社会创造的一切文明成果；要坚持和改善党的领导，加强党的建设，发扬党的艰苦朴素、密切联系群众的优良作风；要巩固和扩大新时期的爱国统一战线，增强各民族团结，建设强大的现代化正规化的革命军队等等。

中国特色社会主义理论体系的形成，从原则上和方法上回答了邓小平提出的什么是社会主义，在我国怎样建设社会主义的根本问题。这是全党上下长期以来苦苦探索、艰难实践、付出巨大代价换来的成果，是我们党几代领导人的思想和智慧的结晶，也是中国共产党人和中国人民对于世界社会主义事业的重大贡献。

党的十七大提出了“夺取全面建设小康社会新胜利”的宏伟目标，进一步突出社会主义文化在全面建设小康社会中的作用，特别强调要深入贯彻落实科学发展观。科学发展观的核心是以人为本，这就要求继承和发扬中华民族的优秀文化传统，以造福于人民。

我们从十月革命道路的创建、苏联模式的教训和中国特色社会主义的成就，可以得出这样的启示：苏联社会主义模式是可以改造的，社会主义价值观和社会主义制度具有强大的生命力，人类社会的发展可能经受曲折但从低级阶段迈向高级阶段的规律是不可抗拒的。总结苏联模式失败的教训和借鉴他国的包括文化在内的经验，是十分必要的，但不能走向另一极端，例如，把那种并非“放之四海而皆准”的民主社会主义奉若图腾，顶礼膜拜。民主社会主义的确有它的成功之处，应该予以重视而不能一概加以否定，应该根据本国的国情积极主动地加以吸取和借鉴而不能讳莫如深。但是，民主社会主义并非万灵药方，在欧洲许多文明传统和经济发达程度类似的国家尚且都不能完全通用，何况在我们中国这个具有独特历史文化传统的东方大国。中国共产党的历代领导人都曾旗帜鲜明地指出，只有社会主义才能救中国，才能发展中国；同时又都重视发扬社会主义民主的必要性和重要性。胡锦涛总书记在党的十七大报告中再次强调：“只有社会主义才能救中国”，“人民民主是社会主义的生命”。所以，不是什么“只有民主社会主义才能救中国”，而是具有人民民主本质特征的社会主义才能救中国，才能发展中国。

戈尔巴乔夫政治改革和叶利钦经济改革失败的战略文化因素

新华社世界问题研究中心研究员、
前莫斯科分社社长 万成才

戈尔巴乔夫1985年3月出任苏共总书记后，立即对斯大林模式的社会主义苏联进行所谓“新思维”改革，导致1991年8月苏共亡党，同年12月苏联解体。1996年戈尔巴乔夫欲东山再起，竞选俄罗斯总统，仅获0.5190％的选票。1991年12月25日叶利钦从戈尔巴乔夫手中接过混乱不堪的俄罗斯，1992年1月2日就对俄罗斯进行所谓“休克疗法”改革，把俄罗斯搞得更乱更穷。叶利钦的支持率由1991年6月的50％以上降至1999年12月的3％～6％，不得不于同年12月31日提前把总统权力移交给当时俄罗斯总理普京，由他来收拾烂摊子。

戈尔巴乔夫的“新思维”改革和叶利钦的“休克疗法”改革双双以失败告终，其原因是多方面的，但从政治文化方面分析，主要原因是犯了致命的战略文化的错误。戈尔巴乔夫的“新思维”改革是激进的政治改革，叶利钦的“休克疗法”改革是激进的经济改革，二者都不是根据本国实际情况为国人服务的改革方案，而是完全照搬以美国为首的西方政治、经济模式，不加分析地摧毁原有制度的一切，急切期待一夜之间从斯大林模式的社会主义跃进到发达资本主义行列，并幼稚地幻想成为西方阵营的一员，同它们平起平坐。

俄罗斯具有独特的文化，对世界文明作出了杰出贡献，同时也不能不承认，源于拜占庭的以东正教为代表的精神文化和斯堪的纳维亚军事思想的俄罗斯文化也有其突出的弱点，就是太富于理想化，做事急于求成，好走极端，不是极左就是极右。在改革开始时把改革理想化，对困难估计严重不足，一旦改革受挫，就完全抛弃它，开始另一种改革方案，而不深入民众和实际，对改革成败原因做认真分析和总结，在此基础上拟定符合本国国情的改革方略，导致改革一次又一次失败，给国人造成巨大灾难。

一对矛盾的孪生兄弟——戈尔巴乔夫和叶利钦双双照搬西方模式

分别生于1931年2月1日和3月1日的叶利钦和戈尔巴乔夫，早年信仰马克思主义，中年进入苏联最高领导层，戈尔巴乔夫当上了苏共总书记，叶利钦也进入政治局。他们都主张对苏联社会进行改革，但在由谁来领导改革问题上，叶利钦向戈尔巴乔夫提出严重挑战。其实，他们主张改革的内容是一致的，改革的方向也是相同的，就是照搬以美国为首的西方政治经济制度。

俄罗斯历史学家把戈尔巴乔夫的7年改革分为4个阶段。1985年3月至1986年为第一阶段。在此期间他推行的不是政治改革，而是名为“加速战略”的经济改革。而提高经济发展速度，重点是发展机器制造业，在几年之内要机器制造业增长1倍。然而，这一改革战略遭到严重抵制，推行不下去。为什么？因为当时苏联消费品严重匮乏，人们迫切需要增加消费品。那时苏联工业占整个经济的70%，而工业中的70%又是军事工业。因此，工业中的机器制造业产量越多，越遏制了消费品工业的增长，不符合人民改善生活的需要。因此，不受欢迎。

在“加速战略”的经济改革受挫之后，戈尔巴乔夫认为苏联的政治体制是“障碍机制”，因而从1987年起转向了改革的第二阶段，政治改革阶段，一直持续到1990年春。政治改革不是以马克思主义为指导，而是以戈尔巴乔夫1987年提出的“新思维”为指导。“新思维”以所谓“全人类共同价值观”为主要理念，盲目效法西方，以所谓“民主化”和“公开性”来全面揭露从十月革命到勃列日涅夫时期近60年来的错误和“罪行”，全盘否定过去的一切。改革的方向也由“完善”社会主义转为“摧毁”社会主义，由“改善”党的领导到取消党的领导，使整个社会严重分裂，形成混乱局面，民族分立势力乘机活跃，在一些共和国民族分立势力上台主政。

在民族分立势力在全苏范围内占主导地位的情势下，戈尔巴乔夫1990年夏开始联盟体制的改革，改革的第三阶段到1991年8月以失败告终。苏联是苏维埃社会主义共和国联盟的简称，成立于1922年。戈尔巴乔夫1990年夏要重新修订联盟条约，使原有的联邦国家更改为“主权国家联盟”，即把“联邦”改为“邦联”，一字之差就使一国主权变为多国主权。1991年3月17日举行的全民公决，70%以上的居民主张保留原有联盟，但戈尔巴乔夫违背民意，主张独立的9个民族共和国领导人一起敲定了“主权共和国联盟”条约，拟于1991年8月20日签署。这遭到主张保留联盟的苏联副总统、总理、国防部长、内务部长、克格勃主席、总统办公室主任等人的反对，于签署条约前夕的8月19日发生政变，企图扭转国家被瓦解的局面。然而，事与愿违，他们的这一行动反而加快了国家的解体。

“8·19”事件后至1991年12月25日为戈尔巴乔夫改革的第四阶段，即彻底失败阶段。“8·19”事件中，戈尔巴乔夫完全倒向叶利钦一边，于8月24日按叶利钦的意旨宣布苏共自行解散。接着，他虽然不情愿，但却一步步地把权力移交给叶利钦。12月25日宣布辞去苏联总统，把760亿美元外债和560亿美元内债也留给了叶利钦。当年苏联国内总产值下降13%，消费价格上涨101.5%，人民生活陷入十分困难的境地。戈尔巴乔夫改革的结果不但亡党亡国，而且使人民遭难。

叶利钦从戈尔巴乔夫手中接手的所谓“新俄罗斯”是个千疮百孔的国家。这是被称为“苏联改革之父”的戈尔巴乔夫同“新俄罗斯之父”的叶利钦以不同方式造成的共同结果。叶利钦不顾国民的疾苦，在他们重重的伤口上再猛撒一把盐，从1992年1月2日起正式实行由美国哈佛大学教授萨克斯起草的“休克疗法”方案，对俄罗斯进行激进经济改革。一天之内放开90%定价商品价格，商品潮水般从国外涌入，商店货架原来空空如也，现在琳琅满目，但普通百姓望而生畏，因为1992年食品涨价25倍，而居民实际收入仅增长44%，国民收入回到1976年的水平。1992年通货膨胀率高达2509%，1993年为840%，1994年为215%，1995年为131%。1992年至1998年期间国内总产值下降约50%，而1941年至1945年反法西斯战争里的4年间也只下降24%，损失之大，可想而知。由于经济继续大幅滑坡，本国货币不断贬值，按官方汇率，1985年1美元只兑0.6卢布，1991年12月为20卢布，1992年中为60卢布，1992年12月为308卢布，1993年夏则为1000卢布了。经济滑坡、货币贬值、全国危机接连发生，恐怖活动频繁，人民怨声载道，要求叶利钦下台的呼声越来越高。在此情况下，叶利钦权衡利弊，与普京达成交权协议，于1999年12月31日把总统权力提前交给普京。作为代总统的普京颁布的第一号命令，就是确保叶利钦及其家人的生命财产的安全。这本身就说明了许多问题。

俄罗斯探索符合本国文化传统的发展道路

俄罗斯绝大多数民众和政治精英从戈尔巴乔夫和叶利钦推行的激进政治改革和激进的经济改革的痛苦经验中认识到，只有根植于本国文化传统的改革，才能使国家昌盛、人民幸福。超越本国文化根基的战略文化的改革，只会把国家引向更深的深渊。于是，普京从叶利钦手中接过权柄后，就立即提出要“复兴”俄罗斯，强调要做大国做强国才有前途，否则，就要沦为二三流国家而任其他大国所摆布。他对苏联解体痛心疾首，同时又认为不能回到苏联时代。他说：“苏联解体是21世纪最大的地缘政治灾难，是俄罗斯的民族悲剧”；“谁不为苏联解体感到痛心，那是没有良心；谁要是要回到苏联，那是没有头脑”。于是，他上台后立即从战略文化的角度提出了“新俄罗斯思想”来武装国民，呼吁国人重建“俄罗斯自古以来就有的传统价值观”，其中主要是爱国主义、强国意识、国家观念、社会团结等等。他鲜明地指出：“新俄罗斯思想是一个集合体，它把全人类共同价值观与经过时间检验的俄罗斯传统价值观有机地结合在一起。”普京依据这一“新俄罗斯思想”，探索符合俄罗斯国情的发展道路。从他执政八年的历程看，他始终奉行了不同于戈尔巴乔夫和叶利钦改革的路线和政策，突出的有以下六个方面。

第一，实事求是地总结和对待苏联的成就和问题，不否定一切也不肯定一切。

普京2000年在“千年之交的俄罗斯”一文中强调指出：“在

即将过去的这个世纪里，俄罗斯有 3/4 的时间是在为共产主义原理而奋斗的标志下生活的。看不到这一点，甚至否定这一时期不容置疑的成就是错误的。”于是，他不顾叶利钦的强烈反对，将苏联国歌的曲子作为新俄罗斯国歌的曲子，将苏联红旗作为新俄罗斯的军旗，结果在各族人民中受到广泛支持。普京对苏联时期的错误也有清醒的认识，他在《千年之交的俄罗斯》一文中也指出：“如果我们不意识到社会和人民在这一社会实验中付出了那么大的代价，那就更是大错特错了。主要的错误是：苏维埃政权没有使国家繁荣、社会昌盛、人民自由，用意识形态的方式搞经济导致我国远远落后于发达国家。”

第二，抛弃照搬西方经济发展模式，探索符合俄罗斯国情的发展模式。

普京 2000 年说：“20 世纪 90 年代俄罗斯的经验雄辩地证明，只有将外国课本的抽象模式和公式简单地照搬到我国，我国的改革不付出巨大代价就能取得真正成功是不可能的。机械地照抄别国的经验是不会取得成功的。每个国家，包括俄罗斯，都必须探索自己的改革之路。我们在这方面不是很有成效，只是最近一两年才开始摸索自己的改革道路和寻求自己的发展模式。只有将市场经济和民主的普遍原则与俄罗斯的现实有机地结合起来，我们才会有一个光明的未来。”八年来，普京执政团队一直积极寻求自己的发展模式，付出了不懈的努力。

第三，抛弃激进改革方式，改用渐进改革方法。

普京同样在 2000 年指出：“政治和社会经济动荡、剧变和激进改革已使俄罗斯精疲力竭。只有幻想家或那些对俄罗斯和人民冷酷无情的政治力量才会呼吁再进行一场革命。无论打着什么样的招牌（共产主义也好，民族爱国主义也好或激进自由主义也好），国家和人民都经不住再一次翻天覆地的变革……。有责任心的社会政治力量应该给人民制度一个能使俄罗斯复兴和繁荣的战略。这个战略应该依据市场和民主改革中所创造的一切好经验，并且只能用渐进的、逐步的和审慎的办法实施；要保证政治稳定，又不能使俄罗斯人民各阶层和群众的生活水平下降。这是摆脱我国目前所处困境的一个无可争辩的要求。”

第四，抛弃寻求外援来发展经济的方针，改行自力更生发展经济的方针。

普京在2002年国情咨文中强调：“我们对任何人都不要抱特别希望。任何人都不会提供帮助。我们需要自己去争得经济阳光照耀人的地方。”这是经历了戈尔巴乔夫和叶利钦寻求西方帮助改革而失去自我后得出的惨痛教训。戈尔巴乔夫1991年7月前往伦敦首次出席西方7国首脑会议前，授意亲西方的政客雅夫林斯基等人向西方提出1500亿美元的援助要求。会议期间，戈氏苦苦要求西方提供经援，但得到的只是口头支持他的改革。在戈氏地位摇摇欲坠之际，他的西方朋友并没有向他伸出“友谊之手”。1992年和1993年，西方为支持叶利钦站住脚跟，分别允诺给予240亿美元和435亿美元的援助，并附以十分苛刻的条件，俄罗斯政府每年必须向美国控制的国际货币基金组织提交财政预算报告，在其同意之后才能提交俄议会审议。就是这样，俄罗斯也只获得允诺的一部分，解决不了西方推荐的“休克疗法”造成的巨大损失。普京上台后主要依靠稳定政局，完善经济政策来发展经济，加上近年来油气价格大幅上扬，使俄罗斯经济不但制止了下滑，而且已于2006年恢复到前苏联时期俄罗斯1990年的水平。在这一年偿还了欠国际货币基金组织的债务，一跃而进入世界经济大国的行列。普京2007年11月21日宣布，如果现行政策持续下去，俄罗斯今后10年内将进入世界五大经济强国之列。

第五，“经济全球化”和“经济民主化”并举，防止西方跨国公司控制俄罗斯的经济命脉。

“经济全球化”是21世纪的发展趋势，俄罗斯积极争取加入世贸组织，以使俄罗斯经济更多融入世界经济体系。但俄罗斯也清醒地看到，西方发达国家只图利用经济全球化进入甚至要主宰俄罗斯的经济命脉石油和天然气工业、稀有金属工业。为阻止这一企图的实现，普京将在叶利钦时代通过大规模私有化而落入亲西方寡头手中的大型企业权收归国家控股。2003 年夏开始整治由美国公民掌握财产的俄罗斯最大石油公司尤科斯公司，最后由国有俄罗斯石油公司控股，并使尤科斯石油公司破产。同样，俄罗斯对由西方大公司控制的萨哈林天然气公司实行收购控股。俄罗斯为民族经济不被经济全球化大潮所吞没，专门制定了相关法律。普京总统亲自颁布了战略企业名单，使这些企业的私有化和其他处置均需经他本人批准。

第六，用“可控民主”取代“寡头民主”，用“主权民主”取代“自由民主”。

戈尔巴乔夫和叶利钦照搬西方发达国家的“自由民主”模式，其后果是全国大乱，亡国丧权。普京鉴于他们的惨痛教训，提出了“可控民主”的策略，即民主不能是无政府主义，“自由民主”不能使国家解体、人们受穷，而应该使人们团结起来去建设国家。自由民主都应该符合本国的文化传统。这一方针受到寡头及其支持者以及西方国家指责为“民主倒退”，但俄罗斯广大民众却予以支持，使政局稳定，为经济发展创造了前提。

此外，普京还彻底放弃了叶利钦时代初期向西方“一边倒”的对外政策，奉行独立自主的务实全方位外交，也收到了良好效果。

普京领导的俄罗斯还不能完全说已经探索出了符合俄罗斯文化传统的发展道路，但毕竟在积极探索之中，相信伟大的俄罗斯民族终将找到适合自己的发展道路。恩格斯 1893 年 10 月 17 日在给他的俄国朋友尼古拉·丹尼尔逊的信中说：“像你们那样伟大的民族，是经得起任何危机的。没有哪一次巨大的历史灾难不是以历史的进步为补偿的。”

几千年的人类社会演变史证明，一个民族、一个国家，物质上不能贫穷，精神上更不能贫穷，唯有物质上和精神上都富有，才能成为拥有强大生命力和凝聚力的伟大民族和强大国家。而文化，尤其战略文化始终是推动物质文明和精神文明的动力。如果一个民族、一个国家在发展过程中抛弃了自己的文化，尤其抛弃了自己的战略文化，不扎根于具有本民族和本国的文化，那么这个民族和这个国家必亡无疑。有五千年历史的中国曾经饱受内忧外患之苦，但正是在任何时期都没有抛弃自己的文化，并在此基础上汲取一切人类的先进文化，所以才会有今天充满生机与活力的中国和中华民族。

印度战略形成与发展的几个问题

军事科学院战略学博士生　张啸天

印度与中国、埃及、巴比伦一起是人类历史上四大文明古国。如果说中国是一条巨龙，那么印度则可以称为一头大象，它悠久的文化和庞大的身躯承载着数千年的文明，经受着无数次外敌入侵的攻击。先后入侵的民族都消失在历史长河中，印度既曾繁荣昌盛，也曾衰微低迷，历经劫难，五千余年，绵延不绝，并在20世纪中叶再获新生。

一、地缘态势对印度战略成长的影响

地缘态势是审视一个国家战略的重要组成部分，它不仅指国家地理态势的客观分布，还主要包括（国际和国内）力量的分布和部署。从欧亚大陆、印度洋和西太平洋全局看，印度处于欧亚大陆外缘弧形地带的中心部位，介于东南亚和西亚这两个当今世界最为动荡的区域之间，是东南亚至西亚的陆上交通要冲，也是瞰视中亚和中东地区的重要枢纽；印度南部是辽阔的印度洋，是最繁忙的海上战略通道，它连通大西洋与太平洋，遥望波斯湾、红海、地中海，西起霍尔木兹海峡，东到马六甲海峡，是战略咽喉要地；通过陆地，北与中国接壤，与俄罗斯相对；通过海洋，与美国和日本遥遥相望。这种地理优势，是印度战略成长的土壤。

信奉印度中心论。印度独立后，充分认识到被马克思称作“亚洲规模的意大利”的地理优势，继承了英国殖民者在侵略亚洲过程中形成的“一个内湖、两个同心圆和三个缓冲区”的战略遗产。一个“内湖”是指印度洋；两个“同心圆”的中心是印度，“内圆”是指尼泊尔、不丹、锡金三个喜马拉雅山小国，包括印度的阿萨姆北部、东北部的部落地区和西北边境的部落地区；“外圆”是指波斯湾的酋长国、伊朗、阿富汗、中国的西藏和泰、缅等国；三个“缓冲区”是指中国西藏、印度洋和阿富汗。根据印度中心论的构想，该地区小的民族国家可以作为文化上的自治地区而存在，但不能成为独立的政治单位，南亚和印度洋地区的所有国家都要纳入大印度联邦，再以南亚和印度为支点，将印度的影响力扩展到亚洲和太平洋地区。通过地缘战略，确立印度在亚太地区的中心地位，最终成为尼赫鲁所说的“有声有色的大国”，在全球事务中扮演重要角色。印度中心论的实质是以印度为中心，逐步向外扩展，将印度的影响力向外辐射，最终在世界上发挥重要作用。它是印度战略文化的内核。

谋求南亚支配地位。地缘态势是一个国家战略目标选定的重要影响因素。独立以来，取得南亚支配地位是印度战略发展的首选目标。从地理上看，印度西北部的苏莱曼山脉、兴都库什山脉、喀喇昆仑山脉和北部的喜马拉雅山脉，成为印度安全的天然屏障。印度东北部的阿萨姆地区，由于印度政府非法侵占了麦克马洪线以南、传统习惯线以北属于中国的领土，使北部地区的战略态势得到根本改观，向北可以屏蔽中国，向南可以威胁孟加拉国，向东可以与东南亚各国加强战略联系。印度占据了南亚次大陆的大部分面积，无论如何都是南亚的第一大国，在本地区具有超强实力。它把周边国家看成自己的势力范围，并坚决反对任何外部势力染指南亚事务。

力图主宰印度洋。印度是一个世界性濒海国家，海岸线长达7520公里，在阿拉伯海和孟加拉湾分布着1175个岛屿。在印度洋沿岸的38个国家中，印度国土面积最大，人口最多，地理位置最好。它依赖印度洋的历史也最悠久，既有过控制印度洋使国家强盛的美好时期，也有过忽视海防给国家带来的痛苦经历。这样的地理环境，注定了印度的战略利益与印度洋的命运休戚相关。控制印度洋，建立对印度洋的主宰地位，使印度洋成为“印度之洋”是印度追求的重要战略目标。印度独立之初，由于力不从心，无法控制海洋，只能将战略重点放在陆地上，谋求南亚次大陆的支配地位。随着战略形势和国家实力的增强，20世纪80年代印度防务专家指出，国家安全形势已经由公开转为隐蔽的海上争夺，只有使本国成为强大的海权国家，才能在经济和国防上迅速发展。为了填补冷战结束后印度洋的力量真空，实现“印度人的印度洋”，印度全面推行“印度洋控制战略”，重点发展远洋攻击力量，不断提高海上作战能力。进入21世纪以来，国际局势更加复杂，印度洋的经济价值不断提高，一些大国和地区国家也向印度洋窥视。针对这一变化，印度制定防止其他大国进入和干预的战略方针，并在实力无法驾驭的情况下采用大国平衡战略，从而有效地将印度洋掌握在可以发挥影响的控制下。

东联西攻，北稳南进。一个国家地缘态势对战略的影响，还表现在周边国家及本国力量的分布上。对印度来说，西部是曾被三次战争而肢解了的巴基斯坦，其国家综合实力与印度已经相差甚远，处于被动地位。进入21世纪，这种差距继续加大。在这种军事实力与经济及实力都占优势的情况下，印度对巴基斯坦采取积极进攻战略。印度东部是东南亚诸小国组成的东盟国家，该地区处于印度侧翼，是重要的海上通道，并具有巨大的贸易潜力。随着美、日、中在这一地区影响的增强，印度要实现将其实力延伸到太平洋的战略构想受到制约。为了继续向东推进，拓展其经济利益，印度采取确保该地区不受任何大国控制的制衡策略。在稳定北面的同时，南下印度洋，控制海上通道，以海军优势制服印度洋周边国家，使印度洋成为印度的势力范围。

二、独立自主与大国平衡相结合的生存法则

第二次世界大战后，世界上形成两大阵营对垒和冷战的格局。美英希望印度追随西方，在亚洲扮演遏制共产主义与新中国抗衡的力量，并希望在这个过程中把印度塑造成一个资本主义民主制度优越性的橱窗。苏联希望印度加入华约阵营，成为抗衡北约阵营的重要支撑力量。面对世界局势，尼赫鲁实行不结盟政策，走独立自主的道路，并将独立自主作为国家发展的指导思想，尽力避免为其他国家所干涉和牵制。这一政策在东西方对抗的冷战时期有效地维护了印度的国家利益，提高了印度的国际影响力。独立自主需要实力支撑，印度历届政府都将实力政策放到极其重要的位置。印度普遍认为，“如果国家的领土完整受到破坏，在经济方面所做的努力将付之流水”，“没有国防，经济发展便等于零”。实力至上的原则，已经成为印度战略的核心思想。

基于实力还不够强大，以及南亚次大陆处于世界东西方中间地带的思考，为了获取更多的生存与发展机会，印度选择了大国平衡战略。早在独立之初，尼赫鲁就提出“不把鸡蛋放在一个篮子里”

的战略思维。冷战时期，印度利用美苏争霸的矛盾，在东西方两大集团之间采取都交好、不惹人、左右逢源的平衡政策。1951 年，印度同美国签订了军援协定，不断接受军事援助。同时，前苏联在1965～1971 年间，对印度军援即达 7.3 亿美元。从 1951～1985 年，印度接受外来经援和军援总额达 42040 亿卢布，无疑从中获得了实惠。冷战结束后，随着世界一超多强格局的确定，印度的地位更加突出。在一段时间的调整以后，印度确定向全方位平衡政策发展，获得更大实惠。目前，印度同世界上各地区组织、大国集团和各大国保持着良好的双边和多边关系，积极参加各种军事交流和演习。这也从另一个层面反映出印度战略文化的功利性特征。

印度努力提高自身实力的独立自主发展方针与大国平衡政策是协调一致的。独立自主是根本，大国平衡是策略。二者有效地抵消了发展中的消极影响，提高了国家实力。如果说冷战时期的印度尚且是东西方之间左右逢源的砝码，那么 21 世纪的印度正向更大范围的地区大国迈进，并努力谋求在世界大国中占有一席之地。

三、时代主题与国家利益需求与印度战略发展

印度战略的发展与时代主题及国家利益需求息息相关，并以相应的战略调整服从和服务国家利益的发展。

1947 年，印度独立时，世界已经分为东西方两大对立的阵营，美苏两国为了争霸的需要积极插手南亚事务。这一时期，民族解放运动风起云涌，革命与战争是时代的主题，印度推行有限进攻战略来谋求本地区的利益。主要体现在以巴基斯坦为作战对象，不断蚕食中国领土，控制北部弱小邻国等。有限进攻战略符合当时印度的

战略需求，使印度在很短的时间内在南亚站稳脚跟，为以后谋取南亚主导权铺平了道路。20 世纪 70 年代，随着印度在南亚地位的稳固，美苏争霸处于胶着，周边国家尤其是北方邻国处于艰难时期，印度意识到战略机遇期的出现。此间，印度采取了一系列积极行动。对北方先是实施进攻策略，在受挫后改为向北防御；对巴基斯坦由原来的军事对峙改为主动进攻，并在第三次印巴战争中将巴基斯坦肢解；充分认识到制海权的重要性，建立两大舰队，军事势力积极向印度洋延伸；加强对周边小国的控制。这些措施使印度在实质上成为南亚霸主，为国家利益进一步拓展做好了准备。20 世纪 80 至 90 年代初，超级大国由长期对抗走向缓和，南亚局势趋向稳定，和平与发展的地位明显上升，印度国家利益集中体现在发展国家综合力量，巩固南亚地位，并积极扩大在本地区和世界的影响。印度采取“保陆制海”战略，强化已有的成果。

冷战结束后的一段时期，世界局势前景难以预料，时代主题正在动荡中演变。印度经过一段时间探索，决定采取地区威慑战略。他们认为，这一战略既可以适应政治外交的需要，又可以保持一定的主动性和灵活性。实际行动中表现在巩固南亚次大陆的既得利益，控制周边小国，以强大的海军力量谋求印度洋的主导地位，采用制衡策略防止大国插手南亚和印度洋事务，从而以地区主导权为基础向更大范围的主导地位努力。

新世纪以来，国际战略环境发生着复杂而深刻的变化。“9·11”事件后，世界各种战略力量进一步分化组合，国际关系处于不断调整之中，新的战略格局在酝酿中嬗变。印度政府将时代主题与国家实际情况相结合，把经济建设与军事力量发展放到最为突出的位置，在战略与策略上采取更为灵活的全方位多边交流与合作，继续保持对周边小国的影响控制，以实力为基础慑止大国插手地区事务，积极发展海洋力量、核力量和航天力量，最大化地维护自己的国家利益。

世界部分国家维护文化安全的经验与教训

中华民族文化促进会副主席 曹泽林

胡锦涛总书记在党的十七大报告中要求我们："完善国家安全战略，健全国家安全体制，高度警惕和坚决防范各种分裂、渗透、颠覆活动，切实维护国家安全。"我认为，文化安全也是我们要特别关注的国家安全战略的重要内容。

一、文化安全是国家安全的重要内容

进入21世纪后，文化对人类社会发展的作用显得越来越重要，文化对社会政治、经济的影响也显得越来越重要。文化不仅成为冷战后民族国家捍卫国家主权斗争的重要武器，而且也成为冷战后架构国际合作的重要桥梁。联合国开发计划署（UNDP）在1992年的《人类发展报告》中，首次把文化安全列为人类社会应该享有的一项基本权利。

1994年底，德国、英国、法国、美国四国领导人会晤时，一致强调北大西洋共同体的必要性。这个共同体的目标，不仅要达到国防、经济与政治体制上的彼此认同和联盟，而且更明确地表明要“从通过文化复兴”，继承“罗马的共同欧洲文化遗产”，建立“共同价值观、信仰和文明”，把“文化安全”确立为共同体的一个重要战略目标。

20世纪90年代初，美国著名政治学者塞缪尔·亨廷顿，在其《文明的冲突与世界秩序的重建》一书中提出，当今世界已是一个以文化认同为中心，按照文化的相似和差异来塑造联盟、对抗关系和国家政策的世界。这本书英文版的封面设计，隐含了这位美国学者心中的世界文化布局：基督教文明的“十字架”在右上方，伊斯兰文明的“新月”在左下方，而代表中华文化的“太极图”则在右下方。这一布局清楚地反映了西方文化精英们的普遍态度：作为异质文化，中国文化和伊斯兰文化是西方文化所面临的主要威胁，信息化时代加速了诸文明直接碰撞和交锋的力度。在这种情势下，借助西方文化本身的强势以及西方对互联网络技术的掌握，通过建立一个以西方价值观为基础的世界性的主流文化，将这一威胁消解掉是这些国家战略的重要组成部分。

随着全球化浪潮的发展，国际间的政治、经济、外交、科技、传媒都将成为强势文化扩展的手段。掌握“超国家领域”的控制权，目的不在于攻占他国的领土，或控制其经济生活，而在于制服和控制人的头脑，作为改变国与国之间权力关系的工具。另一位美国学者披露，美国间谍情报机构在长达20年的时间里，一直以可观的财力支持着西方高层文化领域，而名义上却是维护言论自由。这场战争所使用的武器不是飞机、大炮和舰艇，而主要是各种刊物、图书、会议、研讨会、美术展览、音乐会、授奖等等。

文化安全是国家稳定发展的精神前提。文化安全是整个国家安全体系的一个重要组成部分，对于确保国家政治安全、经济安全、军事安全有着重要意义。在当前全球化浪潮的冲击下，发展中国家面对的文化安全问题更加突出。中国作为发展中国家，在文化传统、意识形态、社会制度、国家利益等诸多方面，与西方发达国家存在着较为明显的分歧，自然而然地成为某些霸权主义国家进行文化渗透和文化颠覆的主要目标之一。

在全球化的发展进程中，“文化格局”的概念越来越受到重视，它与政治格局、经济格局一起，成为认识和分析国际形势的重要的理论工具。所谓文化格局，是指世界范围内各种不同特质文化在一个较长时间内相对稳定的结构和力量对比。当前，全球文化的总体格局是，西方文化尤其是美国文化处于强势地位，儒家文化、伊斯兰文化、东正教文化、非洲文化、拉丁文化、日本文化、印度文化等处于相对弱势的地位。这种格局，大体上与国家经济力量的强弱相对应。科技和经济实力的强弱，决定了一种文化在世界文化格局中的地位，导致美国文化在全球的泛滥，加剧了西方文化和非西方文化的不平等关系。在这种态势下，其他文化形态在西方文化的攻势面前而处于被动的应付地位。这种格局在 20 世纪 70 年代后期初步形成，除非各国的经济力量对比发生重大变化，或者发生重大战争等变故，否则这种全球文化格局只能在文化强势压制文化弱势的大结构中进行微调，而无法在短期内发生根本性改变。

二、世界各国文化安全的经验与教训

胡锦涛总书记在党的十七大报告中提出：“文化上相互借鉴、求同存异，尊重世界多样性，共同促进人类文明繁荣进步；安全与相互信任、加强合作，坚持用和平方式而不是战争手段解决国际争端，共同维护世界和平稳定”。借鉴外国经验，建立文化安全战略，维护社会主义文化的主体性，是我们文化安全战略的重要内容。

（一）加拿大：发展主体文化，维护文化主权

加拿大是一个移民国家，主要由两种文化组成，英语文化和魁北克地区的法语文化。加拿大政府在20世纪70年代初通过决议，并于80年代立法，将多元文化作为其国家的基本国策，成为世界上第一个奉行多元文化政策的国家。但是，在加拿大实行多元文化的过程中，出现了文化主体消失的问题。20世纪50年代，整个加拿大文化市场被来自英、法、美的文化产品所垄断，几乎见不到加拿大自己的民族文化产品。20世纪70年代后，形成了美国文化产品一家独霸文化市场的局面，美国的文化烙印被深深打入加拿大文化内容和传播方式之中。在文化失势的严峻形势下，加拿大政府采取一系列措施发展本国文化，抵制美国文化入侵，维护国家文化安全。他们的主要经验是：

1. 处理好文化的多元化和国家文化主体性的关系

从加拿大的文化发展实践来看，多元文化在加拿大文化抵制美国文化的过程中发挥了相当重要的作用。多元化不仅承认各个文化是平等的，而且给了相互文化以发展的空间，并在这一基础上保证文化的多元性，使得在加拿大内部，民族文化认同更容易被民族公民认同所取代，减少了各文化之间的对抗性，为多民族国家缓解文化冲突、维护文化安全提供了新的思路。

值得注意的是，文化多元性并不能排斥文化主体性的建构，因为如果过分强调多元而忽视主体建构，将给外来强势文化的渗透以可乘之机。所以，多元文化不是一种简单的多元文化集合，它必须以建立国家文化主体和为维护国家文化安全为目标，以此

应对外来强势文化的渗透和入侵。

2. 文化主权是文化安全的主要内容

加拿大在意识形态上与邻近的美国并无根本差异，都是建立在西方“自由民主”价值观念之上的。但是，加拿大与美国在文化领域内一直存在争端，其激烈程度甚至超过了美国与非西方国家保护和渗透的斗争。这反映出冷战结束后，捍卫文化主权越来越成为保护国家利益的重要内容。因此，在思考文化安全问题的时候，要特别注意国家文化主权的争夺。

3. 适应国际文化交流与文化市场的运行机制

在加拿大文化安全措施中，一方面，对本国文化和文化产业实施补贴和扶持；一方面，限制外来文化商品的进口，采取征收反渗透税之类的措施。但是，如果过于严厉地限制进口，会使本国文化发展脱离自由竞争的健康环境，也将有害本国文化的发展。这就是说，为了有效抵制外来文化的压力，必须在深入了解国际文化市场规范的前提下，灵活制定文化政策。在不与多边国际文化合作发生冲突的情况下，最大限度地保护本国文化免遭外来文化的破坏性影响。

（二）法国：实行文化多样性政策，发掘、保护文化遗产

中法两国有着相似的文化背景，拥有引以为自豪的历史文化，对世界文化格局未来发展的看法也基本一致。法国在国家文化安全问题上的经验主要是：

1. 放弃“文化例外论”，推进国际文化多样性发展

文化多样性的主张，强调文化的平等，是抵挡强势文化有力的武器，也有助于扩展民族文化的世界影响力。因此，应该成为国家文化安全的最有效出路。

2. 语言安全是国家文化安全的基础

语言是文化的基本要素。一个民族的语言，是表达本民族和外国先进文化的基本载体，与文化内容一样对文化安全发挥着基础性影响。所以，国家对文化产品的控制，往往就以其语言标准为准绳。很多文化产品只有经过了本土化改造，才有可能进入这些国家的文化市场。

语言也是一种思维符号，随着各民族文化的国际化，西方在概念及语言文化思维上的影响不容小视。无论是在社会科学领域还是在自然科学领域，来自西方语言的词汇大大影响了这些国家的语言发展，有些甚至是直接的音译或者使用原文。这些都必然对这些国家文化语言的表达内容和文化思维方式产生深远的影响。1992 年，法国国会郑重地把“法语是法国的官方语言”这句话写入法国宪法。1994 年，法国议会通过了“关于法语使用的法案”，即杜蓬法。“杜蓬法规定，禁止在公告、广告中，在电台、电视台播送节目中（外语节目除外）使用外语。要求在法国境内出版的出版物，必须有法语的概述。在法国境内举行的各种研讨会，法国人必须使用本国语言做大会发言……对违反杜蓬法的将处以 5000～25000 法郎的罚款，违反多少次罚多少次。”①

3. 发掘民族文化的历史资源，保持民族文化自尊

对于一个有着深厚历史文化积淀的国家而言，民族文化安全首先必须基于全民对民族文化特质根本认同的基础上，而对历史资源的发掘和保护，是树立民族文化认同，保持民族文化自尊心的重要工作之一。法国政府在这方面，已经走在世界的前列。法国的艺术品、建筑等文化遗产得到了来自民间和政府的大力支持，通过参与历史遗迹保护的行为，将文化安全的防火墙建在了国民的心中，是巩固国家文化安全的有效举措。

① 肖上云：《法国的文化政策》，《国际观察》1999 年第 6 期。

（三）韩国：保护本土文化，扩展文化影响力

韩国文化是一个多元的复合体，其主要文化传统均与周边国家文化有着相当紧密的联系。中国、日本文化对韩国文化都有深刻影响。冷战结束后，维护本土文化主体性成为韩国文化安全的战略重点。

1. 保护本土文化，发展文化产业

20 世纪 60 年代，韩国开始了国内的现代化进程，韩国本土的民俗文化受到了西方文化的强烈冲击，许多具有韩国民族特征的文化艺术遗产濒临消亡。1960 年，韩国政府为此专门颁布《无形文化财产保护法》，此后又颁布了一系列发展本国文化产业的法律。如《影像振兴基本法》、《著作权法》、《电影振兴法》、《演出法》、《广播法》和《唱片录像及游戏制品法》等。所有这些，都为建立一个更加强大和有序的韩国文化产业提供了法律保障。

2. 发展创意文化，扩展文化影响力

20 世纪 90 年代，经过亚洲金融危机的洗礼，韩国政府把发展重点放到高附加值的文化创意产业。他们的“文化立国”战略，不仅限于维护本土文化独立性和保护文化产业的发展，而且更注重提高文化产业在世界市场上的竞争力，以带动韩国整个经济形势的好转，为提高韩国文化在国外的影响力打下坚实的基础。

为了加速文化产业发展，韩国提出把创意文化产业培养成下一代国家战略产业的宏伟蓝图。为此，韩国设立了专门的韩国产业文化振兴院，负责制定文化产业政策，扶植韩国文化产业，开拓海外文化市场，培养文化创意产业人才。与此同时，韩国还成立了亚洲文化交流协议会，以推进民间和政府在文化发展上的良

性互动。他们还对一些政府的文化管理机构进行调整，使之适应新的文化发展战略。

3. 设立专项基金

韩国政府为发展文化创意产业，建立了一系列专项基金，最著名的是“文化产业基金”和“文化产业振兴基金”。从2000年开始，韩国政府逐年提高对文化产业的投入，政策重点向新型文化产业倾斜。近年来，韩国每年都向游戏产业投资5亿韩元资金，并建立了相关的人才培养机制，组织各种世界性的电子竞技大赛。游戏产业已经成为韩国文化产业的龙头，在整个文化产业中占有重要地位。

4. 要做亚洲文化代表

电视剧《大长今》已经成为韩国面向世界的形象大使。《大长今》通过服饰、饮食、医药、礼仪等表现，成功地向世人展示了韩国的传统文化。有人说，看了《大长今》，仿佛有一种参观儒教传统文化精髓博物馆的感觉。

韩国政府正在使自己成为亚洲文化的代表，与中国争夺儒家文化正统地位。有位香港学者在评论《大长今》时说，该剧是韩国崛起于东亚的一部政治宣言书，是韩国傲然走向世界的一张文化身份证。它的目的是要与中国争夺儒家文化主体精神的解释权。这是值得我们深思的。

（四）前苏联：处理文化安全问题的历史教训

在苏联解体前夕，整个文化界基本上背离了维系这个国家文化体系的基本原则和价值观念。当然，最后一任苏联领导人的文化政策，在苏联解体的过程中也起到了重要作用。苏联文化安全的历史教训主要有：

1. 封闭的文化体系

苏联建国早期，曾邀请西方文化名流访问苏联，并与欧美国家签订了一系列文化交流协议，但交流的范围和领域是相当有限的。在封闭政策下，苏联对西方文化不加分析的全盘否定，对本国文化盲目乐观，形成了因循守旧、固步自封的文化心态。苏联人民对世界缺乏真实的了解，缺乏对西方文化的免疫力。

世界经济的一体化和信息技术的发展，出现了世界性的文化市场，而苏联政府出于维护本国文化和政治安全，坚持国家主导文化市场，压制民间文化发展，以致在国际文化产业化大潮中处于绝对劣势。这种劣势，又使得苏联更加隔绝于国际文化市场之外。如此恶性循环，使得苏联完全将国际文化整合的主导权拱手让人。

苏联和其他社会主义国家之间的文化交流常常陷入大国沙文主义怪圈，对兄弟国家的文化发展，也常常采取霸权主义的策略，以反对资产阶级民族文化为名试图统制一切，对不同意见者采取集体打压措施，以致造成社会主义阵营中的文化离心倾向。

2. 意识形态扭曲

科学的意识形态可以在文化建构、巩固和发展过程中发挥相当积极的作用，但是意识形态本身并不能代替文化的发展。在苏联的后期，意识形态扭曲为领导人“垄断真理”，堕落为打击政治对手的工具，成为了阻碍苏联文化发展的精神枷锁。在这种形势下，文化自身发展的特殊规律被忽视，文化发展受到影响，反过来，知识文化界对国家干预的反对声音更加强烈，文化安全的根基面临重大威胁。

3. 对知识分子政策的失误

苏联共产党及其领导人对社会上特别是知识界、文化界出现的各种不同观点、意见和思潮，采取简单压制方法，把许多原本可以通过正常思想交流争取过来的人，或是推到了自己的对立面，或是将他们赶入“地下”，为日后的剧变埋下了隐患。

对知识精英的工作是文化安全建设的核心环节。知识精英掌握了国家文化发展的话语权，对文化发展拥有不可替代的影响力和号召力，不仅是维护国家文化主体性的基本要素，而且也是培养国家文化免疫力、提高国家文化竞争力的基本要素。知识分子并不能独立于国家和社会生存，但是他们有着相对的独立性，其价值取向有时并不总是和国家主导的意识形态相符合。应该看到，一旦知识分子的主流价值观念和国家主导的价值观念相符合，就容易在社会形成一种文化凝聚力，从而推动文化的发展，保护文化的安全；反过来，如果国家对知识分子的政策失误，造成知识分子的离心倾向，其文化价值观念与整个国家文化发展的主导方向严重冲突，就将会大大削弱文化本身的力量，从而为外部文化的入侵提供了最有效也是最便捷的通道，最后成为政治剧变的一个原因。

4. 错误的文化体制改革

1985年，戈尔巴乔夫对苏联的政治经济和文化体制进行了一系列改革。这一被冠以“新思维”的改革，最后成为苏联解体的直接原因。这些失误主要体现在如下几个方面：

（1）放弃社会主义文化意识形态。戈氏改革在文化领域的第一个重大失误，就是在面临文化体制结构性矛盾的压力下，贸然采取否定主体文化意识形态的措施，用种种直接和间接的方法造成了社会主义文化主体的突然失位，从而从根本上消灭了苏联文化安全存在的社会文化基础。

（2）处理文化信仰危机的失误。苏联文化，由于其内部体制的僵化和外部强大的压力，文化大众和精英对马克思主义的认同不断削弱，对此，苏联党和政府按照传统思维采取了强权和笼络的办法。强权虽然在一定程度上打压了发展趋势，但是也积累了越来越多的“反压力”；笼络所使用的高福利反过来拖累了苏联经济发展，使社会矛盾越来越多，越来越激化。戈尔巴乔夫上台后，意识到了这种信仰危机的严重性，却走向了另一个极端，对传统的意识形态采取了完全否定的态度，把解决信仰危机的主动权完全交给已经处在危机中的民众。与此同时，还对持不同政见的相关群众团体放松控制，在许多合法团体中完全取消党的领导，从而使苏共失去了联系群众的重要阵地和桥梁，失去了大量的群众。

（3）对西方文化价值观念的渗透性力量估计不足，贸然引进西方观念。与上述行为同时发生的，是苏联领导人对西方资产阶级文化意识形态警惕性的丧失。“民主”、“人道”、“自由”、“人权”等渗透着浓厚西方意识形态的词汇，一时成为国家文化生活的时髦词，“公开化”和“多元化”成为否定社会主义意识形态和攻击马克思主义的庇护所，一批西化的本国文化精英在这里也扮演了推波助澜的作用。这种警惕性的丧失造成了严重的后果：一方面，主持改革的苏联领导人将来自西方的社会民主主义的思想确立为其改革的指导思想，将西方资产阶级文化价值观念杂糅其中，降低社会主义意识形态在国家文化体制中的指导性作用。另一方面，把这些西方思想树立成为天然的合理的形象，使西方文化价值观念通过自上而下的国家行为，对苏联社会和文化思想进行控制。维护社会主义文化价值观念的意识形态一旦丧失，那么苏联存在的合法性的丧失也就只是时间问题了。

三、维护文化安全要坚持社会主义文化的主体性

社会主义文化的主体性，就是要坚持社会主义的意识形态、价值观、道德观和人生观。从一定意义上说，这些基本理念是社

会主义文化安全的基石。

(一) 维护马克思主义意识形态的主体地位

马克思主义意识形态决定着社会主义的性质和发展方向。马克思主义作为科学思想，既包括其基本理论——辩证唯物主义、历史唯物主义，也包括它的价值目标——社会主义（共产主义）。当代中国的先进文化是有中国特色的社会主义文化，当代中国先进文化的性质就是社会主义。这一点正是由中国先进文化的指导思想马克思主义决定的。在这种情况下，维护马克思主义意识形态的主导地位，需要注意以下几个方面：

第一，充分认识维护主流意识形态的重要性，维护主流意识形态的主导地位，统一社会成员的意识、维护社会的稳定和健康发展。

第二，要辩证处理意识形态一元性和文化建设多样性的关系。我国的意识形态是一元的，就是马克思主义，不能搞多元化。绝不允许假借“双百”方针和文化的多样性来宣扬资产阶级自由化或否定马克思主义指导地位。

第三，马克思主义意识形态必须随着实践的发展不断发展和创新。马克思主义来源于实践，并把实践作为自身哲学的基石。因此，主流意识形态应把丰富多彩、波澜壮阔、日新月异的实践当成取之不尽、用之不竭的源泉。实践发生了变化，主流意识形态也应随之变化。不然，就会落后于实践，甚至被实践所抛弃。

第四，改进主流意识形态的传播方式，通过国家政权来实现思想舆论和文化上的强力控制。加强意识形态的学术研究，用代表先进文化的思想，对抗西方反华势力的“话语霸权”。

（二）加强社会主义思想道德体系建设

加强社会主义思想道德体系建设，是发展社会主义文化的重要内容。社会主义思想道德，包括社会公德、职业道德、家庭美德三大领域。社会主义道德精神和道德原则，只有通过“三德”建设，才能具体化、可操作化，才能成为行为准则和道德规范，约束和激励人们的思想行为。“三德”是社会主义道德规范的载体，以“三德”为着眼点，就是要提出社会各个领域的道德内容和特点，加大道德宣传教育力度，维护社会秩序，形成良好风气，推动经济发展。

建立社会主义思想道德体系，要求大力倡导“爱国守法、明礼诚信、团结友善、勤俭自强、敬业奉献”的基本道德规范，引导人们在遵守基本行为准则的基础上，追求更高的思想道德目标。

（三）推进中国特色社会主义文化创新

维护社会主义文化的主体性，必须大力推进中国特色社会主义文化的进一步创新。

第一，立足于建立和谐社会和实现小康目标的战略目标。中国特色社会主义文化创新，要立足于改革开放和现代化建设的实践。文化创新只有立足于生机勃勃的改革开放和社会主义现代化建设实践，才能获得鲜活的素材，保持旺盛的生命力。

第二，中国特色社会主义文化创新，要以人民群众为实践主体和价值主体。人民群众不仅是物质文明和政治文明创新的主体，而且是精神文明创新的主体，他们的创造性实践永远是文化创新的源头活水。进行文化创新，必须贴近实际、贴近群众、贴近生活，源源不断地从人民群众的创造性实践中撷取思想和智慧，汲取养分，以积极的态度和科学的精神，不断总结和提升人民群众的创造性实践。

第三，中国特色社会主义文化创新，要批判地继承中国传统文化。对待中国传统文化的正确态度：一是要科学的对待。我们是马克思主义的历史唯物论者，我们当然要尊重历史，而不应割断历史，更不能搞历史虚无主义和民族虚无主义。二是要具体分析。传统文化中既有人民性的精华，这是主要的，也有部分糟粕，要进行具体分析和区别对待。三是要以我为主，古为今用。要站在时代的高度，用时代的眼光，从我国改革开放和现代化建设的实际情况和实际需要出发，正确地判断传统文化中的糟粕和精华，特别是要紧密结合时代特点和时代要求，通过升华和扬弃，实现传统文化的现代化。

第四，吸收和借鉴世界优秀文化成果。中国特色社会主义文化创新，要大胆吸收和借鉴世界优秀文化成果。历史发展到今天，世界上各个国家与民族的交往日益频繁，开放已成为世界潮流，文化的交流与共享已成为必然趋势。面对世界文化瑰宝，我们要以开放的眼光，广博的胸怀进行吸呐，博采各国文化之长，坚持“以我为主，为我所用”的原则，大胆地拿来和引用。只有这样，才能使民族文化在世界优秀文化的滋养中更具魅力。

东西方文化视野中的中国国家战略能力塑造

北京航空航天大学战略问题研究中心教授　张文木

战略文化属于软实力范畴。软实力的说法可以追述到孟子说的“以仁假力者霸，霸必有大国”。仁，就是软实力；力，就是硬实力。仁须假于力，这才叫大国。光仁没有力，这不行；光力没有仁，也不行。大宋的时候，很仁义，也民主，知识分子地位高，就是这时军人地位不行。辛弃疾是一个很能打仗的人，最后弄成词人。明时编《永乐大典》、清时编《康熙字典》，工程都浩大无比，但都没有赢得国家尊严。清时还出现海权理论，其先驱人物就是严复。他跑到英国去学海军。因为那时候不认洋文凭，他回来以后没有话语权，得考状元。他几次乡试都没过关。就在美国的“海权论”鼻祖马汉在太平洋东岸指点江山时，而西岸的同行严复还在准备参加一次次的乡试。以致严复终病卧榻，弄成个翻译家，给后人留下了翻译要“信、达、雅”的遗训。这就是国家有仁无力的悲哀。

那文化是不是不起作用呢？并不是。中华文化在中国战略运用中的作用是非常巨大的。我们中国在上下五千年的历史中，曾是世界上历史最长的帝国。中世纪的中国可以说相当于今天的美国，是 NO. ONE。当年马可波罗到中国来，感觉遍地都是黄金，就跟今天我们一些人到美国的感觉一样。清朝的时候，西方人还在学我们中华文化呢。大家读一下黑格尔的《历史哲学》，他对中国很敬仰，他将以中国为中心的东方看作哲学的故乡；认为中国是有国运的，印度不行；认为中国将来是必然要起来的。[①]

其实，真正把黑格尔思想保持和运用好的是东方人。黑格尔是个大思想家。但是，他的思想在西方更多的只是摆设品，没有坐上哲学头把交椅。西方用得多的是形而上学。形而上学较机械，其思维变化是微积分式的，将一切无限变化的事物先固化为不变，通过无限不变的片断微积达到变的结果。形而上学对人类文明的贡献是巨大的，它将事物的规则和机械性运动纳入可控的程序化管理，而电脑的出现就是形而上学在这方面对人类文明作出的极致贡献。但对于事物的非程序和非机械性运动，形而上学则一筹莫展。电脑解决了“命令”程序，但解决不了“命令”本身的问题，这就是编程。离开人的思维，尤其辩证思维，也不能自觉地达到升级。电脑不管它如何先进，离开了人的“命令”和人为升级，那也是死物一件。制作“命令”则需要辩证法。东方是辩证法的故乡。没办法，这只能交给东方人完成，这可能也是印度软件业发达的原因之一。

可以说，西方是形而上学的故乡，而西方人更是天生的形而上学大师，他们将形而上学常常用到极致。但在东方人擅长的辩证法上，西方人往往显得笨拙。形而上学解决问题，更多是依靠增量的办法来解决问题。大家看小布什的战略重视形式，轻变化，形而上学，一根筋打到底。为什么，他的思维没有辩证法，不能自觉升级。他打伊拉克，用成吨黄金去砸苍蝇。除了食洋不化者，东方人是不会这样做的。东方人知道打得赢就打，打不赢

① 详见黑格尔著，王造时译：《历史哲学》，上海世纪出版集团、上海书店出版社，2001年版，第102、104、106、114、117页。

就跑，以我为主，用孟子的话说就是："万物皆备于我。"①

老子说："少则得，多则惑。"比较而言，东方尚简，西方尚繁，简单需用智慧，繁琐则要耍力气。大家看，东方的菜肴是很丰富的，吃饭的工具就一双筷子；西方的菜肴简单，吃饭时却用一堆刀叉，还要加个围巾。东方的乐器多数构造简单，西方的乐器多数复杂得像台机器。东方的绘画多是讲究轻描淡写，西方的绘画则更注重锦上添花。论改革，东方邓小平的改革"摸着石头过河"，重变化，极富弹性；西方戈尔巴乔夫的改革则从大手术入手，直切苏联政治"心脏"，将本来只是一个"病人"的苏联，硬放在"手术台"上被肢解成了"死人"。论军事，西方克劳塞维茨的"主力决战"的理论，是通过大面积毁灭性自杀而实现杀他，这与见癌细胞要"化疗"的西医式思维一样。东方兵法则讲究正奇相兼、虚实转换，讲究釜底抽薪和活血化淤。第一次土地革命战争时期，毛泽东用"农村包围城市"的方法，活农村之"血"，化城市之"淤"；解放战争时期，毛泽东从平津和淮海下"药"，和平地解决了北平问题。同样的道理，当今世界表现在北方的"炎症"，也要从南方下药。一句话，今后治疗西方全球化之病要用东方药方。美国人现在医疗成本非常高，而我们还在步其后尘，这一定不是正确的方向。无疑，西医在许多病理上，尤其是在器质性病理上有其特殊的积极作用。但在综合复杂的模糊领域，它就显得笨拙和不着要义。这使其治疗成本高居不下。我曾到医院去看病，一个感冒花了700多块钱；而中医给我看，只花了5块钱，号脉不用钱。西医的费用多用在判断即检查上，要用一堆机器，中医只要号号脉就解决问题了。东西方文化的这种差异，使东方人的思维极富弹性，学习和批判能力都很强。可以断定，今后的世界发展模式将向东方回归。"9·11"事件表明，

① 《孟子·尽心上》。

目前西方的形而上学发展模式已不可持续。

毛泽东说过：一个民族能在世界上很长时间地保存下来，是有理由的，就是因为有其长处及特点。[①] 因此，我们不能妄自菲薄。大家看，中国近时发展起点低，但崛起速度在世界各国中却是罕见的。这与我们五千年历史形成的积淀深厚的文化优势有很大的关系。且不说从 1901 年《辛丑和约》时的中国到北伐胜利这 25 年的快速变化，大家只要看看太平洋战争前后的历史就足以说明问题：1940 年中国已分成若干个政治实体，那时中国在同盟国中起点最低，可 1945 年中国就并合为两个政治实体并一跃成为四大战胜国之一；到 1949 年中国除台湾外基本实现国家统一；1953 年中国在朝鲜战场上打败了曾打败日本人的美国人；1964 年中国成为世界上为数不多的有核国家。而中国完成这奇迹般的转变只用了 24 年的时间。同样的情形也曾出现在欧洲，但结果则正好相反。公元 800 年，查理大帝将欧洲统为一体，可在公元 843 年查理大帝的三个孙子签订一纸《凡尔登条约》将欧洲一分为三，此后欧洲地理版块却越分越碎。这为欧洲大陆的地缘政治深埋了一个迄今仍极难修复和英、俄、美等可以操纵的“微积分”式的破碎根基。为什么会这样呢，这就是思维差异。西方人重分析，并且是形而上学式的“微积分”；东方人重综合，而且是大一统式的和合。这反映在中国“仁”学观念之中。仁，是一个“人”与“二”的组合。“二”，就是对立关系：天与地对立、人与人对立、人与自然对立等。“二”，即反，俗语说这个人特“二”，意思就是这人脑子经常矛盾。仁，讲的就是对立统一，就是要将特“二”的事物统一起来。这是东方哲学的要义，也是东方精神的要义。正是有了这种精神，在 1945 年的中国南方，马歇尔叫蒋介

① 《毛泽东西藏工作文选》，中央文献出版社、中国藏学出版社，2001 年版，第 113 页。

石不要过江北时，蒋宁可下野也要北上统一中国；在北方，斯大林不让毛泽东过江，毛泽东更是不听，他拿下东北后，更是“不可沽名学霸王”，一气打过江南统一了中国。这就是中国人的大哲学：自家再打也不分家。如果划江而治，那中国就要分裂；如果分裂，那今天我们在坐的来北京就可能需要“签证”，这还了得。正是有这种统一文化，近世中国才有上述马克思说的“一天等于 20 年”的发展。靠什么？靠的主要不是力量——那时力量最弱，而是精神。这种精神使中国在太平洋战争中成了最大的赢家。当时中国起点最低，崛起速度最快。对此，斯大林就看得明白。1945 年他告诉蒋经国说：“只要你们中国能够统一，比任何国家的进步都要快。”[①] 可见，东方文化应当是我们战略研究中最深刻的基础。

西方的战略也要学好，但一定要经过中国的内化。我们东方人学习能力强，吸收快。过去搞军事不行，但很快就在实践中成长起一大批中西战法结合的中国将军。西方军事思想在中国扎根，它也曾经过一个内化的过程。上世纪初，日本人学习德国军事而迅速崛起，德国的军事思想后又引入中国并渐成风尚。一些中国人到日本去学那些思想，蒋介石也去了。另一个是苏联的军事思想。苏联军事顾问及中国留日回国的学生使它在黄埔军校扎下了根。当时国民党和共产党中都有黄埔学来的那些军事思想。但是，在打硬仗的 30 年代，处于弱势的共产党人用黄埔学到的那些以量“决胜”的洋思想，对付不了拥有大量物质力量的蒋介石军队。最后还是在生死线上，大家认识到并推出本土生长的毛泽东军事思想。毛泽东不是黄埔毕业的，30 年代也没有读过什么克劳塞维茨，但是他基于本土实践的认识，讲求“万物皆备于我”，以少胜多，你打你的，我打我的。这种思想到最后为中国共产党

---

① 梁之彦、曾景忠选编：《蒋经国自述》，团结出版社，2005 年版，第 112 页。

打出了一片新天地。军事和政治上的胜利才确立了毛泽东思想的指导地位。所以说，西方的东西，再好也要经过中国内化。只有中国化的东西，才能在中国土地上扎根并赢得胜利，而且是像上述从1940年到1964年那样的全局性的快速胜利。在这之前，我们是亡国奴，是“东亚病夫”，到了1949年、1964年大家看什么样子，中国成了核大国。这正应验了孟子说的“以力假仁者霸，霸必有大国”。当时，原子弹试爆的时候，好像周总理说过一句话，意思是：抗议的声音，如果太远是听不见的。西方人听见中国原子弹爆炸声后，就知道什么叫新中国了。那个时候我们的外交对西方强权也说“决不答应”，但较少说“表示遗憾”。国家威信，威而信。“遗憾”表示得太多了，就没威信了。

世界曾是西方的，也是东方的，但是我想归根结底还得是东方的。因为我们东方文化，按黑格尔的说法，那是哲学的故乡。风水轮流转，世界文明还得转回来。西方这种不可持续的、高成本的和依靠掠夺外部资源来支撑自己本国发展的模式已走到尽头。如按西式发展道路走下去，“朱门酒肉臭，路有冻死骨”的现象将越来越严重：北方世界尽是“朱门酒肉臭”，南方世界则尽是“路有冻死骨”。世界这么两极对立和分化下去，何时是了？世界还得和平、和谐地发展。和谐才是世界本质。和谐思想的故乡恰恰是在东方。

战略，那是刀尖上的哲学。战略，不能只是请客吃饭和绘画绣花。它后边是要带刀子的。要不你还“战”什么，光有“略”就行了。战略是为了通过战斗赢得和平，而不是为搞玄学。因此战略文化要具有基于和平信念的战斗性，要弄清谁是我们的敌人，谁是我们的朋友，这个是要明确的。另一方面，哲学是讲边界的。尼克松到中国来，在飞机上说，我要去跟毛泽东谈哲学。他说的“哲学”是什么，就是两个国家的国力边界及其合作的边界。毛泽东与尼克松这两个有哲学智慧的政治家一见面，这个世界就变了。

运用国家战略是一种能力，我把它叫作国家战略能力。国家战略能力，我认为是基于包括地缘政治在内的所有物质条件的国家战略的运用能力。其中运用是根本。我认为它可以分三个层次：第一，战略文化。就是民众对战略的认识。战略文化的衰落是整个国家衰落的先兆。如清朝时各方的文化积淀都很好，但是，百姓到处都是“莫谈国事”，这表明中国战略文化日益衰落。与此相反，日本却人人关心国家大事，最终于1895年打败了中国。但日本毕竟没有大文化和大哲学，结果又出了东条英机那种有战无略即没有哲学的人，以至最终又输掉了太平洋战争。战略文化之上形成战略思维。战略思维多是知识分子的事，像现在中国各高校出现的“战略研究中心”等，它们为中国的战略高层设计提供思想养料。发达的战略文化是发达的战略思维的前提。大家知道严复的时候，美国在兴起，中国在衰落。严复死的那一年恰恰是1921年。这正是“飞雪迎春到”的一年，这一年共产党诞生了。共产党是中国知识阶层中具有强烈的战略文化和超凡的战略思维的人组成的救亡组织。共产党战略能力的提高，蒋介石帮了“大忙”。“四·一二”大屠杀，使共产党认识到，战略并不是绘画绣花，不能那样雅致，那样从容不迫，战略最终是要刺刀见红的。战略文化、战略思维，最后还要升华为领袖、领袖集团的战略管理能力。这三者共同形成国家战略能力。

国家战略能力不是书本上学来的，而是从困难，甚至从血泪中体会出来的。所谓“穷人的孩子早当家”就是这个道理。在20世纪30年代遵义会议前后，共产党什么条件都没有变，就是领袖集团变了，由此一切就变了。其代价就是共产党30年代的大失败。2003年，萨达姆为了取信于美国放下了武器，结果得到的却是美国对伊拉克的全面入侵。以色列的战略是怎么来的，那是焚尸炉里炼出来的。原来犹太人有略无战，一个比一个聪明，希特勒一开杀戒，犹太人的小聪明就不行了。从这个意义上看，我们今天的战略研究也不能太书生气。

目前的世界比较偏爱东方。今天的俄罗斯人是从苏联解体的灾难中走过来的，他们最懂得什么叫“刺刀见红”。普京到中国直奔少林寺，扳手腕。他这意在告诉人们，在这个世界上，胜负要靠扳手腕，不靠超女唱歌。我们的新一代国家领导人上台先到西柏坡，到英雄纪念碑，这意在告诉全党全国人民，我们目前取得的成绩“这只是万里长征走完了第一步，今后的路更长、更艰巨、更伟大”。经历过前些年困惑和困难的中国和俄国，其国家战略能力正在上升。相反，现在美国的国家战略能力却在下降。小布什似不读书，碰到这人，上帝也没办法。那个时候，我们让了他两步，结果避开了锋锐。萨达姆那边不让，本·拉登也不让，人家一摇红布，布什就冲了过去。现在他陷在伊拉克，却还要打伊朗，如果打不下伊朗，按他的逻辑还得打俄国。他要打俄国，那就等于与上帝作战，有多少原子弹也没用。

形而上学害得美国人不浅。20世纪有两个美国人曾把美国忽悠到阴沟里去了。一个是麦卡锡，一个是凯南。麦卡锡当时在美国搞“极右”，谁不“反共”就抓谁，不“反共”就没工作，逼得美国只有一种声音。与此相配合，凯南又给美国设计了一个天大的战车和天大的目标，说要和共产主义作战。这样就把美国忽悠上一个“遏制共产主义”的战车并奔向一个力所不及的目标，结果就是朝鲜战争和越南战争的失败。尼克松之前，美国的国家战略能力已严重衰落。现在又有两个人即小布什和赖斯，在忽悠美国进行着一场没有结果的战争。这场战争过去叫“反共”，现在叫“反恐”，都是一回事。小布什比麦卡锡还邪乎，弄出了七个“邪恶轴心”，这真是“老虎吃天”。小布什上台后靠拳头说话，结果反打得自己遍体鳞伤。这导致美国迅速衰落。为什么会这样呢？因为美国领导集团已失去了哲学，没有战略文化，没有战略思维，这最终导致其战略管理能力严重衰落。现在美国像鲍威尔那些有大战略的人都走了，留下小布什和赖斯。赖斯和布什英文译过来，一个叫“大米”（Rice），另一个叫“丛林”（Bush）。这两个加在一起，很没文化。

国家战略能力的要义是战略力量和战略目标匹配。拿破仑到最后失去了这能力，搞大陆封锁，与全欧洲作对，结果失败了。俾斯麦有这种能力，所以德国统一了。威廉二世及其后继者失去了这种能力，导致德国一分为二。毛泽东始终将目标与国力关系把握得较好，不称霸，也不透支国力，为中国后来的改革开放奠定了厚实的国力基础。这些经验对于今天中国人来说，十分重要，一定不能忘记。

今天的形势真是“敌人一天天烂下去，我们一天天好起来”，我们正处在上升阶段。即使如此，我们自己也有必须正视的问题。问题的关键是我们不能失去人民。人民支持是胜利之本。共产党过长江那会儿，儿子死了，老爸上，老公死了老大娘划船送解放军过江。为什么？共产党给我家土地，共产党给了我做人的尊严，我老百姓当然支持共产党。有了人民支持，共产党就得了天下。反之，如果失去人民支持，也会失去天下。大宋失去人民，即使富得流油，也挽救不了它的灭亡；清朝不仅是落后才挨打，更是没有人民支持才挨了打。苏联失去人民，苏联也就解体了；普京赢得了俄罗斯人民，于是他正在还给人民一个强大的俄罗斯。所以，只要我们有了人民的支持，就有了国家战略能力的根本。

这就是我对中华战略文化的理解，嘤其鸣矣，求其友声。

国际背景下的文化生态安全

新华社高级研究员 钱文荣

我是新华社世界问题研究中心的一名研究员，搞国际问题研究。听了几位领导、专家的发言，很有启发，受到很大教育。我也想在大家发言的基础上，谈一点感想。

一

刚才袁行霈教授讲到文化生态问题，提得好。我非常欣赏。我认为，当前在国际斗争当中，文化生态问题面临着严峻的挑战。我讲四个具体的例子。第一，大家知道，日本的安倍提出“自由与繁荣之弧”。意思就是说，要在亚洲同具有所谓共同民主价值观的国家建立更密切的关系。日本舆论指出，这包含着包围和孤立中国的图谋。今年国际政治形势的特点之一，是以美国为首的西方国家提出了所谓“价值观外交”，以对付所谓非民主国家。日本提出建立“自由与繁荣之弧”也就这个意思。日本新首相福田上台后，在他的外交政策文件中没有再提这个口号，有人就说他已抛弃了价值观外交的政策。这是误解。实际上，这是日本今后战略文化当中的基本思路，在一个政策文件没有提及，不等于放弃了。第二，最近德国执政党，就是默克尔领导的德国基督教民主联盟发表了一个新亚洲政策文件，明确提出要以共同价值观为基础，优先发展同日本、印度等有共同价值观的国家的关系，放弃了原先以中国为中心的亚洲政策，对中国将采取强硬的政策。第三，美国布什总统在今年联大的讲话中用了整整一半的时间，大讲要大力在全球推广民主，消灭“暴政”。第四，参加明年美国总统大选的两个参选人罗姆尼和麦凯恩，最近在他们的竞选演说中说，如果他们当选下届美国总统，要在联合国之内或之外建立民主国家联盟，也就是要搞“价值观外交”。今年联大主席克里姆在最近的一次讲话中，提出了国际关系的三条新原则，即充分尊重人权、人的安全和保护可持续发展，而完全不提联合国宪章确立的尊重国家主权，大小国家一律平等、不干涉内政等原则。这实际上跟前面提及的共同价值观外交是一脉相承的，试图把世界完全引导到西方民主这样一个概念中去，要用这种西方民主的价值观来建立世界新秩序。所以，这是我们面临的一个挑战。这是我讲的国际上的问题。

我要讲的另外一个问题是国内文化生态恶化的问题。昨天在参加的一个会议上，针对我介绍联大主席提出的新三原则，有人就提出这是人类共同价值观，我们国家现在发达了，应该站在人类道德的这个制高点上。人权当然是应该尊重的，我国的人权也应该进一步发展。但是西方讲的人权、民主是有特殊政治含义的。美国在伊拉克滥杀平民，他们的人权观到哪里去了？为什么美国人杀了伊拉克平民，伊拉克政府无权逮捕和审判。他们的民主又到哪里去了？到底人类是不是具有共同价值观？我认为，如果有的话，共同价值观应该是保卫和平、反对战争，反对霸权，国家与国家之间平等，人与人之间平等。现在我们有的学者把西方的民主价值观当作人类共同价值观，当作人类道德的制高点，这是很可悲的。我们中华传统文化中早就有了最高的道德观，以人为本的思想，不知比西方提出的人权思想早了多少年。

第二，我们国内又一次出现了文化虚无主义的倾向或现象。几年以前，中央电视台曾播放过一部电视片叫《河殇》，那就是中华文化的虚无主义思想的一个典型例子。可是，最近我读到一篇文章，说中华民族没有哲学思想。他把孔子、老子、孟子全否了，说这些人的思想都称不上是哲学思想。我看他也是一个典型的中华文化虚无主义者。他崇拜的就是西方的文化和哲学思想。问题的严重性还在于他是个不小的干部。在我看来，这太危险了。最近我读到英国剑桥大学出版的一本英文版的《西方文明的东方渊源》（The Eastern Origins of Western Civilisation）。该书批驳了欧洲中心主义，认为西方文明是在吸收和融合了东方文明特别是中华文明的基础上形成的。依我看来，很值得那些中华文化虚无主义者们认真地读一读这本书。

第三，我们青年人现在对中华文化知道得很少，使我更震惊的是，今年北京市语文课文的改革，大幅度削减古文篇幅，用金庸的文章取代鲁迅的文章，还用一位现代作家的作品取代《孔雀东南飞》等等。我认为这是不合适的，是改革方向的偏颇。我国学生的语文程度已经很差了。中国古典文学作品的文字不是现代作家所能比拟的，鲁迅作品的思想性也不是金庸的作品所能比拟的。台湾学生的文字水平比大陆的要高，就是因为台湾的语文教学重视学习古文。我从网上读到参加编写这本语文课本的老师所做的解释，说编者的目的是要提高学生的写作水平。但我觉得，中国的语文教学应该具有双重目的：一是提高学生的文字水平；二是通过语文教学特别是古典文学的教学，提高年青一代人的文化素养，特别是中华传统文化的素养。

二

如何向国外传播中华文化？第一，我觉得，战略文化论坛应该承担起这个任务。这是具有战略意义的。据说，在国外已经有200多所孔子学院。但是，孔子学院主要干什么呢？一个是教中文，另外是教武术、京剧，放电影。但我认为，我们更重要的应该是传播中国的哲学文化思想。像刚才袁教授和其他几位教授讲的中华文化，就应该到国外去讲。我建议，文化部或者国家相关部门，要派这些学者到国外的孔子学院去讲学。袁教授刚才的发言，简明扼要、通俗易懂，我看译成外文，外国人也都能听懂。第二，要出版中国的古典哲学著作，就是外文版，并且附上导读、前言和详细的注释。于丹的《论语》心得已经被日本人翻成日文。我们知道，在日本的中学里边，中国的《论语》已经成为其伦理道德课中的重要组成部分。但遗憾的是，我们的教科书中却没有。第三，我认为中华战略文化要在国外传播，首先要在国内开展中华文化的普及工作，这个工作非常重要。

最后一点，我认为要开展中外文化的比较研究，这太重要了。最近，我读了美国国家情报委员会关于俄罗斯未来的战略方向、外交战略和发展趋势的研究报告。这个报告就是从研究俄罗斯的历史、文化和俄罗斯的文化思想着手的，最后得出的结论是，俄罗斯不可能成为西方式的民主国家。报告说这是由俄罗斯的文化所决定的。因此，主张要调整美国对俄罗斯的政策。我们在研究国际关系的时候，不能仅仅从一般的国际政治和经济关系去研究，还要注意从文化的角度来研究相关国家的外交思想、战略思想，这样才能研究得比较深入。

核时代的意识形态

北京大学国际关系学院教授　潘　维

一、批判的武器与武器的批判

不同的自然禀赋塑造了不同的历史文化。人类生存方式的差异是必然的，中国人不可能像美国人那样生存，日本人也不可能像俄国人那样生存。财富资源的竞争其实是生存方式的竞争。竞争导致相互学习、相互促进、取长补短，也导致压迫与被压迫、奴役与被奴役，导致生存方式的兴盛或者毁灭。

在资本主义时代，生产力越发达，物质短缺感就越强烈，财富竞争也就空前地激烈。激烈的财富竞争迅速减少了人类生存方式的种类，灭绝了大多数生存方式。而今的竞争，主要发生在四大生存方式之间：（1）以俄罗斯为核心的斯拉夫人生存方式；（2）以美国为核心的西方生存方式；（3）以突厥人、波斯人、阿拉伯人为核心的伊斯兰生存方式；（4）中华生存方式。这些生存方式的差异与自然禀赋的不同密切相关。斯拉夫人占有最辽阔的生存空间，却有最稀少的人口；中国人口规模为世界之最，却占有最小的生存空间。

直到原子弹出现以前，人类生存方式的竞争主要取决于军事技术和军事实力。无论是否拥有较先进的生产力，拥有更强大军事力量的一方总是获胜。秦灭六国，汉朝被“五胡”所乱，蒙、满征服宋、明，古希腊的米赛尼人被多里亚人征服，罗马人被日耳曼人征服等等，中外皆然。20 世纪 40 年代，德国横扫欧洲，尔后苏联又战胜德国，大概是对这个道理的最后一次证明。核武器改变了这个规律。

核武器不是一般意义上的武器，而是绝对的、终极的武器，是可以消灭战争意义的武器。在大国的高压之下，核扩散虽然缓慢，却难以避免。在拥有第二次核打击能力的国家之间，武器再难决出某种生存方式的胜负。

自原子弹时代降临，人类生存方式的主要竞争手段出现了根本变化。思想战线上的竞争，即政治观念体系的竞争，成了生存竞争的主要手段。民心向背依然决定竞争的胜负，但政治话语权之争决定民心向背。

正如我们已经看到的，苏联的解体与军事技术和生产能力几乎无关。在军事和生产技术上，苏联解体之际也并不落后于美国。美国霸权也不取决于其生产能力。无论在生产领域还是金融服务方面，美国所占的世界份额一直在逐步下降，但美国却获得了世界霸权，几年前甚至开始谈论建立美利坚帝国。美国的霸权更不在其军事能力。尽管美国军工联合体极力渲染其军事技术的高超，自二战后迄今 60 多年里，美军从没打赢过任何一场真正的战争。朝鲜、越南、阿富汗、伊拉克，哪一场战争以美国的胜利告终？南斯拉夫没有被美军打败，那里的人民急于加入欧盟，自我分裂，并向西欧缴械投降。科索沃之战是在意识形态战场上决出胜负的。

美国到底靠什么取得和维持世界霸权？“自由民主”话语系统崛起称霸才是美国获胜的主因。1975 年全球只有 30 个国家是所谓“民选政府”，到2005年有120个。至于那些“新兴民主国家”是否陷入凋敝混乱并不重要。重要的是这些国家从此被边缘化，进而屈从于美国，使美国获得了世界的统治权。意识形态之争是当代生存方式竞争的主战场，也是主要武器。世界霸权是靠政治话语霸权来确立的，也是靠政治话语权来维持的。

“冷战”是人类历史上第一次靠意识形态之争决出胜负的文明间的大战。冷战史证明，政治观念体系竞争的成败是文明兴衰的关键。苏联领导层未能理解这个变化，全力获取武器的批判，全力争取军事技术和生产技术上的优势，却在意识形态上采取守势。了无生气的官方话语系统说不服知识界，于是就靠行政力量压制国内意识形态竞争，奉行意识形态上的鸵鸟政策。靠鸵鸟政策当然打不赢思想战线上的战争，思想战线上的战争是靠激烈而高明的思想竞争来赢得的。于是苏联知识界首先被西方征服，然后他们征服苏联领导集团，最终导致了观念上的崩溃和投降。于是整个民族陷入生活的混乱和困顿，陷入失败的绝望。

什么是意识形态？在当代，意识形态是关于社会发展道路的政治观念体系，是关于生存方式的政治观念体系。这种观念体系凝聚成少数抽象概念，就号称“普世价值”，就成为现代宗教，成为知识界信奉的对象，就能如宗教般俘获民心。

类似于传统宗教，现代政治宗教有三大作用：

（1）确立人民对政权正当性的认同。从“君权神（天）授”到“主权民授”都是神话。事实上，管理社会的权力只能由少数人行使，再精致的“授权”仪式也不能取代管理者与被管理者的区别和矛盾。

（2）使人民区分敌我阵营。比如从“基督徒与异教徒”之分到“民主与专制”之分。事实上，敌我划分非常弹性，苏美可以联手攻击法西斯，中美可以联手对付苏联。中国三千多年前虽有“华夷之辨”，却可以奉行“王者无外”。

（3）动员人民同仇敌忾。用美丽的神话包装利益之争，煽动大众仇恨，这是“十字军东征”和当代“民主与专制之战”的共同特点。得民心者得天下，没有道义包装，赤裸裸的利益征服不了民心。

自由、民主、市场的“三位一体”与圣父、圣子、圣灵的“三位一体”并没有性质上的区别，那只是“改宗”的标签。无法证明有，也无法证明没有；存在的意义无法证明，不存在的意义也无法证明。概念的外延越大，内涵就越少，其标准也就越含糊，就越取决于谁掌控定义权。

于是有人傻傻地去探究，中国比法国“市场”得多，比加拿大或者日本“自由”得多，或者印度比美国“民主”得多。然而，这种“事实证明”毫无意义，只体现落入西方话语框架的愚蠢。所谓“话语霸权”，核心在于“概念定义权”，在于被知识界主流所真心信奉的定义。什么是当今世界主流信奉的“自由民主”？你有再多的言论自由也不算数，除非反共的言论占据主流地位才是真正的“自由”。你有再多的党也不算数，除非让想推翻共产党的党逐渐坐大并取而代之才是真正的“民主”。而美国在制度上排斥第三党，其两个党的政纲看上去比共产党更像一个党，却依然是“真正的”自由民主。掌控不了人们心目中的概念定义权，自造的定义只会沦为知识舆论界的笑柄。

转奉所谓“真理”会变得繁荣富强吗？不，不会。思想上的被征服者会成为征服者支配和鱼肉的对象。第三世界的“民主化”过程也是第三世界被边缘化的过程，是被资本主义核心世界驯服的过程。为了传播，宗教永远号称是改善生存质量的原因，未来的乌托邦恒定是宗教的魅力所在。然而，从科学的意义上说，宗教与生存质量无关。西方人说“自由民主”使他们富裕，可他们明明是占有了南北美洲、大洋洲、非洲、中东、南亚和东南亚之后才变得富裕。除了俄国和日本，他们占据了、移居了、掠夺了地球上所有的陆地，而且还在继续掠夺中。印度多数人民信奉“自由民主”，却不可能像欧美人民那样富裕。如果生存质量没有因为改宗“自由民主”而改善，那自然是因为你没有信奉“真正的”自由民主，过上“真正的”自由民主生活。至于谁信的基督更“正宗”，谁的“自由民主”更“真正”，那标准是西方制定的，西方人有话语权，即定义权。处于世界资本主义体系边缘的民族永远不可能达标。在伊斯兰世界播种民主的龙种，收获的是伊拉克跳蚤。“自由民主”只是个标签，说明西方阵营的先进和非西方国家被压迫的合理。美国大兵刺刀下的伊拉克被认作“自由”了、“民主”了，那么由美国控制巴士拉油田当然有“合法性”，美军在那里永久的军事占领当然有“合法性”。谁会谈论应当制裁每天都在滥杀伊拉克平民的美国军政府呢！于是，缅甸必须被制裁，因为那里还没准备接受美国指定的“民主”傀儡。而巴基斯坦或者格鲁吉亚不必被制裁，因为美国认为那里已经为美国所控制。意识形态是攻击别国、实现自己国家利益的武器。

从科学的意义上说，脱离了社会具体条件的抽象概念只是生存方式“阵营”的标签。“自由民主”这种抽象标签对生产的进步、生活的富裕、社会的秩序，都没什么实际意义。正如苏联以及大多数第三世界国家已经展示的，正如我国改革开放30年的曲折历程也已经展示了的。既然抽象概念与“实际”无关，便只好强调“普世价值”，反诘你怎敢不“信奉”？所以，讲究“实际”和“实践出真知”的领导人，厌恶这种不讲具体条件的抽象概念争论。要求知识界“不争论”，不空谈“主义”，要求全民集中精力搞经济。

然而，生存方式竞争的胜负从来都不取决于物质生产状况，否则大清国怎会败于小日本，“延安”怎能胜过“西安”，又怎会有“端起碗来吃肉，放下筷子骂娘”的现象？我国政治家早就懂得，民心向背决定战争的胜负。在当代，民心向背之争主要是意识形态的话语权之争。

从此，一种生存方式分成三个阶段被对方征服：

（1）对方的话语系统由知识界的非主流变成知识界的主流；（2）知识界的主流话语渗入政治领导集团；（3）政府认同此种话语系统，并使之成为社会主流。

从此，败者看上去永远像是“自杀”而非“他杀”。

鸵鸟政策只会输掉意识形态战争。意识形态之战，实质上不在于是否有意识形态争论的“自由”，而在于是否有勇气应战，在于是否有能力去争夺战场的主动权，而且战而胜之。

换言之，在核时代，“武器的批判”远不如“批判的武器”重要。对文明生存的主要威胁不是武器的批判比较落后，而在于批判的武器比较落后。在核时代，没有抵抗霸权话语系统能力的民族，没有意识形态竞争力的文明，注定要被击溃。斯拉夫文明如此，伊斯兰文明如此，中华文明也是如此。

二、新蒙昧时代与中国道路的启蒙

在对欧洲封建主义的战争中，本着开放解放的精神，自由民主话语系统渐渐成熟为伟大的话语系统。然而，如同罗马帝国时代获得了统治地位的基督教，一旦赢得了世界的统治权，这个话语系统就变成了教条，走向了堕落，成为压迫者的外衣、征服者的武器，把当今世界带入了政治蒙昧时代。

千年前的西方把世界分成“基督徒和异教徒”的世界，今天的西方把世界分成“民主与专制”的世界。“民主与专制”的两分法傲慢地高踞于话语权的最顶端，解释世界上发生的几乎一切重要事情，轻浮地为一切重要的事情开同样的药方。如果治不好病，他们使被洗脑的人相信，责任永远不在药方，而在病人。新的“十字军”带着自诩的道德优越感发动了新的东征，以人权的名义摧残人权，以自由的名义限制自由，以民主的名义支持专制。他们冒犯了整个伊斯兰世界，羞辱了斯拉夫世界，也使一部分中国知识界强烈反感。未来的历史学家们会指出，美国的所谓“反恐”战争非常肮脏，目的是控制战略要地，掠夺战略资源。正如雅克·德里达曾经指出的，人类历史上最大规模的暴行，都以人性和人道的名义进行。然而，即便认识了这场新十字军东征的实质，意识形态仍然重要。宗教狂热曾经点燃了基督徒们参加十字军的欲望之火，而“自由民主”之类的信仰，煽动着今天愚昧或者功利的西方人民，也给受害者带来了内部的“第五纵队”，带来了抵抗运动的自杀。

需要指出，新蒙昧主义在我国已经流毒甚广了。照着流行的说法，从秦始皇到今天，我国两千多年都实行“专制”；近 60 年的制度则是“集权主义专制”，即最恶劣的一种专制。这种分类把强盗说成善类，把被掠夺者说成败类，还一笔勾销了 20 世纪西方发生的两次世界大战，也一笔勾销了中华民族过去的辉煌和今天的复兴。奇怪的是，中国居然有如此多的官员和知识分子把这两分法奉为圭臬，忽略行政改革，大谈特谈政体的“根本改革”。我国基本政体缺少“合法性”的说法是怎么进入官方话语系统的？

我国已成功解决了挨打、挨饿问题，现在却面临挨骂的问题。物质不再匮乏，精神却涣散了，灵魂开始流浪。在现行的党政体制下，我国取得了举世公认的辉煌成就。但现行党政体制却不仅遭到西方各国的指责，而且主要遭遇本国知识界依据西方“自由民主”话语系统的指责。许多人以为中国不会被“骂”垮，这是浅薄的。因为对政体正当性的自我怀疑，“政治改革”成了我国的正式纲领。“政治改革滞后于经济改革”不仅是我国知识界的主流认知，而且已经是官方话语的一部分了。对很多掌握话语权的知识分子来说，改革当然不是改良，不是改善行政体制。对他们而言，“政治改革”就是从“专制”改成“民主”，就是拆房子，拆政体。无论是“跃进”式地拆，还是“渐进”式地拆，目标都是把故宫拆掉建（“普世”的）白宫。房子未拆，“政治改革”就没完成。然而，世界上只有一个白宫，中国的白宫是“假”的，也只可能是假的。假白宫不是解放的标志，而是被真白宫奴役的标志。对西方意识形态“普世性”的迷信，特别是对竞争型选举制度的迷信，不仅渐成知识界的主流，而且正试图向决策层渗透，开始威胁中国党政体制的前途。西方把台湾贴上“民主”的标签，大陆贴上“专制”的标签，实际上毫不奇怪。可在我国大众和官方媒体里，甚至大学课堂里，也已普遍使用这种从西方进口的标签，实在是令人不可思议。

所有现存的政体都漏洞百出。关于政体的理想不是现实，也永远不可能替代现实的政体。用自己的政体理想来攻击他人的现存政体，并不会导致这种理想在他人土地上成为现实，只会削弱他人现存政体的正当性。我国的政体当然有毛病，正如所有现世的政体都有毛病。而且，任何政体，放在乡村与城市人口对半的我国，放在东西南北巨大差异的我国，都会显得苍白。因为许多地理、历史、文化的原因，中华的生存方式从来就是独特的，中华的政体也向来独特。中华悠久、复杂、独特的政治文明，岂是一两个政治标签所能概括！

我国的政体当然有毛病。可中国政体比其他政体病得更重？为什么不肯承认60年的巨大进步也是在这个政体下获得的呢？拆了故宫建白宫，就会把我们变成美国或者德国，这难道不是当初戈尔巴乔夫和叶利钦的臆想？有病需要服药并不等于需要服毒自杀。苏联的对手就是这样诱导苏联自杀了，通过没有硝烟的意识形态的战争，通过苏联那批天真的知识分子和领导集团。

解构政治蒙昧主义没有别的办法，科学是去昧的唯一武器，启蒙只能靠政治科学知识。过去的中国模式曾经给了欧洲启蒙运动以重要的知识启发，今天的中国道路则应成为世界新启蒙运动的主要发动机。

以往60年的中国，“不唯书，不唯上”，坚持“实事求是”，坚持“古为今用，洋为中用”，闯出了一条独特的中国发展道路。然而，经验的知识若不能凝练成有关发展道路的政治科学理论，就打不破霸权意识形态的桎梏，我国就难以在生存方式的竞争中立足。哪怕获得再大的物质文明成就，国内外的意识形态话语权掌握者仍会拿西方抽象的“普世”尺度来测量，拿那些空洞的概念给我国政权贴上“缺少合法性”的标签。这类政治标签在知识界传播，进而渗入决策层，就会获得自我实现的生命，引导中华文明走向“自杀”。

走出了独特的发展道路，还应当拥有独特的政治观念体系。为了解构“民主”与“专制”两分法的政治蒙昧主义，为了中华生存方式的延续，我国应当积极开放和大力开展意识形态领域的竞争。如果没有竞争的自信，没有竞争的勇气，如果连对电影《色·戒》的争论都噤若寒蝉，我们的文明是没有前途的。在美国，半岛电视不是言论是否自由的标志，而是意识形态竞争的战场。可以说，没有思想战线上的竞争就没有思想的进步，没有思想的进步就不能自立于世界民族之林，没有在民族之林中思想竞争的成功就没有中华生存方式的未来。

我们不应忘记，若从1973年8月1日签署欧安会的《最后文件》（即《赫尔辛基宣言》）算起，作为超级大国的苏联，解除思想武装的自杀过程只用了18年。我们还可以预言，俄罗斯在全球政治中的重新崛起，靠的将不是普京政权，不是石油财富，不是生产技术，更不会是恢复战略轰炸机的值班巡航；俄罗斯将在摔倒的地方爬起来，因为发展出一套崭新的、有说服力的、关于俄国发展道路的独立理论体系而重放光芒。

思想战线上的竞争有两大任务：第一，要解构所谓“普世”价值，说破这“皇帝的新衣”，把一个药方应付百病的荒唐揭穿；第二，要实事求是地总结我们中华的生存方式，给出关于“中国道路”让知识界信服的阐述和理论解释。一个是破，破一个国际性的霸权话语系统；一个是立，在知识界确立对自己生存方式的自觉，也就是对中华发展道路的自觉。我们不是为对立而对立，是为摆脱思想桎梏，为中华的生存而自立。思想上的破与立是生存竞争的主战场，强大的批判能力攸关中华文明的存亡续绝。

坚持和平发展理念
全面履行我军新使命

军事科学院研究员　任向群

坚持和平发展道路，是以胡锦涛为总书记的党中央，在科学总结和继承改革开放以来中国特色社会主义建设成功经验的基础上，作出的重大战略决策。党的十七大报告全面阐述了中国坚持和平发展道路的深刻内涵，强调“这是中国政府和人民根据时代发展潮流和自身根本利益作出的战略抉择”。从而表明“坚持和平发展道路”已经成为我们党和国家昭告天下，并用以指导中国政治、经济、社会、文化、外交和军事等诸方面发展的重大方针和总体战略。

国防和军队建设是决定和平发展能否真正实现的关键性因素，而全面履行新世纪新阶段我军历史使命，是国防和军队建设的核心内容。中国国防和军队发展必须服从和服务于中国和平发展战略，也就是说，要在和平发展的过程中，全面履行我军新使命。这是前所未有的艰巨任务，也是一项创新性的事业。要使全面履行新使命成为我军服从和服务于和平发展战略的自觉行动，必须以科学发展观为指导，树立唯物主义的辩证统一观，辩证地认识和把握好以下关系：

一、坚持维护政权与保卫主权的辩证统一

国家主权是国家存在的根本标志。理论上说，自从近代民族国家概念确立，并成为国际关系的行为主体以来，国家主权就是受到国际法保护的一种不受侵害的永久性权力，就是不能因政权的消亡而消亡的。但实质上，政权作为国家主权的行为者，是国家主权的具体体现。因此，保卫国家主权不受侵犯，也就往往体现在保卫国家政权不受外部势力的颠覆和破坏。

对于我军来说，维护国家主权是一项核心使命，集中体现在维护以中国共产党为领导核心的政权稳定上。因为，没有中国共产党，便没有社会主义中国。中国对国家政权的维护，对主权安全的珍视，既是殖民地半殖民地时期政权受辱、主权受损的惨痛经历和教训的必然反映，也有对当今条件下强权政治、霸权主义所引发的日益复杂多变的国际安全形势的清醒认识。新中国自成立以来，国家政权长期面临着西化、分化的威胁。冷战结束后，中国作为当今世界唯一的社会主义大国，在这方面承受的压力有增无减，只是形式发生了一些变化。由过去的针锋相对，转变为文化渗透、舆论宣传和理论误导。这其中，对我政权和主权安全危害最大的是所谓主张政权和主权相分离的“军队国家化”理论。

表面上看，“军队国家化”使军队超越了党派的利益之争，成为国家主权的维护者。实质上，这一理论在西方国家的运用是以主权行为者的变更，不涉及国家政体的变化或政治制度的改变为前提的。它是以国家的组织形式，掩盖了国家的阶级属性，也就是掩盖了其真正的政治企图。国家是阶级社会的产物，是统治阶

级用以保护本阶级利益的有力武器。在社会发展的历史进程中，新兴的革命阶级起来推翻旧的统治阶级，夺取政权，成为新的统治阶级以后，必然要以法律形式把他们建立的新的阶级统治关系以及与之相适应的政权组织形式，作为国家制度规定下来，以巩固其统治地位。资本主义国家不论其采取何种政权组织形式，都是资产阶级性质的国家，其政权都是为资产阶级利益服务的。现代资产阶级国家代表大资产阶级，特别是垄断资产阶级利益，它们不但在自己国家内维护资产阶级的权益，也在世界范围内维护资产阶级的权益。不认识这一点，就无法看清现代资本主义国家内外政策的本质。

军队是执行政治任务的武装集团，任何国家的军队，无论其在形式上是否“国家化”，都是统治阶级的政治工具。美国现行的军事战略为此作了最好的注解，即资本主义国家的军队是资产阶级维护其统治、强制推行其内外政策的忠实工具。所谓“军队国家化”只是使军队超越了资产阶级政党内部派别的利益争斗，使之成为服务于整个资产阶级利益的工具。

我军自诞生之日起，阶级政治属性就是“中国共产党缔造和领导的人民军队”。我国社会主义制度确立以后，我军就同时具有了国家政权的属性，也就是“社会主义国家的军队”。我国宪法明确规定：“中华人民共和国的武装力量属于人民。”因此，党的军队、人民的军队、社会主义国家的军队，三者之间实现了阶级属性、利益目标的完全一致。刚刚结束的党的十七大就充分体现了这一点。党的十七大确立的党的奋斗纲领，也是国家的发展战略目标，而军队的使命就是为党的任务和国家战略目标的实现提供安全保障。

国内外一些势力鼓吹中国的军队“国家化”，绝不是要我们军队忠于自己的社会主义国家，而是最终否定社会主义制度。因此，坚持党对军队的绝对领导，坚持全心全意为人民服务的宗旨，决定着人民军队的性质和方向，关系着中国特色社会主义的兴衰成败。在当前和今后面临严峻挑战和考验的情势下，军队尤其要坚定政治信念，自觉做到以党的旗帜为旗帜，一切行动听党指挥。坚持军队革命化、现代化、正规化“三化一体”的建军原则，大力弘扬听党指挥、服务人民、英勇善战的优良传统，铸牢我军的政治品格。因为一支没有政治品格的军队是不可能有效履行使命，保障国家政治安全的。这也是确保中国和平发展的重要条件。

党的十七大报告在论述中国和平发展道路时强调：“我们坚持国家不分大小、强弱、贫富一律平等，尊重各国人民自主选择发展道路的权利，不干涉别国内部事务，不把自己的意志强加于人。”由此可见，中国和平发展道路是以保障自身的政治制度和社会发展道路为前提的。中国和平发展的意义在于，中国在致力于维护自身主权安全的同时，也明确表示尊重别国的主权安全。中国军队只有真正担负起保卫国家政权的职责，才能真正保障中国的和平发展。

二、坚持打赢战争与维护战略机遇期的辩证统一

党的十七大报告指出：“机遇前所未有，挑战也前所未有，机遇大于挑战。全党必须坚定不移地高举中国特色社会主义伟大旗帜，带领人民从新的历史起点出发，抓住和用好重要战略机遇期，求真务实，锐意进取，继续全面建设小康社会、加快推进社会主义现代化，完成时代赋予的崇高使命。”而我军新使命的任务之一，就是要为维护国家发展的战略机遇期提供坚强的安全

保障。

必须看到，战略机遇期不仅是客观和现实的，更是主观努力和科学谋划的结果。如果战略措置失当，机遇稍纵即逝，挑战变为危机。我军要完成为战略机遇期提供坚强的安全保障的使命，就意味着，我军必须具有有效应对各类干扰和破坏战略机遇期的战争危险的能力。当前，国际安全形势继续发生着深刻而复杂的变化，战略机遇期既是我们可以大有作为的“黄金发展期”，同时又是我们面临诸多安全威胁与挑战的“矛盾凸显期”。我国的安全问题日益呈现出内外互动的特点，在和平发展的道路上充满各种不确定的风险与阻碍。特别是“台独”势力顽固坚持分裂祖国的立场，已成为影响和威胁我国安全的最大隐患。军事安全因素仍是我国安全的主要威胁，国防实力对保障国家安全和维护国家统一的作用依然突出。在此背景下，遏制战争、打赢战争仍是我军的基本职能。扎扎实实做好军事斗争准备，提高打赢信息化条件下局部战争的能力，是国防和军队建设的核心内容，在我军力量建设中处于“龙头”地位，这一点是不可动摇的。我们只有具备打赢战争的能力，才能真正维护和延长战略机遇期。

同时，必须强调，全面建设小康社会是国家的发展战略目标，保障和延续国家发展的战略机遇期，则是国家安全战略的目标。“必须站在国家安全和发展战略全局的高度，统筹经济建设和国防建设，在全面建设小康社会进程中实现富国和强军的统一。”这是十七大对国防和军队建设提出的总目标。我军要为维护国家发展的战略机遇期提供坚强的安全保障，除了充分的军事斗争准备之外，还必须树立和强化战略全局观念，坚持军事战略服从和服务于国家总体发展战略，用战略全局观念筹划军队建设，指导军事行动，使军队各项工作都符合党和国家战略全局的要求，符合党中央、中央军委的战略意图，适应国家安全和发展利益的需要，适应国家经济社会发展的总体布局。

为此，我军的军事战略指导要更具灵活性，战略谋划的内容要由仅仅强调打赢战争向遏制战争和控制危机拓展，军事战略指导的重心要由单一实战调整为实战与威慑并举。主要体现在：一是要充实军事力量运用的指导原则，在重视军事力量的战争运用的同时，善用军事力量的非战争运用。力图通过非战争军事行动，避免战争；力图通过战略威慑，遏制战争；力图通过军事合作，预防危机。二是完善战争控制理论体系，制定应对不同强度的战争预案，在战争不可避免时，设定有理有节的战争目标，努力减少战争行动带来的危害，确保国家建设全局不受高强度军事冲突的重大冲击。三是把握好主要战略方向和其他战略方向的互动关系，提前做好战略预置，确保战略主动。四是加快中国特色的军事变革，全面提升我军战略能力。对太空军事化的动向要有所警惕与准备。总之，要在确保国家核心利益不受侵害的前提下，维护和延长战略机遇期。显然，这也是中国和平发展的重要内容。

三、坚持国家利益与人类共同利益的辩证统一

随着国家经济的发展，国家利益的边界，也早已超越国界，走向全球，甚至伴随“嫦娥”，飞向太空。维护国家利益历来是军队的神圣使命。国家利益发展到哪里，军队维护利益的使命就应延伸到哪里。对于我军来说，适应国家发展利益拓展所提出的战略需求，为维护国家利益提供有力的战略支撑，是党的嘱托，人民的重望，是我军义不容辞的职责。但我国和平发展的战略抉择决定了，我们必须走一条不同于其他大国崛起和扩张的道路，

寻求一种新的利益发展途径。因为“当代中国同世界的关系发生了历史性变化，中国的前途命运日益紧密地同世界的前途命运联系在一起”。

当今世界任何国家要实现自己的发展目标，都必须顺应世界发展大势，求和平、促发展、谋合作已成为时代的潮流。随着经济全球化趋势的深入发展，各国利益日益交汇，相互依存不断加深，任何国家都不可能把自己的利益追求，完全建立在以武力手段损害或掠夺别国利益的基础之上，这是一种难以持久的发展。对于中国来说，和平发展的战略抉择，决定了中国不可能追求以势力范围和联盟集团为支撑的地缘战略目标，也不可能建立以军事扩张为基础的大国霸权体系。中国国家利益只能通过寻求和扩大与外部世界的共同利益，在维护地区和国际社会共同利益的过程中，实现自身利益的发展。这就是十七大报告中指出的，“共同分享发展机遇，共同应对各种挑战”的共同利益观。

共同利益观必然带来开放的合作观。它以和平共处为前提，以共同利益为基础，以战略合作为纽带，以共同发展为目标，在追求人类和平与安全的普遍价值的同时，实现国家安全战略与发展战略目标。这种以共同安全为特征，以合作安全为主要途径，谋求国际和平与安全的新观念，与历史上后起大国对现存国际体系采取挑战甚至武力摧毁的做法相比，更加具有和平性和建设性。因而，共同利益观，使外界较容易接纳我军以一个平等的合作者的身份，参与现存的国际安全合作体系和有关和平与安全问题的多边安排，从而为我军参与地区和国际军事安全合作，扩大我军在地区和国际安全事务中的影响力，提供了广阔的空间。随着国际安全形势的日益复杂化，加强国际军事合作，共同维护战略要道及要地的稳定与安全，成为许多相关国家的共同愿望。无疑，共同安全观在指引我军更多地担负起维护地区和国际安全的责任的同时，将增强我军参与地区和国际安全环境塑造的能力。

同时，维护共同安全的战略需求，也将对我军现代化建设提出更高的要求。适应世界军事发展新趋势，更好地为地区安全和世界和平作贡献，将是推动我军现代化建设的新动力，从而使我军维护国家利益的使命与维护国际和平的责任更加统一。最终会如毛泽东所言："中国会变成一个大强国而又使人可亲"。这也正是和平发展道路的内涵。

四、坚持保障安全与维护发展的辩证统一

当前，国际安全与国家安全的突出特点就是传统安全威胁与非传统安全威胁相互交织，互为因果。安全威胁日益多样化，复杂化。因而，维护安全的手段也日益综合化。军事力量仍是最重要的维护安全的手段，但单纯依靠军事手段已无法解决日益复杂的安全问题。这既是全球化背景下当代安全的客观现实，也是人类在发展过程中对安全问题的新认识。正是人类对自身发展过程中出现的诸多严峻的安全问题有了新的认识，才促使人们对发展模式进行新的思考。正是人们对安全的内涵有了新的界定，才使人们对发展采取更为科学的方式。人类社会发展到今天，发展与安全已不再是两个截然分开的问题。中国当今的发展再也不可能回避安全而只谈发展，也不可能先解决安全问题再谋发展。

所谓非传统安全威胁的上升，在很大程度上，是因为我们审视安全的视野拓展了。我们现在用安全的眼光认识发展问题，诸如经济安全、文化安全、信息安全、环境安全等等。所有这些安全问题，都离不开发展，是发展中出现的安全问题，是发展带来的安全问题。发展与安全之间相互促进、相互影响和相互制约的

内在联系日益增强，对国家安全构成威胁的因素日益增多和复杂，国家安全利益日益变为多层次、多领域的综合性问题。一国的国家安全不仅仅是传统意义上的军事安全，而且是军事安全和政治安全、经济安全等的有机结合，也就是所谓综合安全。我党提出的科学发展观就是基于对发展与安全的这种深刻认识。我们用科学的发展观指导我们的发展，使之更加协调、均衡与可持续，最终，使我们在享有发展成果的同时，也拥有更多的安全保障。这是和谐社会的内涵，也是和谐世界的内涵。

科学的发展观实质上也是一种科学的安全观。从发展的角度看安全，以更加广阔的视野，认识发展与安全的相互作用；用更加辩证的思维，统筹兼顾发展与安全；用更加综合的手段，维护安全，促进发展。这就是新安全观的内涵。在新安全观的引领下，我们就不会再对非传统安全领域的各种威胁视而不见，也不会对军队使命的拓展感到无所适从，从而使我们能够以更新的意识，更多的手段，更强的力量，维护国家发展过程中日益出现的新的不确定的安全威胁。

面对复杂多变的安全环境，我军既担负着维护国家主权和领土完整的重任，也日益在营造和平环境与应对突发事件中发挥作用。履行我军职能，不仅体现在战争行动上，也体现在非战争行动或战略威慑行动上；不仅表现为单一的军事作战样式，也表现为国际维和、联合援救、联合反恐等多种军事合作模式。这些不同样式的军事活动是应对危机、遏制战争、打赢战争的必要手段。

完成多样化的军事任务，需要多样化的力量建设标准，我军的力量建设不能仅仅围绕应对大规模入侵等单一需求来进行，而应着眼于多元化的安全威胁，立足于满足国家发展的多种战略需求，抓住重点，统筹全局，在推进军事斗争准备的同时，搞好针对性军事训练和专业化力量建设。发展应对多种安全威胁、完成多样化军事任务的能力，既是维护安全的需要，也是保障发展的需要。

总之，中国和平发展的内涵是，既通过争取和平的国际环境来发展自己，又通过自己的发展来促进世界和平。我军全面履行新使命的内在要求与和平发展的目标完全一致。

海洋文化建设的政治文化问题

国家海洋局战略研究所研究员　杨金森

文化是人类社会实践中形成的物质成果和精神成果的总合，其中的精神成果是意识形态，以及与之相适应的制度和组织机构。社会意识形态包括政治、法律、哲学、道德、宗教、艺术等，这是狭义的文化。广义海洋文化是人类涉海社会实践中形成的物质成果和精神成果的总合，狭义的海洋文化应该包括涉海的政治、法律、艺术、宗教等社会意识的各种形式。

社会意识形态中政治性问题，也就是政治文化问题。政治文化是指一个社会在长期的政治实践中形成的具有某种根本性质的政治心理、政治态度或政治思想；它的作用是由民族历史经验和价值体系两个方面，向决策者提供观念框架和思维方向，从而影响国家利益的判断，形成国家的政治决策。在海洋领域，形成国家海洋战略和政策，也受这种政治文化的影响。在中国和平发展的历史时代，应该确立建设海洋强国的国家战略。实现这种战略，需要有文化力的支撑，包括走向海洋的民族意识、建设海洋强国的国家意识、和平走向海洋的发展理念、多元化目标的海洋政策，进而形成支撑建设海洋强国战略的政治文化基础。

一、培育亲海向海的民族意识

2006年，胡锦涛同志在全国经济工作会议上强调：要增强海洋意识。海洋意识是走向海洋和建设海洋强国的思想意识基础。中国是世界上最早开发利用海洋的国家之一，但是，在很长的历史时期疏远过海洋，主要原因之一就是缺乏海洋意识，以农立国、大陆思想治国，因而实行海禁政策和闭关锁国政策。这种思想意识至今仍有影响，许多中国人至今缺乏走向海洋思想意识，成为制约建设新时代海洋强国的思想意识障碍，所以，提高海洋意识是一件具有战略意义的大事。中国在民族复兴的历史进程中，一定要形成走向海洋的民族意识、建设海洋强国的国家意识与和平建设海洋强国的发展思路。这对于一个濒海大国的民族振兴是至为重要的。

(一) 海洋意识的历史演变

意识是人类对客观现实的反映、觉察、认识。意识对社会的发展具有巨大的促进或阻碍作用。海洋意识是人类对海洋的自然规律、战略价值和作用的反映、觉察、认识。海洋意识对于人类开发利用和保护海洋有巨大的作用。在一个国家，海洋意识可能转变为政治、法律等各种社会意识形态，先进的海洋意识可以推动海洋事业的发展，落后的海洋意识会阻碍海洋事业进步，甚至阻碍国家形成正确的海洋战略，落后于时代潮流。

人类的海洋意识是不断变化的。自公元前3000年以后，沿海地区的一些民族和帝国，就开始跨越海洋进行贸易和抢夺财富，争夺海上通道及其周边海洋的控制权，逐步形成了初期控制海洋的意识。在封建时代的早中期，人类对海洋的利用逐步增多，认识也逐步加深，当时的强国竞相对海洋提出权利主张，开始形成控制部分海域航行、捕鱼的思想，建立了拜占庭、奥斯曼、阿拉伯等跨三大洲的大帝国。从 15 世纪开始，人类进入大航海时代。这个时期出现了葡萄牙、西班牙、荷兰等海洋强国，形成了进一步割据海洋的局面。世界进入资本主义时代以后，新兴的民族国家要求打破海洋被分割的格局，主张海洋自由，实现自由航行。荷兰法学家格劳秀斯于 1609 年首次提出“海洋自由论”，成为这个时代海洋法律制度的基本原则，对于国际法和国际海洋法的建立，作出了奠基性的贡献。

第二次世界大战之后，国际海洋法律制度发生了新的重大变革，联合国制定了《联合国海洋法公约》，形成了新的领海、专属经济区、大陆架和国际海底与公海等法律制度，形成了新的海洋政治地理格局。《联合国海洋法公约》出台后，世界海洋中的 1.09 亿平方千米的近海先后被沿海国家划分为管辖海域，成为这些国家的蓝色国土，同时也由此引发了此起彼伏的“蓝色圈地”运动；2.517 亿平方千米海域成为公海和国际海底区域。人类的海洋观念和意识也发生了重大变化，形成了海洋国土与“公土”意识、海洋可持续利用意识、海洋强国意识等。

海洋意识是一种国家战略意识。世界各国都有自己的海洋意识。举几个海洋强国的例子：美国早期有海洋是护城河意识、统制海洋称霸世界意识；20 世纪中期以后，陆续形成了管辖海域（海洋国土）意识、海洋是可持续发展宝贵财富意识。法国在新世纪形成了全面走向海洋思想。英国有海洋是财富中心意识、聚敛财富通道意识，贸易通道、资源开发基地和防御前沿的多元化海洋意识。印度有建设海权国家的意识，控制印度洋思想和“命运之洋”观念。俄国早期有争夺出海口思想，20 世纪中期以后形成了海洋富国思想。

（二）新时代的海洋意识

21世纪是全面开发利用海洋的新时代。中国是陆海兼备的大国，正在兴起，与这种大国地位相适应，必须树立以海富国、以海强国思想，确立建设新时代海洋强国的远景战略目标，为促进全面建设小康社会和民族复兴大业做出更大贡献。适应这种形势，要树立新的海洋意识：

地球空间意识中的海洋意识。在这个领域，海洋意识要正确了解地球空间的整体性，海洋在地球空间中的地位和作用，包括地球表面的71％是海洋，海洋是地球气候的调节器，海洋也是资源宝库等意识。

时代特征认识中的海洋新时代特征意识。在世界上，革命与战争的时代主题逐渐消退，和平与发展是时代的主流，与此同时，通过武力控制海洋、进而控制世界，称霸世界也越来越不得人心。当今时代，开发保护海洋是主要潮流。实现国家海洋利益的主要手段是融入世界海洋事务体系，遵守国际海洋法律规范，开发保护本国的管辖海域，同时要积极开发保护世界海洋，并重视通过合作与协商的方式处理海洋事务和维护国家海洋权益。

国土意识中的海洋“国土”和“公土”意识。国土包括海洋，因此也有海洋国土，领海是典型的国土；专属经济区和大陆架是国家管辖海域，沿海国家在管辖海域有勘探开发自然资源的专属权利，也可以认为是“准国土”。海洋中还有世界各国都有权利用的“公土”，包括公海和国际海底区域及其资源。中国是世界上人口最多的大国，最应该树立开发利用世界海洋（世界公土）的思想意识。

国家战略意识中建设海洋强国的意识。国家大战略是国家的总体战略。所有沿海国家，都应重视海洋，在国家大战略中把海洋放在重要地位。中国是正在发展的陆海兼备大国，与这种地位和形势相适应，必须树立走向海洋的意识，确立建设新时代海洋强国的国家战略。

国家发展战略意识中的海洋经济意识。海洋对中国在经济全球化的形势下，实现全面建设小康社会的战略目标，具有极其重要的意义，必须树立发展海洋经济的思想意识。沿海地区已成为黄金地带，占国土总面积15%的沿海地区，承载着40%以上的人口，创造着60%以上的国内生产总值；海洋运输船舶和机动渔船20多万艘，海洋经济活动形成20多个产业，海洋产业对国内生产总值的贡献超过10%，成为国民经济新的增长点；中国的国际贸易货物运输总量的85%是通过海上运输完成的，世界航运市场19%的大宗货物运往中国，22%的出口集装箱来自中国，中国商船队的航迹遍布世界1200多个港口。我国已经成为依赖海洋通道的外向型经济大国。

国家安全意识中的海洋安全意识。海洋安全是国家安全的重要组成部分，必须牢固树立海洋安全意识。海洋安全包括传统的海防安全、海洋经济安全和海洋生态安全等。中国海洋安全威胁主要有以下方面：（1）“台独”势力分裂国家和台海战争威胁；（2）钓鱼岛和南沙群岛主权争端引发政治和军事冲突威胁；（3）海洋边界争端引发政治和军事冲突威胁；（4）海洋资源争端引发军事和政治冲突威胁；（5）霸权国家遏制中国复兴进行海上干涉威胁；（6）海上强邻的安全威胁；（7）海上通道安全威胁；（8）海洋自然灾害威胁；（9）海洋生态安全威胁。

（三）海洋意识培育工程

培育工程的人群范围。培育工程的目的是在全国开展起来，使全国人民改变大陆意识，形成走向海洋的意识。首先要在各级领导和决策人群中，开展海洋意识培育工程，使走向海洋的意识转变为国家战略和政策；其次要在从事涉海事业的人群中开展海洋意识培育工程，使这些人群更深入了解走向海洋的战略意义，为建设海洋强国努力奋斗；最后要在全国民众中开展海洋意识培育工程，形成支持走向海洋、建设海洋强国的民族意识，支持海洋事业发展的民众基础。

培育工程的产品生产。海洋意识培育工程的产品包括四类：第一类是汇报解释性产品，由机关和研究机构编写，在有关部门向国家提出海洋战略、规划、政策和重大项目等文件时，向领导机关和决策层做解释和宣传，目的是得到理解和支持；第二类是国家海洋战略和政策性宣传产品，也由有关机关和研究机构完成，宣传对象是从事涉海事业的人群，使他们除了了解本职工作情况之外，还能了解走向海洋的大战略；第三类产品是全民海洋知识教育产品，包括在中小学进行海洋自然常识教育的产品，在普通高等院校进行海洋科学知识教育的产品；第四类是社会宣传的产品，包括影视产品、文字产品、展示产品等。

培育工程的行政措施。建议海洋部门把海洋意识培育工程作为一项正式工作任务，主动抓起来，并且与教育、文化、广播电视等部门相合作，共同推动这项工程。

二、确立建设海洋强国的国家意识

21世纪的中国要复兴，就必须成为海洋强国。中国要从新时代的海洋权益、国家安全、海洋安全、战略资源基地的高度，考虑海洋问题，把建设海洋强国作为一项重要的历史任务。

(一) 兴起大国必须走向海洋

海洋世纪要求中国走向海洋。联合国缔约国大会的文件认为，21 世纪是海洋世纪（ocean century）。海洋对于人类的可持续发展具有越来越重要的作用，中国在 21 世纪要成为强国，必然越来越多地依赖海洋；在 21 世纪，海洋仍然是国际政治、经济和军事斗争的重要舞台，中国是新兴大国，必须参与国际竞争的海洋大舞台；在多极化时代，没有一支强大的海军，就不可能成为一个强国；在经济全球化时代，海洋通道安全具有非常重要的意义。因此，中国必须走向海洋。

实现国家海洋利益必须走向海洋。中国在全球海洋上有广泛的战略利益：国家管辖海域的海洋权益；利用全球通道的利益；开发公海生物资源的利益；分享国际海底财富的利益；海洋安全利益；海洋科学研究利益等。中国必须成为海洋强国，才有可能分享这些海洋利益。

进入全球经济体系需要走向海洋。资本主义的发展和经济全球化离不开海洋。《共产党宣言》中所说的“世界市场”，世界性的生产和消费，各民族的相互往来和依赖，都与“交通的极其便利”密不可分，其中主要是全球海上交通。所以，资本主义国家都很重视争夺海洋，15 世纪以后，葡萄牙、西班牙、荷兰、英国、法国，相继成为海洋强国；20 世纪以来，美国、日本、俄国（苏联）又先后成为海洋强国。因此，大国的政治家、战略家都无不从战略全局上关注海洋，建设海洋强国成为立国的根本大计。19 世纪美国海军理论奠基人 A·T·马汉通过他对历史的考察，用两句话概括海权论的主旨，即海权“对于世界历史具有决定性的影响”，“控制海洋，特别是在与国家利益和贸易有关的主要交通线上控制海洋，是国家强盛和繁荣的纯物质性因素中的首要因素”。在新的经济全球化形势下，国家之间的经济贸易往来更加频繁，更需要利用海洋这个大通道。海上通道出问题，就会严重影响经济发展。因此，必须成为海洋强国，有能力保卫海上通道的安全。

具备了走向海洋的综合国力基础。中国军事科学院黄硕风研究员根据政治力、经济力、科技力、国防力、文教力、外交力和资源力等指标计算，1949 年中国的综合国力指数为 20.54，位居世界第十三。1989 年为 133.07，位居世界第六。在 1999 年李成勋等主编的《2020 年的中国》中，中国的综合国力总分 1970 年为 1794.8，位居世界第九；1980 年为 1997.7，位居世界第九；1990 年为 2158.6，位居世界第九；2000 年为 2431.5，位居世界第九；2010 年为 2483.2，位居世界第八；2020 年为 2551.9，位居世界第七。随着综合国力的增强，我们已经具备建设海洋强国的潜力。

国家海上力量逐步增强。中国的海洋事业也已经有一定的基础，有可能比较快的发展。目前，从事海洋工作的劳动力已经超过 2000 万人；年造船能力达到 1000 多万吨，机动渔船 20 多万艘，其中远洋渔船 1200 多艘，海洋运输船舶 10150 艘，2780 多万净载重吨；2005 年海洋产业的增加值超过 7000 亿元；海洋科研力量是发展中国家中最好的，海洋科学研究和考察工作已经进入三大洋和南北极地区；建立了海洋监测网，海洋环境预报系统，海洋信息服务系统，海洋防灾减灾能力逐步提高；中国已有一支正在壮大的近海防御型海军；中国已经形成了比较完整的船舶工业体系，拥有技术力量雄厚的船舶科研设计机构、船舶生产企业和比较完善的船舶配套体系，商船制造已经跃居世界的三位。

确立了建设海洋强国的国家战略。世纪之交，国家领导人强调，要从新时代的战略高度关注海洋权益和海洋安全，从振兴经济、战略资源基地、国家安全、世界安全的角度，考虑海洋的战略问题，把建设海洋强国作为一项重要的历史任务。21世纪中国要复兴，必须成为海洋强国。党的十六大做出了“实施海洋开发”的战略部署，《全国海洋经济发展规划纲要》（2003年国务院13号文）提出“建设海洋强国”的战略目标。这是中国海洋事业发展的长远战略决策。

中国已经具备了建设海洋强国的基本条件。经过几十年的努力，完全有可能实现建设海洋强国的战略目标：海洋经济总产值进入世界前列，海洋产业的增加值在国内生产总值中的比重超过世界平均水平；形成一批世界第一的海洋产业，例如海洋渔业、海水制盐业、海洋药物工业、海洋旅游娱乐业、海洋运输业等；海洋科技能力不断增强，科技水平不断提高，成为海洋科技强国；海洋防卫力量不断壮大，能够有效维护国家的海洋权益和海上安全，成为海防力量强大的国家之一。

（二）进行海洋强国战略谋划

建设海洋强国需要几十年，甚至上百年的时间。美国自19世纪末马汉提出海权论以来，到第二次世界大战成为世界海洋强国，用了50年时间。中国从现在开始实施建设海洋强国战略，2010年前启动建设海洋强国的战略工程，进行理论研究、规划制定、方案设计，启动一些急需项目，打下初步基础；之后，全面进行海洋强国建设，在我国经济总量接近美国时，成为亚太地区的海洋强国；至2050年，成为世界海洋强国，为国家在总体上成为中等发达国家，成为世界强国做出贡献。这是一个漫长的蓝色航程，中华民族应该为此付出艰辛的努力，勇敢迎接惊涛骇浪的洗礼。

建设海洋强国是一个全局性战略问题，应该由中央政策研究机构、国家有关部门、重要科技咨询机构，组成合作研究班子，启动建设海洋强国战略规划编制工程，进行理论研究、规划制定、方案设计，制定建设海洋强国的战略规划，并由党中央做出政治决策。

在此基础上，由有关部门具体组织，筛选海洋强国建设的启动项目，开始有计划地进行实施。例如，建设军民兼用的海洋环境保障体系；把海洋工程作为与航天工程类似的国家重点工程，实施发展海洋工程技术的战略工程计划；建设具有远海作战能力、在西北太平洋拥有制海权、制空权的海军和空军；建立一支准军事化的海上维权执法队伍等。

三、形成多元化目标的海洋政策思想

中国是陆海兼备的大国，正在全面建设小康社会和实现民族复兴大业。要站在新时代的高度，从经济全球化、世界多极化和崛起大国走向海洋的迫切需要出发，考虑国家的海洋战略和政策，树立以海富国、以海强国思想，确立建设新时代海洋强国的远景战略目标。2008～2030 年是中国向海洋强国发展的关键时期，要制定新的海洋政策，指导海洋经济、环境、管理和海洋权益维护工作，为海洋事业的健康发展和建设海洋强国奠定坚实基础。

海洋政策的基本目标是，逐步实现海洋事业发展的历史性转变，使中国从濒海大国转变为新时代海洋强国，从半封闭海走向深海大洋，建设繁荣海洋、健康海洋、和谐海洋、安全海洋，以海富国，以海强国，为全面建设小康社会和民族复兴做出更大贡献。新时代海洋政策要有多元化文化特色：

——实行统筹协调的海洋政策。陆海统筹规划，海洋经济、海洋科技与教育、海洋公益服务和海防建设统筹协调发展。

——实行绿色保护的海洋政策。遏制沿海区域海洋生态环境恶化势头，实现海水清洁、海产食品安全、海洋经济可持续发展。与国际社会共同分担保护海洋资源和环境的责任和义务，为海洋的可持续利用做出贡献。

——实行蓝色的海洋政策。遵循联合国海洋法公约及其他涉海国际规约，树立全球海洋观念，积极开发世界海洋资源，分享世界海洋开发利用之利。

——实行和平与合作的海洋政策。促进海洋的和平利用和世界的和谐发展。在地区海洋事务中，坚持以邻为伴、与邻为善的方针，把黄海、东海和南海建设成为合作之海、友谊之海、和平之海。

战略文化与企业发展

中国石化集团总公司总地质师 曾兴球

非常荣幸被邀请来参加中华战略文化论坛。我是一名企业界的代表，在石油行业工作了近40年。今天，听了各位领导同志和文化界的大师、专家、教授、学者们从不同角度就弘扬中华传统优秀文化，重视战略文化研究所做的精彩发言，使我这个平时对战略文化研究不深的人很受启发。这次论坛对于推动企业文化建设、促进企业战略发展有着十分重要的现实意义。刚才大会主席希望我做一简短发言，我借此谈一点个人的体会。

一、企业发展需要战略文化

党的十七大强调指出，要重视社会主义大文化建设，要增强我们的软实力。今天，我们不论是讨论战略文化，还是讨论石油文化、企业文化，目的都是要贯彻落实十七大精神，开创文化建设新局面，使文化建设能够适应经济建设发展的需要。或者更直接一点说，就是企业发展需要战略文化，文化能够从根本上提升企业的竞争力。我是搞企业管理的，搞企业的人喜欢凭数据说话。我们国家的能源消费就石油和天然气而言，已经占到世界消费总量的7.7%，但在国际油价讨论过程中，美国几乎控制了国际油价的走势，而我们的话语权只有0.01%。我多年做国际石油市场战略研究，对这一点感到非常遗憾。为什么会这样呢？和我们的软实力不够有关系，与我们的战略思考、战略规划有关系，也就是说与战略文化有直接的关系。到现在为止，我们国家的国民生产总值即将达到23万亿元，与德国不相上下，可以排到世界第四、第三的位置了。然而企业微观竞争力，依然处在世界后20%。微观竞争力就包括经营理念、管理方式、战略规划等文化元素。还有，我们国家正规注册登记的民营企业已有16700多个，在实施“走出去、引进来”的战略中，已有30%的企业用各种方式走向海外，但真正成功，做强、做大的不多。国内民营企业的生命期大多都比较短，一般3～5年，最短的只有1～2年。为什么这么短命？主要是缺乏战略眼光，缺乏长远战略规划，企业运作不规范，缺乏战略文化素养。这些企业大都按照过去传统小农经济的做法，采用个体户的经营方式，“吹开糠就要看到米”，抓一把米往袋子一塞，就认为赚钱了，企业就成功了。至于未来企业怎么发展？朝什么方向发展？怎么去整合现有的资源？怎么去寻找更丰富的资源？如何明确自己企业在市场中的战略地位？如何做到科学发展、持续发展？缺乏战略思考。因此，我认为这次论坛搞得很好，很及时。讨论战略文化问题，对落实十七大精神，对推进建设有中国特色社会主义的伟大工程，本身就具有特殊的战略意义。

二、关于我国的能源战略问题

国情决定了我们国家的能源战略与美国、俄罗斯、日本及所有发达国家的能源战略是不同的。为了保证国民经济持续、稳定、平衡、健康地发展，我们必须摆脱传统的以大量消耗能源为代价来实现国家工业化的道路，要创新走出一条中国特色的能源发展道路。怎样才能走出一条与其他国家不一样的道路来？那就是要进行战略思考，要建立一种新的不同的能源文化理念。美国现在将近3亿人口，每年要消费11亿吨油；我们是13多亿人口，每年消费约3.5亿吨油。美国已实现了工业化，在它实现工业化的100多年里，共消费全世界石油资源120多亿吨。根据国际上权威的咨询机构测算，目前全世界常规油剩余可采储量大约还有100～150亿吨（不包括还可能新找到的储量）。也就是说，如果用美国的能源消费理念来指导我们的战略部署，全世界现存的石油都给我们中国用还不够，我们的社会主义现代化将无从谈起。因此，我们只能够采用低能耗节约型的能源结构，一定要想办法寻找替代能源，寻找新能源，实施能源供应多元化、能源消费多元化战略。关于这个问题，党的十七大报告中，锦涛同志已经明确告诉我们：我们一定要进一步深入探讨中国特色社会主义的特点是什么，在能源战略上一定要从实际出发，做出新的部署、新的调整，一定要从战略文化入手去推动战略实施，只有树立起新的文化理念，才能推动出现符合中国实际情况的能源战略。在解决多元化供应问题的同时，一定要解决多元化消费问题。目前，国民在能源多元化消费文化方面还很薄弱。大家都想开车，而且都想开高档车，都想开高档的高耗能车，以示气派。企业总裁、总经理们，都想坐好车、坐洋车，不管耗能多少，多大。我们的领导干部、总经理们为什么不能带头坐低排量的车子？为什么呢？这中间深涵着一种文化理念。如果不从文化理念上解决问题，不从文化理念的调整上来解决我们建设小康的道路和方法问题，可能建设小康社会的远大目标是很难达到的。所以，我们现在一定要强调战略文化建设，强调新文化建设。

当前我国社会主义新文化建设存在什么问题呢？我个人认为存在三个方面的问题：

第一，主流文化不突出。主流意识没有变成我们的主导思想，在文化生活中不占主导地位。比如马克思主义是我们事业的指导思想，现在连资本主义世界都很欣赏马克思主义了。一个美国人跟我讲，他们要建立一个马克思主义研究所。我问他为什么，他说："资本主义发展到今天，也碰到了很多复杂问题。怎么解决这些复杂问题呢？我们必须寻找新的途径。我们发现从马克思主义里面能够找到解决资本主义社会当前碰到的一些复杂问题的方法。资本主义本身无法解决的问题，在他（马克思主义）那里能够找到答案。比如说剩余价值问题。"资本主义要发展，也要改变思路，也要提升或者建立新的文化理念。而我们作为马克思主义的政党，作为马克思主义的信仰者、继承人，对马克思主义宣传的力度、学习的深度和掌握的能力还很不够。

第二，如何继承和发扬优秀的传统文化尚待认真解决。中华传统文化博大精深，是中华民族生生不息的精神支柱。历经数千年的文化积淀中，哪些是精华，需要继承？哪些是糟粕，应当抛弃？我们缺乏系统分辨，没有厘定清楚。对传统文化中的优秀部分，我们也做过不少宣传，但总体看来，号召多，讨论多，大多数情况下是作为一种学术研究，也编撰过一些文学艺术作品。但总体上看，社会提倡得还很不够。如何推广、如何传播，缺乏力度，缺少办法。没有让传统的优秀文化变成为社会习惯，真正形成风气，造成舆论，变成一种行动，这方面下的功夫不够，优秀的文化产品太少。当前社会存在的普遍问题是义利之间的关系处理得不好，正义与公平没有扎根在群众的心里。什么叫文化，我的理解就是：在当下人群中，在不需要法律制裁和行政命令的前提下，能够形成每个人自觉行动的行为体系。真正把文化变成一种自觉的行为体系，社会正义占居上风，社会成员在考虑问题和处理事情时都能自觉用社会道德来约束自己，这个社会就和谐了。社会骨干能够代表群众的利益，代表群众的愿望，这个社会就真正走向文明了。因此，我们在建设社会主义新文化时，一定要认真研究传统文化如何弘扬的问题。

第三，缺少培育先进文化的土壤和环境。文明哺育文明，野蛮滋生野蛮。建设社会主义新文化关键在于培育能够产生先进文化的土壤，创造有利于先进文化生长的环境。在这个问题上，首先要强调各级领导干部的模范带头作用，要选拔具有较高文化素养的人担任领导工作。我们工厂卖出去的不要认为只是产品，而是一种文化，你的企业文化的全部内容都蕴涵在你的产品之中。文化界的学者们更要研究，怎样能够从我做起，各级领导干部要身先士卒，带头弘扬新文化，使我们的文化生活能够体现这个时代的风貌，反映当今社会的特点。我们每一个共产党员，都应当成为传播先进文化的模范，真正像毛泽东同志倡导的那样成为一颗种子，在人民群众中间生根、开花、结果，使自己成为社会主义先进文化的代表。没有领导同志带头，没有共产党员的先锋模范作用，没有学者的倡导，群众眼里就没有榜样，没有表率，就不知道朝哪里走。身为企业干部，我认为文化建设离不开企业，企业是培育新文化的最好基地，企业文化建设应该是我们战略文化论坛关注的重点。因为在企业里，特别是大型骨干重点企业，聚集了一大批高端的人才。他们是最有组织的人群，从机制、体制，财力、物力各个方面，都更加具备建设新文化的能力。我觉得应该以企业为基本阵地，抓社会主义新文化建设。企业应当成为战略文化研究的主力军。

三、坚持文化建设为经济发展服务的方向

世界历史告诉我们，欧洲的经济繁荣是从文艺复兴开始的。我作为能源界、石油界的代表，参加这次中华战略文化论坛，受到最大的启发就是，在我国经济飞速发展的的大趋势之下，人们已经感到了文化力量的不足，甚至有一种文化饥渴感。经济发展为繁荣文化提供了良好的社会基础，而文化的复兴必然推动经济技术领域产生新的革命，促进生产力更快、更好地发展。众所周知，支持当代人类社会发展的有四大技术系统：能源技术、材料技术、生物技术和信息技术。这四大技术系统在我们能源界、石油界表现得非常集中。如何开拓这四大新技术领域，促进能源工业的发展，为我国经济建设提供能源保障呢？恐怕功夫在发展能源工业之外。不能就能源供应讲能源供应，要从文化讲起，从文化建设做起。要真正建设起一种创新型的文化，引导人们既脚踏实地干事业，又敢想敢干，能够深度思考，关注空白，勇于开拓进取，去填补技术空白。使人们既了解世界技术发展的动向，又知道自己当前应当做好哪些事情，实现科学发展。例如，我们国家的石油资源不足，但是煤炭很丰富，最近又发现一个大煤田。据专家估计我国煤炭使用200～300年没有问题。但是，使用煤炭有很多技术问题必须解决，二氧化碳排放量大、粉尘多、对环境污染严重等。是因为有这么多技术难题就放下丰富的煤资源不去开发，而一味地依赖石油、天然气？还是下功夫研究新技术，解决好煤的清洁利用问题，从而充分发挥煤资源的作用？这就要各行各业，各级领导同志，各方面的技术人员，用同一种文化理念

去思考问题，决策项目，创新思路，创新技术，开启煤炭清洁利用的新途径。煤炭清洁利用是解决我们经济建设过程中能源“瓶颈”问题的一个重要途径。近几年，我国煤炭清洁利用技术虽然有进展，有的领域还取得了重大突破。但与发达国家比较，我们还处于落后位置，还须加倍努力技术创新。经常听到领导同志讲，由于我们创新能力不够，煤炭清洁利用技术发展速度跟不上经济发展形势的要求，与世界先进水平相比较还有较大差距。分析其原因，和战略文化研究不到位有很大关系，“以煤为主”的战略理念还没有深入人心，还没有形成一种统一的行为方向，战略规划常常得不到落实。又如，我们发展石油工业，要走出去，到海外去寻找资源，现在碰到的问题也很多，中日东海开发争议不休，共同开发东海大陆架已进行了 11 轮谈判，目前还没有达成一致。如何解决？到中东、南美、非洲去搞油，运输就是一个大问题，马六甲海峡运输风险很大，怎么处理？我国南海油气资源丰富，投入勘探开发，不光是技术上有难度，与周边国家的关系如何处理好？这些问题看起来似乎是政治问题、外交问题、军事问题，其实是文化战略问题。从世界强国经济崛起的历史看，从全球化背景下资源控制、市场竞争的现实情况看，我们国家对海洋发展战略研究是滞后的，至今我们对海洋文化仍然知之甚少。当今世界，已经进入到从武力制胜逐步走向文化制胜的时代，不仅经济发展要靠文化的力量，就是政治问题、军事问题等很多方面的问题也要靠文化的力量来解决。“一国两制”的方针很好地解决了香港、澳门回归的问题，这从本质上讲就是战略文化的积极作用。对于解决台湾问题，实现祖国统一，我相信，只要坚持“一国两制”的战略思想，就一定能够实现。我们要靠文化、靠软实力制胜才能持续发展。特别是我们国家正处在经济发展的关键时期，更需要有一个和谐的环境，更需要保持一个相对较长时间的稳定发展期。我们永不称霸，我们不搞扩张，但我们要参与国际竞争。要发展，要搞经济建设，要走强国富民之路，就需要我们加强文化建设，提高综合实力。什么叫实力？实力就是解决问题的能力。衡量能力的标准就是如何解决实际问题。每一次论坛，每一次文化讨论，都要有明确的目的，明确想解决什么样的问题。当前文化建设的任务就是要从不同角度，即从上层建筑领域，用文化的力量推动经济健康发展。现在不是要不要文化的讨论，而是要认真讨论提升文化推动力的问题，这是今后文化建设的任务和方向。

珍爱中华语言资源

教育部语言文字信息管理司司长 李宇明

繁荣文化事业，是党的十七大报告的重要内容之一。因为“当今时代，文化越来越成为民族凝聚力和创造力的重要源泉，越来越成为综合国力竞争的重要因素”，因为“中华民族伟大复兴必然伴随着中华文化繁荣兴盛”。十七大报告指出，要“建设和谐文化”，要“推进文化创新，增强文化发展活力”，并特别论述了“弘扬中华文化，建设中华民族共有精神家园”的问题。报告指出：“中华文化是中华民族生生不息、团结奋进的不竭动力。要全面认识祖国传统文化……运用现代科技手段开发利用民族文化丰厚资源。加强对各民族文化的挖掘和保护，重视文物和非物质文化遗产保护，做好文化典籍整理工作。”这些论述，对于我们站在文化的高度来看待语言文字工作，具有重要的指导意义。

一、语言是国家的重要资源

人类文化从载体看通常可以分为三类：由实物承载的文化；由文献记载的文化；由口语承载的文化。语言文字本身就是文化的重要组成部分，而且也是文化的最为重要的载体。繁荣文化事业，离不开语言文字。许多时候，文化工作常常忽视语言文字，造成文化工作严重缺失而且基础不牢。而百年来的中国语言规划，常把语言作为“问题”看待，重点解决的是语言给社会带来的麻烦，将语言作为文化资源看待的意识相对薄弱，对语言资源的保护、开发不够自觉，措施不力，加之现代社会条件的剧烈变化，造成语言资源的严重流失，并由此引发出一系列语言问题。树立语言资源观念，了解中华语言资源的基本状况，制定切实可行的语言资源保护、开发措施，已经成为当今国家语言规划的必务之事、当务之急。

语言是资源，首先它是语言的资源。每种语言都是一种特殊的语言样品，具有其他语言无法代替的语言学上的认识价值。比如，汉语的平、上、去、入声调系统及其变调特点，世间少见；哈萨克语有关马的毛色的词语多达350个，形容骏马的词语有100多个，有关马的其他特征的词语有600多个，非马背上的民族，难有这样的语言奇观。语言在不断的发展演变之中，语言成分的借用，历史元素的承接，是语言发展不可忽视的因素。通过不同语言样品的比较分析，可以帮助再现语言的历史，探索语言接触的各种情况。

语言是文化的资源。民族的语言与文字不仅表现着民族智慧，而且常常成为民族的图腾般的象征。而且，80％的文化是通过口语和文字流传下来的。世界上没有文字的民族多于有文字的民族，他们的文化主要通过口语流传下来。如我国的鄂伦春族、羌族、东乡族、保安族等。我国首批公布的518项非物质文化遗产保护名录，其中许多都牵涉到语言文字问题。

更不可忽视的是，当今时代，一些语言职业和语言产业逐渐形成，语言已经进入到经济和高新科技领域，成为经济发展的重要资源。比如英语教育产业、语言翻译产业、文字速录职业、计算机字库提供商、语言文字信息处理软件产业等。随着信息时代的发展，语言作为经济资源的性质会体现得越来越明显，其经济的意义越来越显著。

二、急需开展中国语言普查

角度往往决定深度。当具有了语言资源意识，我们在回眸审视中华语言资源时，就会突然发现：（1）我们对语言状况了解不够。中国究竟有多少种语言？各语言又有多少方言？这些语言与方言的分布区域、使用人口、功能活力如何？无人能清晰地回答这些问题。（2）对语言资源的保护和开发利用不够。例如，许多语言职业和语言产业没有得到重视；许多语料库质量不高，没有发挥其应有的作用；对于现实世界和虚拟空间的语言资源保护，没有明确的法规制度等。（3）语言资源流失严重，许多语言及方言衰落或濒危。许多儿童已不能熟练掌握方言，母语水平滑坡，一些少数民族青少年甚至放弃了母语。我国的满语、赫哲语、鄂伦春语、畲语、土家语等，已经处于濒危状态甚或消亡。当然，语言资源流失、一些语言濒危，是当今世界普遍存在的问题。目前世界上大约有5000～6000种语言，90％的语言只被10％的人使用，如果不采取有效措施，这90％的语言在百年或几百年内可能消亡。语言消亡意味着：人类将失去不可复得的语言样品，将失去不可再生的文化基因，将永远失去一些历史记忆。有鉴于此，在新世纪应当尽快开展语言普查工作，以了解基本的语言国情，保护和开发中华语言资源。

20世纪30年代以来，一直有学者对我国语言和方言的种类、分布、结构特点、谱系关系等进行调查研究，出版了若干汉语方言和民族语言的系列丛书、词典，绘制了中国语言的分布图等。作为国家组织的大型语言普查活动也有两次：

第一次是根据国务院的指示于1956年开始的汉语和少数民族语言调查。当时主要调查的是语言结构，旨在为方言区学习普通话服务，为创制民族文字服务，没有顾及到语言运用；而且限于技术条件，调查得较为粗糙。当时调查了1849个县市的汉语方言，并组成7个民族调查队，调查了主要民族地区的语言。那次大规模的调查，培养了一支从事方言和民族语言调查的专业队伍，发展了语言学学科，积累了经验，了解了一些语言国情。

第二次是1999年由教育部等11部委联合开展的中国语言文字使用情况调查。当时主要关心的是语言文字的使用现状，但是没有采录语料，不能了解语言及方言的话语情况，也不能直接解决语言保护等问题。这次调查涉及全国1063个县（市、区），被调查对象47万多人，积累了田野调查和问卷调查的丰富经验。

现在一些有识之士正在呼吁开展新世纪的语言普查。假若能成，这次语言普查就应兼取上两次之长，弄清中国语言及其方言的种类、分布区域、运用人群，及其使用变化状况，建立起可永久保存的中国语言多媒体语料库及相关数据库，绘制细致的可传至后代的多媒体语言地图。

语言普查是一项工程浩繁、利在当代而惠及千秋的事业，由国家立项、调动全国的语言学力量和社会各界积极支持配合，这是不言而喻、毋需论证的。就普查工作而言，首先要对国内外已有的相关成果进行梳理、整合。这些成果，包括各种语言和方言的调查报告、辞书和语言地图、记录的音档，也包括地方志中的相关内容。通过这些成果的收集梳理和整合集成，为新的语言普查提供工作基础。当然，这本身就是一项重要的文化工程。

其次，在语言普查、成果整理的一系列过程中，应充分利用现代语言处理手段和各种信息技术与设备。如用于语言普查的录音、转写技术，地理信息系统（GIS）技术和卫星定位（GPS）技术，用于语料存储和检索的多媒体数据库技术，用于语料分析、标注的软件技术，以及录音笔、计算机、服务器、大容量存储器等多种硬件设备。

第三，也是最为重要的，就是要制定科学的普查方案。参考已有的研究成果，根据语言国情、技术条件和工作目标，对普查内容、普查方式、采录标准、人员培训、资料汇总、成果管理、项目监督等一系列问题进行科学论证，形成方案。并选取有典型意义的县（旗）作普查试点，在试点中积累经验、完善方案。语言普查以县为单位布点为宜，语言情况复杂的地方加大调查点的密度。在调查清楚每个调查点语音、词汇、语法等语言结构的情况之外，还应录取实态语音材料。

第四，重视数据的保存、开发与共享。普查数据（特别是语言、方言的实态语料数据）要多备份保存，重视对这些资源的行政开发和学术开发，为国家各行各业和学术的发展提供数据支撑。通过网站、开放实验室、语言博物馆等方式，实现数据共享，最大限度地让这些数据造福于国家与学界。

第五，重视人员培训。语言普查的专业性很强，也很辛苦，需要对普查人员进行培训，以保证普查使用统一的方式、技术和工作规范。培训的专业内容主要包括听音训练，用国际音标记音，语言调查字表和词表的使用，计算机辅助田野调查技术，语言数据的建库技术等等。

三、结　　语

文献文化的保存、整理与利用，我国有悠久的传统。最近开展的文物普查，是对实物文化进行收集、整理的新世纪的国家行动。语言普查如果能够实施，并且重视文化因素的采集，比如用采风的方式采录各地有特色的文化语料，增加语料的文化含量等，其实也就是对中华口头文化的大规模收集，意义宏大而深远。

我国是世界上语言资源最丰富的国家之一。语言及其方言是国家不可再生的、弥足珍贵的非物质文化，是构成文化多样性的前提条件。通过语言普查建立中华语言的语料库，就是建立中华文化的知识库、“基因库”。而且，通过语言普查，还有助于更加科学制定国家的语言政策及其相关政策，协调好各种语言之间、语言和方言之间的关系，便于世界华人社区的语言沟通，为构建和谐的语言生活、繁盛中华文化作出贡献，为中华民族的伟大复兴作出贡献。

汉语汉字兴衰关乎国家统一

大连舰艇学院博士　王达三

一

比利时自2007年6月10日全国大选完毕迄今已近半年，却迟迟未能组成新政府。个中缘由，除地区发展失衡、政党政见分歧、民众诉求不一等原因外，语言文字的不同也是其中原因之一，甚至已危及到比利时的国家统一。

比利时总人口1000余万，北部的弗兰德区人口约600万，大部分居民讲荷兰语；南部的瓦隆区人口约340万，大部分居民讲法语。最新民调显示，分别有四成三的荷语区民众和五分之一的法语区民众赞成比利时“分家”。目前，比利时赞成“分家”的人正在热议捷克和斯洛伐克“和平分家”的经验以供比利时参考，而支持统一的人则走上街头游行示威。有意思的是，就在比利时因组阁和“分家”等问题举国乱成一锅粥的时候，荷兰的民调显示，45％的荷兰人赞同弗兰德区并入荷兰；而法国的民调则显示，54％的法国人希望瓦隆区加入法国。这对那些主张国家统一的比利时人来说，可谓是内忧外患。

世界上因语言文字差异而造成国家分裂隐患的还不止比利时一家。英国北爱尔兰地区和苏格兰地区与英国“分家”的呼声，西班牙巴斯克地区持续有年的闹独立、搞恐怖等，都是由于语言文字的因素在起作用。最明显的例子是加拿大的魁北克，不但要分裂出加拿大，而且内部还要分裂成英裔区和法裔区，原因是两区民众分别讲英语和法语。美国是个移民国家，众多语言文字使美国保守主义人士也有很深的“魁北克忧虑”，以至于近来美国频频采取措施强化对新移民的英语同化。当然，因为语言文字相同而促进民族和国家统一的也不在少数，比如东西德国、南北也门的统一等。从长远来看，韩国和朝鲜也有可能走向统一，而一个天然的、有利的因素正是双方拥有的共同的语言文字。

众多事实告诉我们，语言文字的功能绝不仅仅在于交流和书写，还关乎民族认同和国家统一。德国哲学家海德格尔说过：“语言是存在的家。”这个“存在”不仅指“现象”，还指“精神”；这个“家”不仅指“现象”所在的“场所”，还指“精神”寄寓的“家园”。19 世纪力主意大利统一的民族解放运动领袖马志尼深谙语言文字的重要性，他斩钉截铁地说：“凡是说意大利语的地方，就是意大利人民的家园。”很明显，共同的语言文字有助于形成共同的风俗习惯、伦理道德、价值观念、历史记忆、民族情感等，亦有助于形成共同的文化认同和民族认同。而这正是促进和维系国家统一的前提条件之一。

我们不妨看看 19 世纪流亡国外的俄国大文豪屠格涅夫在《俄罗斯语言》一文中的一段话：“在疑惑不安的日子里，在痛苦地思念着祖国命运的日子里，给我鼓舞和支持的，只有你啊，伟大的、有力的、真挚的、自由的俄罗斯语言！要是没有它，谁能看见故乡的一切，谁不悲痛欲绝呢？然而，这样一种语言，如果不是属于一个伟大的民族，那是不可置信的啊！”正是因为语言文字与民族认同和国家统一的强相关性，使得历来的侵略者都采用“灭人之国，必先去其史”（龚自珍语）的手段，对殖民区大力进行语言文字同化工作。法国小说家都德在《最后一课》中描写的德国占领法国阿尔萨斯和洛林后对法国人进行德国语言文字教育的画面，世人并不陌生；而日本占领东三省尤其是台湾后，同样也对中国人进行日本语言文字教育的历史，中国人至今犹有切肤之痛。

二

古代中国的地域非常广袤，而且诸侯林立、民族众多。如果各地都自说自的语言，自然不利于国家的统一和政令的颁行。所以早在夏商周时期，就有了统一的、标准的语言发音。比如，在《诗经》的“风、雅、颂”三部分中，“雅”和“颂”要用“雅言”来吟唱。《论语》上说：“子所雅言，诗、书、执礼，皆雅言也。”“雅言”就是当时统一的普通话或标准话，用现在的说法就是“国语”。秦始皇一统中国后，又做到了“书同文”，即文字的统一。但他还没有搞“话同音”，所以中国直到现在还有很多的方言。然而，各地发音虽有不同，但文字却是统一的，这对形成共同的文化认同和民族认同，对中国的民族融合、国家统一、疆域拓展、历史延续都起着不可替代的作用。香港已故儒商安子介曾说，文字统一是中国的第五大发明，而以笔者意见，实是第一大发明。

但是，汉语汉字自近代以来就命运多舛，即使在今天也是危机重重。一些地方电台、电视台的方言节目无所约束，国人国语水平堪忧；已经销声多年的汉字拉丁拼音化呼声近来重新抬头，理由是与“国际接轨”；人们重视英语的程度远过于汉语，而大量英文词汇的涌入则严重污染了汉语汉字的纯洁性和神圣性。

更为令人担忧的是，越来越多的国人开始利用电脑处理文字工作，敲打键盘代替了握笔书写、拼音字母代替了笔画顺序，从而没有了汉字书写，没有了信函、书札、笔记、草稿等。可以预见的是，随着电脑的普及，早晚会有一天，所有的中国人将不再会握笔写字，遑论传承书法艺术了！在网络时代，年轻人还热衷于使用“3Q”（一个颇为流行的网络语言，相当于 Thank you）等“火星文字”，这和传统汉语汉字更是相去十万八千里了；而沉溺网络、自我封闭，无疑也会导致汉语交流功能的退化。

当然，并不是汉语汉字的工作一无是处，毕竟持续多年的推广普通话取得了一些成效，而伴随着中国的发展，汉语汉字的国际影响力开始显现。但就总体而言，我们自己重视母语和汉字的情况却不容乐观：人们不再识繁体字，不再写文言文，不再读经典名著，人们不但说着不古不今、不中不西的语言，而且菲薄道德、懈怠礼仪、漠视传统。这些不良现象，不但危及中国的文化传承和文明特色，也关乎中国人的民族认同和国家统一。比如，早年台湾称繁体字为“正体字”，意在表明台湾坚守中国文化的正统，如今则意在表明台湾文化和大陆文化的差异，成为“文化台独”的一个由头。台湾弱化国语教育而把“客家话”或“闽南话”称为“台语”加以推行，同样是醉翁之意不在酒。

三

往者不可追，来者犹可待。无论如何，拯救汉语汉字已迫在眉睫。法国哲学家笛卡尔说：“我思故我在。”对于我们来说，

"我说汉语故汉语在，我写汉字故汉字在。"笔者在此尝试性地提出几条建议，以期引起有识者的重视和讨论：

其一，加强保护和纯洁汉语言文字力度。亲近和保护母语是绝大多数民族和国家的通行做法。比如，法国规定法产商品的商标必须使用法文，韩国主张"立志于国语发展和国语文化创造"，俄罗斯甚至把保护母语纳入了国家安全战略。我们要在全社会树立以"说我汉语，写我汉字"为荣的观念；培育和营造亲近与保护汉语汉字的环境氛围；继续加大普通话推广力度；建立健全"小学→中学→大学"语文课程体系；规范汉语发音汉字书写；走出英语崇拜的误区；降低外文污染，保护汉语纯洁，等等。联合国教科文组织早就提出"学习母语是一种权利"，并把每年的2月21日作为"世界母语日"。笔者建议，中国应该把每年2月21日确立为"中华母语节"。

其二，实行繁简并用文白并行的双轨制。鉴于推行简体字和白话文已有不少年头，短期内完全恢复繁体字和撰写文言文，既不可能也无必要。但可考虑采用繁简并用、文白并行的双轨制。比如，加大语文教材中文言文的比例至50%；各文本原是繁体字的则繁体之，原是简体字的则简体之；今人的学术著作，应允许在自愿的基础上使用繁体字印刷出版；在一些民间活动、文化活动、华人活动中，应允许使用繁体字，等等。这样做的目的是使人们做到"识繁用简、读文写白"，使传统和现代有机融合在一起。朗诵经典和古诗词可使人们亲近和熟悉文言文与繁体字，笔者建议以每年夏历三月三（传统风筝节，孩子们的节日，读经诵诗应从娃娃抓起）为"中华诵读节"。

其三，引导国人勤练书法，重展书法魅力。中国古代历来重视书法教育，三尺蒙童入私塾即要"日课三千"，直到民国时期的小学还有"习字课"。如今，电脑的使用已经使人们懒得握笔写字，大中小学早已没有必修的习字课，家长们宁可让孩子修英语、音乐、舞蹈、美术等所谓特长，也不愿把孩子送去学书法。相比之下，日本倒是很重视汉字书法教育，每五六个日本人中就有一个练过书法，正式场合下日本人都会用毛笔写信签名。我们有必要告诫人们，尽量减少使用电脑打字而多握笔写字，大中小学有必要设置习字课。写字练字的目的，不仅是传承书法艺术，更主要是传承汉语汉字和中国文化。笔者建议以每年夏历九月九（传统重阳节，老人们的节日，老人练书法者多，老有所乐）为“中华书法节”。

其四，推进全民读书运动，重建书香社会。网络时代，人们的阅读呈网络化、碎片化、快餐化趋势，而阅读纸面文本和传统经典的机会则越来越少。网络阅读使人的阅读支离破碎，使人变得浮躁喧哗；不阅读传统经典则使人们的精神游荡无根、散乱无绪。世界上很多民族和国家都很重视经典阅读，比如俄罗斯三岁的孩子就会朗诵普希金的诗，美国大学的“通识教育”就是美国式的经典教育，《源氏物语》在日本几乎是每家一册。所以，我们有必要引导人们不能沉溺于网络，鼓励人们在闲暇时刻捧书阅读、潜心阅读，特别是要阅读传统经典，使中国成为一个油墨飘溢、书墨飘香的社会。建议以夏历十二月八日（传统腊八节，古语云：“春秋习礼乐，寒暑读诗书”。寒冬正是读书好时节）为“中华阅读节”。

其五，引领国际汉语汉字规范统一活动。汉语推广的成效已见诸于孔子学院的迅猛发展，但国际上汉字的规范和统一还因繁简之争而存在很大困难。依笔者意见，如果有助于促进台海两岸统一、增进海内外交流合作、重建文化中国和提升中国软实力，则中国大陆宜放弃简体字“一尊独大”的心理，或考虑恢复繁体字，或采用繁简双轨制，至少是要引领和推动国际汉字的规范活动和统一进程。正如孟子所说：“唯仁者为能以大事小，唯智者为能以小事大。以大事小者，乐天者也；以小事大者，畏天者也。乐天者保天下，畏天者保其国。”须知，在全球化时代，中国争取的应是整个天下，而不是中国自身。汉语要像英语一样成为国际性语言，就必须做到汉字的统一。建议推动设置一个“国际汉语汉字节”。

总之，汉语汉字关乎文化传承、文明特色，关乎民族认同和国家统一，关乎民族复兴和中国繁盛，必须从战略的高度对待汉语汉字问题。

电视媒体在国家软实力建设中的作用[①]

中央电视台军事节目中心记者 漆 谦

电视业的迅猛发展，使其在社会生活中所起的作用越来越显著。无论国内国际，电视都是公共媒体中最直接、最简易，与一般公众结合最紧密的传播方式。据中央电视台委托国家统计局在2007年进行的第五次关于中国电视观众规模的抽样调查显示，4岁以上的观众总人数已经达到了12.5亿人，占我国总人口的99.02％。70.3％的家庭拥有一台电视机，25.41％的家庭拥有两台电视机。由此可以看出，电视已经成为中国人主要的娱乐和休闲方式，成为人们的一种生活方式。这么大规模的受众规模，在世界范围内都是独有的。如何利用电视媒体受众在国家软实力建设中的作用，已经成为我们直接面对的问题。

① 本研究得到2007年国家社科基金项目支持，项目号：07CXW007。

一、国家软实力的概念

软实力的概念最早是由美国前助理国防部长、哈佛大学教授约瑟夫·奈率先提出来的。他指出："软力量是一种能够影响他人喜好的能力"。他指出国家的软力量主要来自三种资源：文化（在能对他国产生吸引力的地方起作用）、政治价值观（当它在海外都能真正实践这些价值观）及外交政策（当政策被视为具有合法性及道德威信时）。

软实力包括政治、社会和理论上的实力，并且包括以下因素：(1) 开放、稳定、持久、吸收型的国内政治、社会和经济安排；(2) 强大的文化、政治、道德感染力和凝聚力；(3) 理论指导；(4) 战略上的深谋远虑和外交技巧；(5) 国内和国际的有效管理，包括有效调动国内和国际资源（尤其是非军事资源）；(6) 教育水平高、有强烈文化意识的民族；(7) 高水准的生活。

胡锦涛同志在十七大报告中指出，"当今时代，文化越来越成为民族凝聚力和创造力的重要源泉、越来越成为综合国力竞争的重要因素，丰富精神文化生活越来越成为我国人民的热切愿望。要坚持社会主义先进文化前进方向，兴起社会主义文化建设新高潮，激发全民族文化创造活力，提高国家文化软实力"。

国家的软实力需要依靠大众传媒进行传播，而电视是大众传播的一个重要载体。电视从 1936 年 11 月 2 日诞生起到今天，已经走过了 71 年的历史①，它伴随着人类发展的历史，记录历史变

① 《中外广播电视百科全书》，赵玉明、王福顺主编，中国广播电视出版社，1995 年 1 月版。

迁、政权更替、信息交流 、文化传播……在国家的软实力建设中扮演着极为重要的角色。电视以大众传播特有的方式，使世界上每个角落的人们都增加了彼此的了解，进行着文化的交融与沟通，起着文化载体的作用。我国的电视发展从1958年开始，到如今已经有半个世纪了。从它一出现，就承担着传播文化，传达国家意志的作用。在解读国家的大政方针、塑造国民的精神品格、提高国民的文化素质、丰富人民的精神文化生活等方面，都发挥了重要作用。它所进行的信息传播活动，不仅普及到社会的每一个角落，而且渗透到社会生活的各个方面，潜移默化地影响着人们的意识和行为。

因此，任何一个国家和政府都很重视电视的影响力，不仅在国内传播，还希望通过一定手段，将自己的主张、政策，乃至本国文化、思维定式等，尽可能广泛地传播到境外，让更多国家、更多人了解、理解和接受，从达到自己国家软实力的向外辐射。

二、电视媒体在国家软实力建设中应发挥的作用

1. 电视媒体是引导受众的有力工具。媒体对社会问题和政策发表意见，可以唤醒社会大众的注意，来达到劝服的目的。电视媒体通过议程设定引导舆论，是媒体最重要的效果，因为它直接和现代政治事物有关。美国遭受“9·11”袭击之后，并没有很多人立刻想到去进攻伊拉克。当通过政府对媒体的“议程培植”，攻击伊拉克便成了媒体的重要议程，随之也就成了大众舆论的主要议程。

2. 电视媒体具有渗透能力，能改变人的认知，进而影响人的

行为。电视传媒对舆论的强大效果是在大众传播积累性、普遍性和和谐性有机结合的基础上产生的。充分利用这一功能，进行受众的前馈与后馈调查，从而有针对性地制定宣传策略，让受众在潜移默化中受到影响，以提升国家软实力，增强中华民族文化的吸引力

3. 一个电视媒体是否拥有公信度，是大众是否选择这一媒体作为自己了解信息，判断事物的重要依据。媒体是否有号召力，取决于这个媒体是否有经济力量和意识形态的塑造能力，这种能力深刻影响着大众头脑中的世界图景。只有建立了公信度的媒体，才能更好地体现国家的意志，才能影响世界舆论。

在国家意志的传播上，国际上已有先进的经验。从二战开始，美国军队所到之处，空军常常向当地民众空投大量收音机，目的正是让捡获者在收听脱口秀和摇滚乐的同时，“顺带”听听美国官方的意见。美国一些出版物畅销全球，背后也隐约可见官方的影子。萨达姆在海湾战争后明明没有核武器，美国却以“反核”为借口打进伊拉克，颠覆萨达姆政权，而在真相大白面前，各国舆论和民众虽有质疑、反对，却已不成气候。其中的奥妙，美国官方的抹黑，远不如国际公关和以包括电影、软性文章在内的流行文化手段妖魔化萨达姆的效果显著。上世纪 80 年代，美国以倒贴的价格将“玫瑰碗”美式足球直播输入中国电视台，当时总统里根亲自开讲球评，这其实是相当成功的美国形象宣传攻势。当时，数以百万计的中国电视观众并没有多少人意识到这一点，很多人就是在这样的潜移默化中改变了对美国的印象。

4. 电视媒体传播手段的丰富性与传播方式的广泛性，使之成为国与国之间沟通的桥梁和文化的载体。电视使世界变小，也缩短了人与人之间的距离。民族文化通过电视媒体的传播，被世界其他国家的受众所了解，使之成为世界文化的一部分，也使世界增加对本国文化的认同感，从而达到彰显国家形象和辐射国家力

量的目的。

5. 电视媒体的教育功能是电视最主要的功能。电视使个人可以方便快捷地了解身外的世界，受众所希望的国内国际范围的政治、经济、军事、外交、文化、社会生活等方面的情况，大多是通过电视传媒获得的。大众传媒在传播知识的同时还将得到社会肯定的价值观念传给受众，对培养受众的社会价值观和道德观很有作用。胡锦涛同志在十七大报告中指出并论述了“建设社会主义核心价值体系，增强社会主义意识形态的吸引力和凝聚力”的重要意义。文化软实力很大程度上表现为国民的精神状态、意志品格和内在凝聚力，这一切主要来自于人们对社会核心价值的认同。电视媒体可以通过多种多样的电视节目，把电视的这种教育功能隐蔽其中，使受众在不知不觉中得到教育与引导。

一些国家在此方面颇有心得。日本，当年曾巧借“广告＋明星”战略，一度成功扭转了其在中国人心目中的印象。近年来其政府更着意在外宣中打动漫牌、文化牌。再比如法国，其在全球组织的各种法语推广活动，如征文、歌唱比赛、法语学校等，许多都有官方、半官方背景，有着明确的外宣意图。但是，由于刻意淡化官方色彩，避免生硬的灌输模式，还是起到了宣传法兰西文化的良好效果。

我国当前的电视宣传手段，许多地方还显得有些生硬和说教，缺乏应有的柔性和迂回性，过于直白和口号式。这样的宣传方式，常常会让受众产生抵触情绪拒绝接受。其结果，你的宣传目的和初衷，也就化为乌有了。

三、我国电视媒体在公益和商业之间面临的选择

经济全球化、信息全球化和市场化改变着人们的生活，也影响着电视传媒领域。越来越多的电视台政府不再进行资金支持，完全自负盈亏。靠收视率来争取资金，争取广告。越来越多的选秀娱乐节目充斥着电视荧屏，电视节目出现了低俗、媚俗的倾向。一些电视台在盲目推崇收视率的同时，忽略了电视所向受众传达的中国的核心价值观和道德观。据调查，全国有3000多个频道，每个省市电视台都有6、7个频道，大都是重复建设，人力物力严重浪费。打开电视机，同样的一部电视剧，有时会在四五个卫视频道同时播出。频道之间竞争激烈，栏目设置大同小异，真正能够在全国有影响的节目少之又少。电视面临着以下几个方面的矛盾：

1. 日益增长的受众文化需求与电视节目表达手段贫乏之间的矛盾；

2. 频道资源重复建设与节目资金不足的矛盾；

3. 电视国际化竞争与电视从业人员素质不足的矛盾；

4. 电视理论研究的前瞻性不够与实践脱节的矛盾。

试想，假如有突发性的大事来临，谁来统筹全局，向国外传播我们的国家意志。报道量的多少，传播的效果如何，谁来检验？各个频道，各自为战，怎样形成国家的合力，传达国家的声音？怎样形成长期规划，塑造国民的精神品格和价值观？我们国家的传统文化怎样系统而艺术地展现与传播？这些都是令人深思的问题。

四、电视媒体应有的对策

1. 政府部门的顶层设计：国家的安全和发展是国家最大的利益，也是软实力的重要保障。因此，我们有关政府部门应该有我国国家安全电视宣传的策略框架，建立宣传的日常机制和对突发事件报道、评论、引导的应急机制：

（1）政府部门成立专家咨询库。电视媒体可以就不同问题，如外交、国防、文化等方面进行权威咨询。

（2）组织专家对我国不同时期的文化进行梳理，确定选题，做成电视节目，传播我国的传统文化；

（3）多方筹措资金，解决节目资金不足问题，让民营企业融入资金，弘扬我国传统文化，做成雅俗共赏的艺术片，普及教育的受众面；

（4）专家学者走向大众，引领文化，对专家学者的传播方式进行培训；

（5）把深奥、抽象的道理简单化，寻找大众的语言进行传播。许嘉璐先生将文化分为三层，第一层是表层，衣食住行；第二层是中层，指的是艺术、风俗、礼仪、制度、法律、宗教等，借助物质体现民族文化；第三层是底层的文化，影响到中层和表层，并能互相交融，互为影响。这就是一个民族的世界观、价值观、伦理观和审美观。从事意识形态和文化工作的人，不善于从表层文化入手，动不动就把我们底层的东西拿出来，或者中层的东西拿出来，离开了人们的接受规律和接受能力。其达到的效果可以想见。

2. 媒体从业者的职责：对媒体工作者要坚持进行经常的培

训，不仅是技术的培训、更需要精神的培训、政治的培训和国际化的培训，以拓宽视野提高素质，储备人力资源。

3. 公益节目与商业节目分开；我国公益节目应该有充分的资金保障，以制作精品节目，服务社会。国外的一些做法值得借鉴。美国有三大商业电视网和公共电视系统（PBS)，公共电视系统在美国已差不多有30年的历史。它相当于美国的“国营电视”，由国会负责拨款；公共电视的节目很少能达到商业电视的收视率。事实上，公共电视观众通常只占美国家庭的2%。但是，公共电视的观众在收入、教育和社会影响上却是高水平的。他们中拥有大学或高级学位，以及在地区政府、企业、教育和艺术方面位居关键领导职位的人员，始终占有一个相当高的比率。

4. 研究跨国受众，输出我们的文化。“美国卡通片《花木兰》，用中国的人物和故事元素，加上美国的价值观念传播全球，不能不引起我们思考。我们应该研究跨国受众，用别人易于接受的传播方式和语言，进行国际化传播。

总之，任何一个国家的主流电视媒体都代表着国家利益，都是本国意识形态的体现，带有明显的政治倾向。这种舆论媒体广泛传播，既是一个国家力量的有效工具，也是国家软实力的重要组成部分。但是电视媒体宣传的效果如何，是否能够有效到达受众，确是一个值得考虑的问题。电视主流媒体要在国家的支持下，根据国内、国际受众的不同特点，制定平时和应急状态下的电视宣传策略；电视媒体工作者应探索多种电视表现手段，寻求多样化的表现形式，以一种深入人心的方式，将国家意识传达给不同的受众，达到宣传的社会化，使民众的精神品格能够“随风潜入夜，润物细无声”，以成功达到媒体对人的影响力的持久性。

首届中华战略文化论坛闭幕词

中华战略文化论坛副主席 叶取源

尊敬的各位领导、各位专家、各位嘉宾、新闻媒体界的朋友们：

大家好！

今天，由上海交通大学国家战略研究中心、北京大学国学研究院、中国人民大学国学院、中国国际文化书院共同举办，上海黄埔文化咨询有限公司承办的首届中华战略文化论坛，在庄严的人民大会堂隆重举行，来自中国社会科学院、中共中央党史研究室、北京大学、中国人民大学等单位的近百位专家、学者和新闻媒体界的朋友们，出席了本次论坛。学界泰斗季羡林老先生、任继愈老先生专此发来贺信。这是一次大师云集、名家荟萃的学术盛会，首次论坛即取得了很大成功。请允许我代表论坛组委会、主办单位和承办单位，向各位领导、各位专家、各位嘉宾和新闻媒体界的朋友们表示最衷心的感谢！

胡锦涛总书记在刚刚闭幕的党的十七大报告中指出："当今时代，文化越来越成为民族凝聚力和创造力的重要源泉、越来越成为综合国力竞争的重要因素，丰富精神文化生活越来越成为我国人民的热切愿望。"他号召，要"弘扬中华文化，建设中华民族共有精神家园。"本次论坛，就是在党的十七大关于"推动社会主义文化大发展大繁荣”的精神指引下召开的。论坛以“中华文化的传承与发展”为主题，围绕中华战略文化的基本内涵和特征、东西方战略文化比较、中华战略文化与当代社会等专题进行了深入探讨，充分论证了中华战略文化在建设中国特色社会主义伟大事业中的战略性和基础性地位。

中国社会科学院李慎明副院长、中国人民大学纪宝成校长、中宣部哲学社会科学规划办公室张国祚主任、北京大学国学研究院袁行霈院长、中共中央党史研究室李忠杰副主任、中国国际文化书院于沛院长、现代国际关系研究院林利民研究员、中联部调研组成员俞邃研究员、北京大学常务副书记吴志攀教授，先后就中华战略文化发展的机遇与挑战、中国传统文化的基本特征和核心价值、中华文明的历史启示、中国共产党的战略文化、帝国主义文化侵略、中美战略文化比较、苏联模式与中国特色社会主义、战略文化的成本问题等与中华战略文化紧密相关的问题作了专题报告。这些报告的显著特点，是涉及面广、研究深入，学术性强、水平高，受到了与会者的高度评价和热烈欢迎。与会的许多专家、嘉宾也发表了自己的真知灼见，并展开了热烈讨论。

文化的概念非常宽泛，按照《辞海》的广义解释，文化是人类物质财富和精神财富的总和，包括物质文化和精神文化。因此可以说，文化战略也是一种国家战略。中义或狭义地说，文化属于精神制度层面或精神层面，是上层建筑或意识形态，在这个意义上，可以说战略文化是国家目标、国家战略的思想体系、行为模式和核心价值。中华民族具有数千年的文明史，中华文化博大精深，是中华民族生生不息、和谐发展、团结奋进的不竭动力和精神支柱，蕴含着卓越的思想和智慧，是世界文化宝库中最灿烂耀眼的明珠。中华民族文化的继承和复兴，是中华民族伟大复兴的重要标志和基本前提。中华文化中人与自然和谐的“天人合一观”、人与人合一的“天下一体观”、人自身和谐的“身心合一观”等博大、包容、和平、和谐的核心内容，以及革新、开放和在长期艰苦卓绝斗争中形成的深厚文化，都是中华战略文化的重要组成部分，不但形成了中华民族深邃的思想体系和核心价值观，而且对世界文化、世界文明作出了不可替代的重要贡献，也是中华民族对全人类的巨大贡献。

弘扬中华战略文化并不排斥学习和借鉴世界一切优秀的战略文化。中华战略文化既是民族的，更是世界的。我们要吸收人类文明的一切积极成果，以兼收并蓄和马克思主义的批判精神，对待经济全球化大潮中西方文化的进入。先进文化是一个民族精神的灵魂，越是经济全球化，越是改革开放，越是要强调弘扬中华优秀文化。党的十七大在中国发展的关键时刻，在强调大力“弘扬中华文化，建设中华民族共有精神家园”，“建设社会主义核心价值体系”的同时，强调大力“加强对外文化交流，吸收各国优秀文明成果，增强中华文化国际影响力”，具有重大的历史意义和现实意义。我们有理由相信，季羡林先生在贺信中关于21世纪将是以综合为基础的东方文化的世纪的预见，可望真正得以实现。

作为本次论坛的发起者和主办单位之一，上海交通大学国家战略研究中心成立于2005年，还很年轻，衷心希望得到在座各位的关心、爱护和支持。我们感谢本次论坛主席徐根初、副主席金跃军给予战略研究中心的关心和大力支持。我们已和美国兰德公司签约建立了战略伙伴和合作关系。我们将就国家战略、国家安全、能源战略、战略文化等开展研究。很高兴我们的校友、著名历史学家戴逸先生也出席了今天的论坛。戴先生1944年考入上海交通大学铁道管理专业，但因酷爱历史，于1946年重新考入北京大学历史系，后来长期在中国人民大学任教。戴逸先生的这些经历，可能是把我们几个主办单位连到一起的最好注释。

最后，再次向各位领导、各位专家、各位嘉宾、新闻媒体界的朋友们，向承办单位上海黄埔文化咨询有限公司，向本次论坛的各位主持人表示衷心感谢！衷心祝贺本次论坛取得圆满成功！中华战略文化的研究和实施任重而道远，让我们来年再相会！

谢谢大家！